JN268437

ORへのステップ

長畑秀和 著

共立出版株式会社

MS−Windows，MS−Excel は，米国 Microsoft 社の登録商標です。

はしがき

　この冊子は，意思決定するための科学的な手法の体系であるOR(オペレーションズリサーチ) について解説しています．1章ではORの全般的な入門，2章ではスケジューリング，3章では在庫管理，4章では待ち行列，5章ではシミュレーション，6章では線形計画法，7章ではゲームの理論，8章では階層化意思決定法について述べています．この冊子が，このような客観的な意思決定の手法を学ぶきっかけとなれば幸いです．

　経営科学においては様々な手法が開発され，それらを用いるにはコンピュータによる計算等の補助が必要になっています．そのために有用である表計算ソフトのExcel(エクセル)を利用して，講義・学習を進めることを念頭にいれて書いている部分もあります．Excelの利用をする部分については，まとめて9章に書いてあります．特に，5章のシミュレーションに関して講義をされるときは，手法について簡単な解説をされた後，例題を中心にコンピュータによる実習形式で進めていただければよいと思われます．また個人で学習される場合も，主に例題についてコンピュータを利用しながら読み進めていただければと思います．

　標準正規分布の数値表は，Excelの関数を用いて作成しています．Excelが利用できるときは，棄却値などの数値は，Excelの関数で引いていただければと思います．ただ，統計数値表と比較して誤差があるところがあります．端の方の限られた値ですので，注意してください．また，例では計算途中で，桁数を制限して計算して表示を行なっていますので，Excelでそのまま計算する場合と少しずれている場合がありますので，注意してください．本文中で＊印のついた章，節はやや発展的内容ですので，必要に応じてお読みください．思わぬ思い違いがあるかもしれません．また，解釈も不十分な個所もあると思いますが，ご意見をお寄せください．より改善していきたいと思っております．

　日常的に，いろいろと本書についてご助言くださった森田築雄氏(美作女子大学)に，この場を借りてお礼申しあげます．本書の体裁など，出版にあたって，多くのことを共立出版(株)の波岡章吉，村山松二の両氏に教えていただきました．また細部にわたって校正をしていただき，大変お世話になりました．心より感謝いたします．なお，表紙のデザインのアイデア及びイラストは

川上綾子さんによるものです．最後に，日ごろ，いろいろと励ましてくれた家族に一言お礼をいいたいと思います．

2002年8月

長畑　秀和

目 次

はしがき i
記号, 等 vii

1章 導 入

1.1 経営科学とは 1
1.2 ORの進め方 1
1.3 ORの手法 2

2章 スケジューリング

2.1 アローダイアグラム 4
2.2 PERT 8
   2.2.1 一点見積もりの場合 8
   2.2.2 三点見積もりの場合 18
2.3 CPM 24

3章 在庫管理

3.1 在庫管理とは 28
   3.1.1 在庫の種類 29
   3.1.2 在庫管理に関連した収支 29
3.2 在庫管理の最適化 31
3.3 異なる時点で供給が独立な場合 34
   3.3.1 需要データが離散型の場合 34
   3.3.2 需要データが連続型の場合 39
3.4 発注点法 41
   3.4.1 発注点の決め方 42
   3.4.2 発注量の決め方 48
3.5 定期発注法 49
   3.5.1 発注間隔の決め方 50

3.5.2　発注量の決め方 51

4章　待ち行列

4.1　待ち行列とは 54
4.2　到着分布とサービス分布 54
4.3　待ち行列のモデル化 59
　　4.3.1　記号化 59
　　4.3.2　待ち行列の状況を表す尺度 60
4.4　単一窓口の場合 61
　　4.4.1　$M/M/1(\infty)$ 62
　　4.4.2　$M/M/1(N)$ 67
　　4.4.3　他の分布の場合 70
　　4.4.4　サービス率の最適化 71
4.5　*複数窓口の場合 72
　　4.5.1　$M/M/s(\infty)$ 73
　　4.5.2　$M/M/s(N)$ 76
　　4.5.3　窓口の数の最適化 78

5章　シミュレーション

5.1　シミュレーションとは 81
5.2　乱数の利用 81
　　5.2.1　乱数を生成する方法 82
　　5.2.2　一様な算術乱数を生成する方法 82
　　5.2.3　乱数に関する統計的検定 84
　　5.2.4　任意の分布に従う乱数の生成 85
　　5.2.5　具体的な分布に従う乱数の生成 87
5.3　シミュレーションの適用 95
　　5.3.1　在庫管理への適用 95
　　5.3.2　待ち行列への適用 96

目次　　　　　　　　　　　　　　　　　　　　　　　　v

6章　線形計画法

- 6.1　線形計画法の事例 100
- 6.2　グラフを利用した解法 104
- 6.3　計算による解法 107
- 6.4　双対性 111
- 6.5　*輸送問題 115
- 6.6　*最適配置問題 121

7章　ゲームの理論

- 7.1　ゲームへの導入 126
- 7.2　ゼロ和2人ゲーム 127
- 7.3　純粋戦略 128
- 7.4　混合戦略 131
- 7.5　ベイズ解 135
- 7.6　ゼロ和2人ゲームの解き方 137
  - 7.6.1　グラフによる解法 139
  - 7.6.2　シンプレックス法の利用 141
- 7.7　*非協力非ゼロ和2人ゲーム 145
  - 7.7.1　先手・後手に関係がある場合 145
  - 7.7.2　先手・後手に関係がない場合 148

8章　階層化意思決定法

- 8.1　階層化意思決定法とは 152
- 8.2　重要度の評価方法 153
- 8.3　ウェイト計算法 154
  - 8.3.1　固有ベクトル計算法 154
  - 8.3.2　幾何平均法 158

9章　表計算ソフトの利用

- 9.1　表計算ソフトによる実行例 162

参考文献 ... 169
演 略 解 ... 170
付表：標準正規分布表 1 ... 179
付表：標準正規分布表 2・係数表 ... 180
索　　引 ... 181

記 号, 等

以下に，この冊子で利用される文字，記号などについて載せておきます。

① $\sum$(サメンション) 記号は普通，添え字とともに用いて，その添え字のある番地のものについて，$\sum$ 記号の下で指定された番地から $\sum$ 記号の上で指定された番地まで足し合わせることを意味する。

[例]
- $\sum_{i=1}^{n} x_i = x_1 + x_2 + \cdots + x_n$
- $\sum_{i=1}^{n} ax_i = ax_1 + ax_2 + \cdots + ax_n = a\sum_{i=1}^{n} x_i$
- $\sum_{i=1}^{n} (a + x_i) = a + x_1 + a + x_2 + \cdots + a + x_n = na + \sum_{i=1}^{n} x_i$
- $\sum_{i=1}^{n} i = 1 + 2 + \cdots + n = \{(1 + 2 + \cdots + n) + (n + n - 1 + \cdots + 1)\}/2 = \dfrac{n(n+1)}{2}$
- $\sum_{i=1}^{n} i^2 = \dfrac{n(n+1)(2n+1)}{6}$
- $\sum_{i=1}^{n} i^3 = \left\{\dfrac{n(n+1)}{2}\right\}^2$

② 順列と組合せ

異なる n 個のものから r 個をとって，一列に並べる並べ方は

$$n(n-1)(n-2)\cdots(n-r+2)(n-r+1)$$

通りあり，これを $_nP_r$ と表す。これは階乗を使って，$_nP_r = \dfrac{n!}{(n-r)!}$ とも表せる。なお，$n! = n(n-1)\cdots 2\cdot 1$ であり，$0! = 1$ である (cf. Permutation)。異なる n 個のものから r 個とる組合せの数は (とったものの順番は区別しない)，順列の数をとってきた r 個の中での順列の数で割った

$$\dfrac{_nP_r}{r!} = \dfrac{n!}{(n-r)!r!}$$

通りである。これを，$_nC_r$ または $\begin{pmatrix} n \\ r \end{pmatrix}$ と表す (cf. Combination)。

[例]
- $_5P_3 = 5 \times 4 \times 3 = 60$,
- $_5C_3 = \dfrac{5 \times 4 \times 3}{3 \times 2 \times 1} = 10$

③ 指数と対数

同じ数を n 回掛けた $\underbrace{a \times \cdots \times a}_{n \text{ 個}}$ を a^n のように表し，a を**底**，n を**指数**という。逆

に $a\,(>0)$ を何回掛けて $x\,(>0)$ になるかを表すとき,$\log_a x$ を用いる.x を真数という.そこで,$\log_a a^n = n$ である.底が 10 のとき $\log_{10} x$ を**常用対数**という.また,底が $e = 2.7182818\cdots$ のとき,$\log_e x$ を**自然対数**といい,$\ln x$ のようにも表す.

[例]　　$2^3 = 8$,　　$\log_2 8 = 3$

④ ギリシャ文字

表　ギリシャ文字の一覧表

大文字	小文字	読み	大文字	小文字	読み
A	α	アルファ	N	ν	ニュー
B	β	ベータ	Ξ	ξ	クサイ (グザイ)
Γ	γ	ガンマ	O	o	オミクロン
Δ	δ	デルタ	Π	π	パイ
E	ε	イプシロン	P	ρ	ロー
Z	ζ	ゼータ (ツェータ)	Σ	σ	シグマ
H	η	イータ	T	τ	タウ
Θ	θ	テータ (シータ)	Υ	υ	ユ (ウ) プシロン
I	ι	イオタ	Φ	ϕ	ファイ
K	κ	カッパ	X	χ	カイ
Λ	λ	ラムダ	Ψ	ψ	サイ (プサイ)
M	μ	ミュー	Ω	ω	オメガ

なお,通常 μ を平均,σ^2 を分散を表すために用いることが多い.

- ˆ (ハット) 記号は $\hat{\mu}$ のように用いて,μ の推定量を表す.

⑤ 基本統計量

- S (エス) : 偏差積和行列

- V (ブイ) : 分散 (共分散) 行列

- R (アール) : 相関行列

⑥ 確率変数と期待値

確率に基づいて実数の値をとる変数を**確率変数** (random variable) といい,そのとる値と確率の全体の組を**確率分布** (probability distribution) という.

確率変数 X の**期待値**は,次のように離散型と連続型で分けて定義される.

$$E(X) = \begin{cases} \displaystyle\sum_{x_i} x_i p(x_i) & : X \text{ が確率関数 } p(x_i)\,(i=1,\cdots,n) \text{ をもつ (離散型)} \\ \displaystyle\int_{-\infty}^{\infty} x f(x) dx & : X \text{ が密度関数 } f(x)\,(-\infty < x < \infty) \text{ をもつ (連続型)} \end{cases}$$

1章 導　入

1.1　経営科学とは

　経営科学は企業における生産・販売・投資等の経営にあたっての，合理的な判断・意思決定を行うための科学的な手法の学問体系といえる。ここでは，そのための手法の中心であるオペレーションズ・リサーチについて考えよう。オペレーションズ・リサーチ (Operations Research : OR) は，もともとは作戦研究であった。つまり，軍事作戦についての科学的研究が始まりであった。第2次世界大戦中に英国では，ドイツ軍によるロンドン空襲が激しくなっていた。そこで，なるべく遠距離からドイツ軍の飛行機を発見し，多くのドイツ軍機を撃墜するレーダーや対空砲火器を，いかに配備するかが問題となった。この問題解決のために，英軍が数名の科学者に戦略研究を委託したのが始まりである。また軍事的作戦を立案し，その作戦を実行するために必要な資材の調達・輸送を効率よく行うための方法として，考えられた方法でもある。その後，その考え方は経済界の問題解決にも適用できることが認識され，企業における生産，販売，投資決定など意思決定に利用されるようになった。このように，合理的な意思決定を行うための手法の集まりを OR という。

　OR の特徴として，
① **科学的方法**による手法である
② 対象が**システム**に対しての手法である
③ いろいろな分野の専門家による**混成チーム**により取り組まれる
がある。

1.2　ORの進め方

　一般的な実施する手順としては問題が生じると状況を解析し，目的の明確化と評価基準を設定する。次にモデル化 (モデリング) し，モデルを解いてみる。そして解を評価・検討し，良い結果であれば方針として採用し，良くなければ他の処理を考える。図1.1のように計画 (Plan) して，実行 (Do) し，

チェック (Check) 後，処理 (Action) することを繰返し，より改善を行っていく。つまり，PDCA(ピーディーシーエー) のサイクルを回すことによって問題解決を行う。

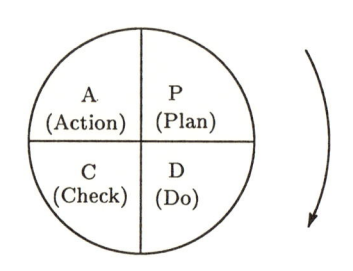

図 1.1 PDCA のサイクル

1.3 ORの手法

以下のように様々な最適化の手法があり，概略を説明しよう。

1．日程問題 (スケジューリング)

　1つの大きな仕事を完成するために，必要な各種の作業の順序関係を明確にすることが必要であり，作業の所要時間から日程の計画を管理する必要がある。そのための技法が，日程計画法である。

2．在庫問題

　必要な物について，ある程度在庫量を常に保持し，必要となったとき品切れとならないように，在庫の管理をする手法をいう。

3．待ち行列

　銀行のキャッシュカード支払機でのサービス待ち，トイレでの待ち，工場での製品の製造待ちなどの状況で，どれくらいの待ち時間なのか，どれくらいの待ちの長さなのか，といったことをモデルをたてて解析する手法である。

4．シミュレーション

　実際の現象を模倣したモデルにおいて実験を行い，その状況を分析し実際の場合を予測しようというものである。

1.3 ORの手法

5．最適化法

制御しうる変数の目的とする(最適化)関数が，線形関数の場合は線形計画法，非線形関数の場合を非線形計画法という。また，時刻に依存して最適化する場合には，動的計画法といわれる。

6．ゲームの理論

自分自身だけの立場だけで意思決定をするだけでなく，競合企業などの競争相手の存在を考慮し，相手より有利な手段を選択していこうという理論体系をいう。

7．AHP法 (Analytic Hierarchy Process)：階層化意思決定法

1971年にサーティ(Saaty,T.L.)によって考案された方法で，ペアごとの対象の評価から，全体での個々の対象の評価を導く方法である。

8．ISM法 (Interpretive Structural Modeling)：階層構造化モデル

ウォーフィールド(Warfield)によって提唱された手法で，より客観的に問題の要因の階層構造を導く方法である。

9．Dematel法 (Decision Making Trial and Evaluation Laboratory)

専門的知識をアンケートを実施して集約することによって，問題の要素等の構造を明らかにする方法である。

以下では，この中のいくつかの手法について考えてみよう。

2章 スケジューリング

プロジェクトを一定の期日までに完成するには，プロジェクトを構成するすべての作業の段取りを決めなければならない．つまり，各作業について，それを実行する順序とその日取りを決める必要があるわけである．このことを**日程問題** (scheduling problem) という．

2.1 アローダイアグラム

引越し，旅行，入学，婚礼準備，入試準備，ビルの建設，カレー作り，… 等の一つのまとまった仕事を**プロジェクト** (project) といい，そのプロジェクトを構成する個々の仕事である要素を，**作業** (job) または**活動** (activity) という．これらの作業を矢印で表して連結し，その前後関係を明らかにした図を**アローダイアグラム** (arrow diagram) または**ネットワーク** (network) という．そのアローダイアグラムの書き方の規則 (rule) を，以下に挙げておこう．

規則1 個々の作業は一本の矢印で表し，その前後 (矢印の根元と先の他の矢印を結合させる所) に，作業が始める状態と作業が終了した状態を表す○印をつける．これを**結合点** (node) または**イベント** (event) といい，○印の中に番号をつける．この番号を**結合点番号**といい，そのつけ方は矢印の方向で，根元のほうの番号が矢印側の番号よりも小さい．以下の図 2.1 を参照されたい．

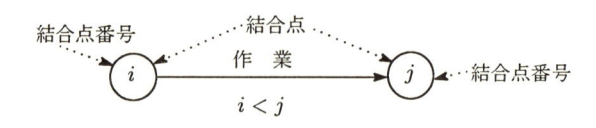

図 2.1　作業と結合点の書き方 1

規則2 「C, D の先行作業はともに A, B である」を表すには，矢印 A, B, C, D を図 2.2 のように連結する．

2.1 アローダイアグラム

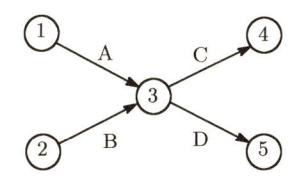

図 2.2 作業と結合点の書き方 2

規則 3 「C の先行作業は A, B であり，D の先行作業は B である」を表すには，矢印 A, B, C, D を図 2.3 のように連結する．このとき，作業 (3,4) は仮想の作業で，**ダミー** (dummy) 作業とよび，点線の矢印で表す．なお，ダミー作業はここでは英小文字 d を用いて表すことにする．

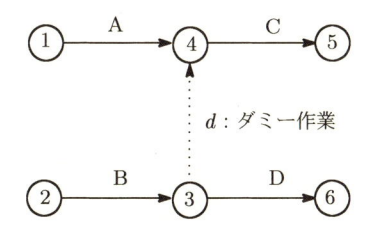

図 2.3 作業と結合点の書き方 3

規則 4 「作業 A, B は同時に並行的に行う」を表すには図 2.4 のように，ダミー作業を用いて両方の結合点番号が異なるようにする．

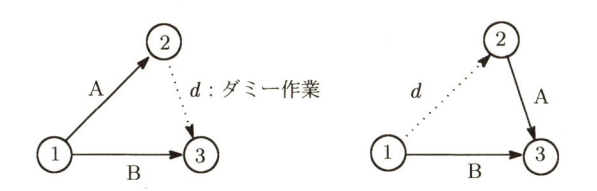

図 2.4 作業と結合点の書き方 4

規則 5 出発点と最終点は，それぞれ 1 つの結合点にまとめる．

以上のルールにしたがって，アローダイアグラムを作成する手順が以下のようになる．

手順1 プロジェクトに含まれる作業を洗いあげて，作業リストをつくる。

手順2 **先行作業** (predecessor) リスト，または**後続作業** (successor) リストをつくる。

手順3 手順2の作業リスト表からの順序に基づき，結合点を○として，作業を示す矢印を順に結んでいく。更に，○の中に順に番号を記入してアローダイアグラムを完成する。番号の大小は，順序関係を満たすようにつける。

なお，**先行作業**とは，ある作業を開始するにあたり，その直前に終了していなければならない作業をいう。また**後続作業**とは，ある作業が終了したら，すぐ後に続いて開始できる作業をいう。そして，ダミー作業等を用いて規則を満たすように注意しながら，アローダイアグラムを完成させる。

以下で，具体的にアローダイアグラムを描いて見よう。

例 2-1 次の各条件を満たすアローダイアグラムを描け。
① 作業は A~H からなる。
② A はプロジェクトの最初の作業である。
③ A が終了すると，B と C が平行して開始できる。
④ D は B が終了すると，開始できる。
⑤ E は C が終了すると，開始できる。
⑥ F は B と E の両方が終了しないと，開始できない。
⑦ D と F が終了すると，G と H が平行して開始できる。
⑧ G と H が終了すると，プロジェクトは完了する。

[解] 手順1 全作業の洗い出し。

プロジェクトの作業をすべて洗い出す。この場合，問題より，A~H が全作業である。

手順2 作業リスト表の作成。

表 2.1 のように，先行作業と後続作業の一覧表であるリストを作成する。

2.1 アローダイアグラム

表 2.1　作業リスト表

作業	先行作業	後続作業
A	－(ナシ)	B,C
B	A	D,F
C	A	E
D	B	G,H
E	C	F
F	B,E	G,H
G	D,F	－(ナシ)
H	D,F	－(ナシ)

手順 3　手順 2 で作成した作業リスト表から結合点を○とし，作業を示す矢印を順に結んでいく．並行作業にはダミー作業を用いる．更に，○印の中に作業順に (左から) 番号を記入していく．番号の大小は，小さい方が作業順が早い作業の終わりの結合点となるようにする．すると，図 2.5 のようなアローダイアグラムが得られる．

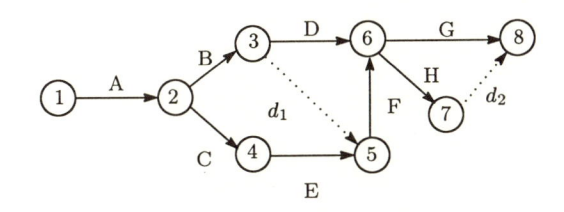

d_1, d_2 : ダミー作業
図 2.5　例 2-1 のアローダイアグラム

□

演 2-1　表 2.2(a)～(f) に示すような先行作業リスト表で与えられるプロジェクトのアローダイアグラムを描け．

① **表 2.2(a)**

作業	先行作業
A	－(ナシ)
B	－(ナシ)
C	A,B

② **表 2.2(b)**

作業	先行作業
A	－(ナシ)
B	－(ナシ)
C	A,B
D	A
E	C,D

③ **表 2.2(c)**

作業	先行作業
A	－(ナシ)
B	－(ナシ)
C	A,B
D	A,B
E	B
F	C
G	C,D,E

④ 表 2.2(d)

作業	先行作業
A	－(ナシ)
B	A
C	A
D	A
E	B
F	B
G	C,D,F
H	D,E,G
I	D

⑤ 表 2.2(e)

作業	先行作業
A	－(ナシ)
B	A
C	A
D	B
E	B
F	B,C
G	B,C
H	E,F
I	G

⑥ 表 2.2(f)

作業	先行作業
A	－(ナシ)
B	－(ナシ)
C	A
D	A
E	A,B
F	C
G	C,D,E
H	E
I	G,H
J	G,H

演 2-2 朝, 出勤する(学校へ出かける)までにする作業(歯磨き, 食事, 身支度など)について, 先行作業リスト表を作成し, アローダイアグラムを描け.

2.2 PERT

PERT(Program Evaluation and Review Technique) とは, プロジェクトが予定の期日までに完成できるように, その計画を検討することを主目的とする技法で, 艦船用ミサイル・ポラリスの開発計画を対象として, 米海軍がロッキード社およびブーズ・アレン・ハミルトン社と共同開発したものである. 1958 年のはじめ頃, 完成した. そして, ポラリス・ミサイル計画やアポロ計画に使われた.

アローダイアグラムにより作業の前後関係が明らかになると, 次にはこれに基づいて日程計画をたてることになる. そのため, 各作業の所要期間(時間)の推定が必要となる. 各作業の所用期間は変動がなく, 一定の値をとる場合には, 一つの値で推定する**一点見積もり**と変動がある場合で, 三つの値で推定する**三点見積もり**が普通, 用いられている. 以下で, 分けて考えよう.

2.2.1 一点見積もりの場合

日程計画表に示す各作業の開始, 終了時刻ならびに余裕についての計算を **PERT 計算**という. 作業が開始できる状態になったら, すぐに作業をスタートするとする. また, 結合点(ノード, node) i から結合点 j への作業 (i,j) に要する時間を, t_{ij} で表すとする. このとき, 結合点における時刻が大切とな

2.2 PERT

（1）結合点時刻

① **最早結合点時刻**(Earliest node time), t^E または TE で表す。

$$t_1^E = 0$$
$$t_i^E = \max_{1 \leqq k_j \leqq k_i}(t_{k_j}^E + t_{k_j,i})$$
$$(i = 2, \cdots, n)$$

ただし，$t_{k,i}$：作業 (k, i) の所要時間

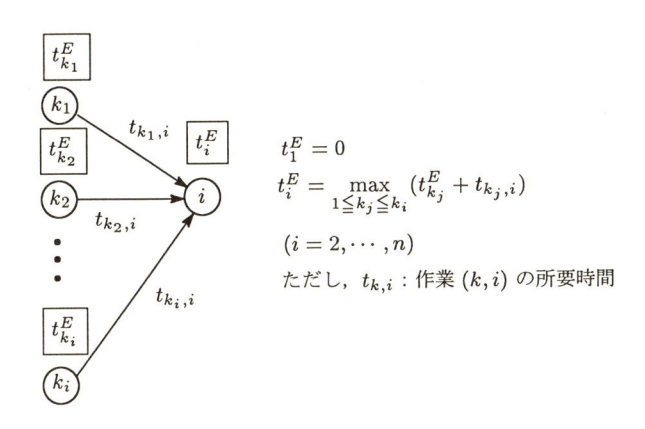

図 2.6 最早結合点時刻

プロジェクトが順調に進んでいるとき，その流れが各結合点を最も早く出発できる時刻をいい，結合点 i においては t_i^E または TE_i で表す。つまり，その結合点に入ってくるすべての矢線 (ダミーも含む) について，その矢線のもとの側の結合点の最早結合点時刻と矢線の所要時間を足した中の最大値である。グループで出発するときは，全員がそろってから出発する状況を思い浮かべればよいだろう。図 2.6 を参照されたい。

② **最遅結合点時刻**(Latest node time), t^L または TL で表す。

プロジェクトが予定通り完成するために，プロジェクトの流れが各結合点に遅くとも到着していなければならない時刻をいい，結合点 i においては t_i^L または TL_i と表す。つまり，その結合点から出ているすべての矢線について，矢の側の結合点の最遅結合点時刻から，その矢線の所要時間を引いたものの中の最小値である。同じ場所に定められた時刻までに全員着くには，最も早く出ないといけない人の時刻を考えれば良いだろう。図 2.7 を参照されたい。

$$t_n^L = t_n^E$$
$$t_i^L = \min_{1 \leq k_j \leq k_i}(t_{k_j}^L - t_{i,k_j})$$

$(i = n-1, n-2, \cdots, 1)$

ただし，$t_{i,k}$：作業 (i,k) の所要時間

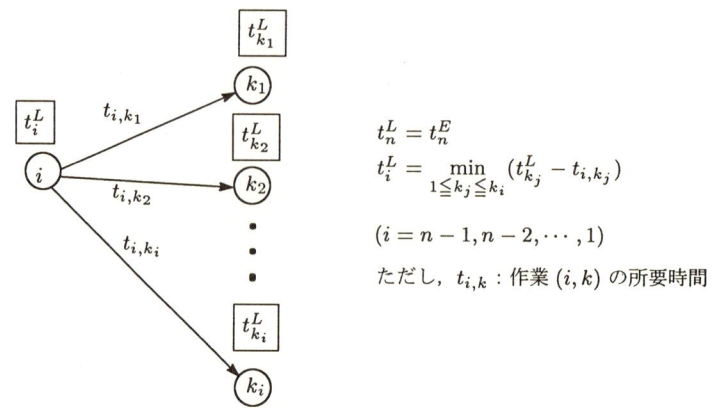

図 2.7 最遅結合点時刻

図 2.8 のように，各結合点のそばに四角囲みで上段，下段にそれぞれ最早，最遅結合点時刻を記入する．更に，作業時間 (作業の所要期間) を矢線の下側に括弧付で記入する．

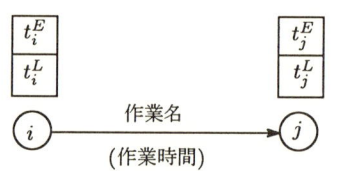

図 2.8 記入の仕方

例 2-2 表 2.3 に示すような作業リストで与えられるプロジェクトについて，アローダイアグラムおよび最早・最遅結合点時刻を求めよ．

表 2.3 作業リスト表

作業	先行作業	所要期間
A	－(ナシ)	5
B	A	2
C	A	4
D	B	5
E	D	3
F	B,C	6
G	B,C	4
H	G	4
I	E,F,H	5
J	E,F,H	6

2.2 PERT

[解] **手順 1** アローダイアグラムの作成。

各作業の所要期間も矢線の下に記入して作成すると，図 2.9 のようになる。

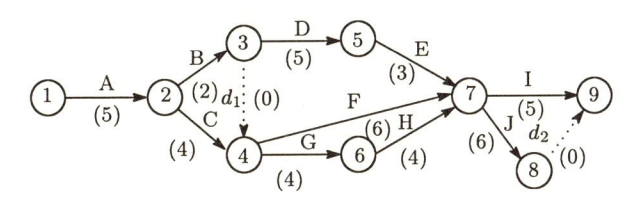

d_1, d_2 : ダミー作業

図 2.9 アローダイアグラム

手順 2 最早結合点時刻を求める。

結合点番号の小さい方から大きい順に求める。まず，開始時刻がわかれば，その時刻を t_1^E とする。普通，$t_1^E = 0$ とする。これを四角で囲み，結合点 1 の上に記入する。次に，結合点 2 に入ってくる矢線の中で，その作業時間を矢線の元の最早開始時刻に加えた時間で最大の時刻を t_2^E とする。ここでは，作業 (1,2) の A のみが結合点 2 に入ってくるので $t_2^E = t_1^E + t_{12} = 0 + 5 = 5$ で，これを結合点 2 の上に四角で囲んで記入する。以下同様に繰返し，表 2.4 に示すように上から順に下へと表を完成し，最後の結合点 9 までの時刻を求める。

表 2.4 最早結合点時刻計算補助表

結合点 i	(k, i)	t_{ki}	$t_k^E + t_{ki}$	t_i^E
1	–	–	–	0
2	(1,2)	5	0+5=5	5
3	(2,3)	2	5+2=7	7
4	(2,4)	4	5+4=9*	9
	(3,4)	0	7+0=7	9
5	(3,5)	5	7+5=12	12
6	(4,6)	4	9+4=13	13
7	(5,7)	3	12+3=15	17
	(4,7)	6	9+6=15	17
	(6,7)	4	13+4=17*	17
8	(7,8)	6	17+6=23	23
9	(7,9)	5	17+5=22	23
	(8,9)	0	23+0=23*	23

手順 3 最遅結合点時刻を求める．

表 2.5 最遅結合点時刻計算補助表

結合点 j	(j,k)	t_{jk}	$t_k^L - t_{jk}$	t_j^L
1	(1,2)	5	5−5=0	0
2	(2,3)	2	9−2=7	5
	(2,4)	4	9−4=5*	5
3	(3,5)	5	14−5=9	9
	(3,4)d_1	0	9−0=9	9
4	(4,7)	6	17−6=11	9
4	(4,6)	4	13−4=9	9
5	(5,7)	3	17−3=14	14
6	(6,7)	4	17−4=13	13
7	(7,9)	5	23−5=18	17
	(7,8)	6	23−6=17*	17
8	(8,9)d_2	0	23−0=23	23
9	—	—	—	23

d_1, d_2：ダミー作業

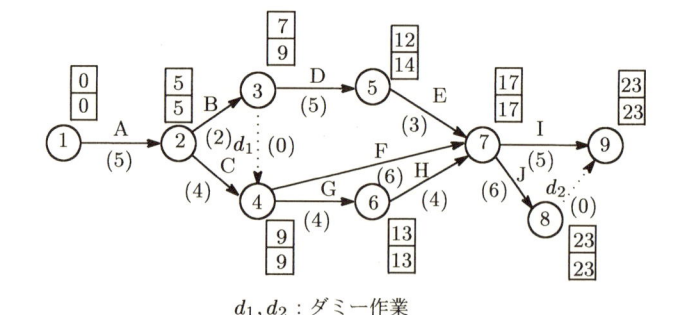

図 2.10 結合点時刻も記入したアローダイアグラム

結合点番号の大きい方から小さい方へ順に求める．まず，結合点 9 の最遅結合点時刻は最早結合点時刻と一致するので，$t_9^L = t_9^E = 23$ である．これを四角で囲み，結合点 9 の上の t_9^E の下側に記入する．結合点 8 から出ている矢線はダミー作業 d_2 のみなので，$t_8^L = t_9^L - t_{89} = 23 - 0 = 23$ である．次に，結合点 7 から出ている矢線は I と J の 2 本で，$t_9^L - t_{79} = 23 - 5 = 18$ と $t_8^L - t_{78} = 23 - 6 = 17$ の小さい方の値 17 が，結合点 7 での最遅結合点時刻 $t_7^L = 17$ となる．以下同様に，表 2.5 のように表の下から上へ表を完成し，最遅結合点時刻が求まる．慣れてくれば，表 2.3，表 2.4 のような補助表を作成しないで，アローダイアグラムから結合点ごとに入ってく

2.2 PERT

る矢線から最早結合点時刻，出ていく矢線から最遅結合点時刻を求める．

以上から，各結合点のそばに結合点時刻を記入したアローダイアグラムを描くと，図 2.10 のようになる．□

演 2-3 表 2.6(a)～(f) に示すような，先行作業リスト表で与えられるプロジェクトの最早結合点時刻および最遅結合点時刻を求めよ．

① 表 2.6(a)

作業	先行作業	所要期間
A	－(ナシ)	3
B	A	6
C	A	5
D	B	3
E	B	4
F	C,D	5
G	E,F	4

② 表 2.6(b)

作業	先行作業	所要期間
A	－(ナシ)	6
B	－(ナシ)	4
C	A,B	3
D	B	8
E	C	4
F	C,D	4
G	E,F	6

③ 表 2.6(c)

作業	先行作業	所要期間
A	－(ナシ)	5
B	－(ナシ)	7
C	－(ナシ)	6
D	A	8
E	B	4
F	C	4
G	D	3
H	E,F	4
I	G,H	3

④ 表 2.6(d)

作業	先行作業	所要期間
A	－(ナシ)	2
B	－(ナシ)	5
C	A	5
D	B	3
E	C,D	9
F	C,D	2
G	E,F	7
H	E	8
I	G,H	4

⑤ 表 2.6(e)

作業	先行作業	所要期間
A	－(ナシ)	4
B	A	3
C	A	2
D	B	5
E	B	3
F	B	4
G	C	4
H	F,G	3
I	D,E,H	5

⑥ 表 2.6(f)

作業	先行作業	所要期間
A	－(ナシ)	3
B	－(ナシ)	4
C	A	2
D	A	4
E	A,B	3
F	C	5
G	D,E	8
H	D,E,F	7
I	G	6
J	H,I	5
K	G	4

（2）作業の開始，終了時刻 (Starting Time, Finishing Time)

以下に，作業の開始と終了に関連した時刻を述べよう。

③ **最早開始時刻**(Earliest Starting time)，ES で表す。

プロジェクトが順調に進んでいるとき，作業 (i,j) が最も早く開始できる時刻で，ES_{ij} と表す。すると

(2.1) $\qquad ES_{ij} = t_i^E$

となる。

④ **最早終了時刻**(Earliest Finishing time)，EF で表す。

プロジェクトが順調に進んでいるとき，作業 (i,j) が最も早く終了できる時刻で，EF_{ij} と表す。すると

(2.2) $\qquad EF_{ij} = t_i^E + t_{ij}$

である。

⑤ **最遅終了時刻**(Latest Finishing time)，LF で表す。

少なくともその時刻までに作業を終了させないと，プロジェクト全体の完成が遅れてしまう時刻で，LF_{ij} と表す。すると

(2.3) $\qquad LF_{ij} = t_j^L$

である。

⑥ **最遅開始時刻**(Latest Starting time)，LS で表す。

最遅終了時刻までに作業を終えるために開始しなければならない時刻で，LS_{ij} と表す。すると

(2.4) $\qquad LS_{ij} = t_j^L - t_{ij}$

である。

（3）余裕時間 (Float)

次に，工期に影響を与えることなく作業を遅らせることができる時間を余裕時間というが，以下の2種類の余裕時間が考えられる。

⑦ **全余裕**(Total Float)，TF で表す。

作業を最早開始時刻で始め，最遅終了時刻で終わる場合に生ずる余裕時間

2.2 PERT

である。つまり，プロジェクト全体の完了時刻に影響を与えないで許される作業 (i,j) の余裕で，TF_{ij} で表す。すると

(2.5) $\quad TF_{ij} = t_j^L - (t_i^E + t_{ij}) = LF_{ij} - EF_{ij} = LS_{ij} - ES_{ij}$

である。

⑧ **自由余裕**(Free Float)，FF で表す。

作業を最早開始時刻で始め，後続する作業も最早開始時刻で始めても，なおある余裕時間である。つまり，開始が最早開始時刻より遅れても，次の作業の最早開始時刻に影響を与えないで許される作業 (i,j) の余裕で，FF_{ij} で表す。すると

(2.6) $\quad FF_{ij} = t_j^E - (t_i^E + t_{ij}) = ES_{jk} - EF_{ij}$

である。

（4）**パスについて** (path)

最初の結合点から最後の結合点までに至る作業のつながりを，**パス** (path) または**経路**という。そのパスの中で重要なのが，以下の作業の所要期間の合計が最大となる (最も長い) パスであるクリティカルパスである。

⑨ **クリティカルパス** (critical path)

総余裕時間がゼロ $(TF=0)$ である作業を連ねて，最後の結合点に至るパスをいう。このパス上の作業が少しでも遅れると，作業全体が遅れることになるので注意を要する。

（5）**パート計算表の作成**

今までに述べた時刻，時間を求め，一覧表にした表 2.7 に示すような表を，**パート計算表** (PERT 計算表) または**日程計画表**という。

表 2.7　パート計算表

作業	(i,j)	所要期間 t_{ij}	最早		最遅		余裕		クリティカルパス CP
			ES	EF	LS	LF	TF	FF	
A	(1,2) …			…					

具体的に，前の例についてパート計算表を作成し，CP(クリティカルパス) を求めてみよう。

例 2-3 例 2-2 のプロジェクトに関してパート計算表を作成し，クリティカルパスを求めよ．

表 2.8 パート計算表 (表 2.3 の作業リスト表)

作業	(i,j)	所要期間 t_{ij}	最早 ES	最早 EF	最遅 LS	最遅 LF	余裕 TF	余裕 FF	クリティカルパス CP
A	(1,2)	5	0	5	0	5	0	0	*
B	(2,3)	2	5	7	7	9	2	0	
C	(2,4)	4	5	9	5	9	0	0	*
d_1	(3,4)	0	7	7	9	9	2	2	
D	(3,5)	5	7	12	9	14	2	0	
G	(4,6)	4	9	13	9	13	0	0	*
F	(4,7)	6	9	15	11	17	2	2	
E	(5,7)	3	12	15	14	17	2	2	
H	(6,7)	4	13	17	13	17	0	0	*
J	(7,8)	6	17	23	17	23	0	0	*
I	(7,9)	5	17	22	18	23	1	1	
d_2	(8,9)	0	23	23	23	23	0	0	*
—	(9,9)	—	23	—	—	23	—	—	

[解] **手順 1** 全作業 (i,j) を i が小さい順に，同じ i では j の小さい順に並べて表の枠を作成する．

手順 2 各作業の所要期間 t_{ij} を記入する．

手順 3 i の値に合わせて，先に求めた最早結合点時刻 t_i^E を ES 欄に記入する．

手順 4 ES 欄の数に，t_{ij} を加えたものを EF 欄へ記入する．

手順 5 j の値に合わせて，最遅結合点時刻 t_j^L を LF 欄へ記入する．

手順 6 LF 欄の数から t_{ij} を引いたものを LS 欄へ記入する．

手順 7 LS 欄の数から ES 欄の数を引いたものを TF 欄へ記入する．(または LF 欄の数から EF 欄の数を引いたもの．)

手順 8 作業 (i,j) の FF 欄には，作業 (j,k) の最早開始時刻 $ES_{jk} (= t_j^E$ は k に無関係) から作業 (i,j) の最早終了時刻 EF_{ij} を引いたものを記入する．

例えば，作業 F(4,7) についての FF は，結合点 7 である EF が 15 であり，結合点 7 から始まる作業は J(7,8) または I(7,9) で，ES が 17 である．そこで $FF_{4,7} = ES_{7,8} - EF_{4,7} = 17 - 15 = 2$ である．

手順 9 TF 欄が 0 の作業のクリティカルパス欄に * 印をつけ，その作業がクリティ

2.2 PERT

カルパス上にあることを示す。

以上から，クリティカルパスは図 2.11 の太線実線のパス (経路) である。

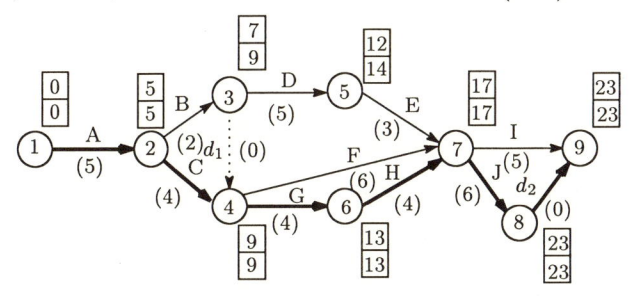

<figure>
PERTネットワーク図：ノード1→2(A,5)→3(B,5)→5(D,5)→7(E,3)→9(I,5)、2→4(C,4)、3→4(d_1,0)、4→6(G,4)、4→7(F,6)、6→7(H,4)、7→8(d_2,6)、8→9(J,0)
各ノードの最早/最遅時刻: 1:[0/0], 2:[5/5], 3:[7/9], 4:[9/9], 5:[12/14], 6:[13/13], 7:[17/17], 8:[23/23], 9:[23/23]
</figure>

d_1, d_2：ダミー作業

図 2.11 クリティカルパス

なお，クリティカルパス上では $TF = FF$ が成立している。□

演 2-4 表 2.9(a)～(f) に示すような，先行作業リスト表で与えられるプロジェクトのパート計算表を作成して，クリティカルパスを求めよ。

① 表 2.9(a)

作業	先行作業	所要期間
A	－(ナシ)	3
B	A	6
C	A	5
D	B	3
E	B	4
F	C,D	5
G	E,F	4

② 表 2.9(b)

作業	先行作業	所要期間
A	－(ナシ)	6
B	－(ナシ)	4
C	A,B	3
D	B	8
E	C	4
F	C,D	4
G	E,F	6

③ 表 2.9(c)

作業	先行作業	所要期間
A	－(ナシ)	5
B	－(ナシ)	7
C	－(ナシ)	6
D	A	8
E	B	4
F	C	4
G	D	3
H	E,F	4
I	G,H	3

④ 表 2.9(d)

作業	先行作業	所要期間
A	－(ナシ)	2
B	－(ナシ)	5
C	A	5
D	B	3
E	C,D	9
F	C,D	2
G	E,F	7
H	E	8
I	G,H	4

⑤ 表 2.9(e)

作業	先行作業	所要期間
A	−(ナシ)	4
B	A	3
C	A	2
D	B	5
E	B	3
F	B	4
G	C	4
H	F,G	3
I	D,E,H	5

⑥ 表 2.9(f)

作業	先行作業	所要期間
A	−(ナシ)	3
B	−(ナシ)	4
C	A	2
D	A	4
E	A,B	3
F	C	5
G	D,E	8
H	D,E,F	7
I	G	6
J	H,I	5
K	G	4

(朝の出勤前の作業,引越し,レポート作成,大学祭の実行,本の作成,アンケート作成などのプロジェクトを考え,各作業の所要期間と先行作業を考えて PERT 計算表を作成してみよう。)

2.2.2 三点見積もりの場合

各作業の所要期間を調べるにあたっては,一般には明確でないことが多い。そこで主観的ではあるが,推定するための方法として三点を用いる,以下のような手法が採用されることがある。

楽観値:これよりも短い期間で作業が終了する確率が,非常に小さいと思われる値で,大変順調に作業が進んだ場合の所要期間の推定値である。ここでは作業 (i,j) に対して,a_{ij} で推定する。

最可能値:予測される最も可能性の高い値で,m_{ij} で表す。

悲観値:これよりも長い期間作業にかかる確率が小さい値で,最悪でもこれだけかければ作業が終了する,と思われる値である。これを b_{ij} で表す。

そして,作業 (i,j) の所要期間 t_{ij} の推定量を

$$(2.7) \quad \widehat{t}_{ij} = \frac{1}{6}(4m_{ij} + a_{ij} + b_{ij})$$

とする。更に,その推定量の分散の推定量を

$$(2.8) \quad \widehat{\sigma}_{ij}^2 = \left\{\frac{1}{6}(b_{ij} - a_{ij})\right\}^2$$

2.2 PERT

とする．すると，プロジェクトの完了に要する全所要期間は $T = \sum_{ij} t_{ij}$ であるので，その推定量は

(2.9) $\qquad \widehat{T} = \sum_{ij} \widehat{t}_{ij}$

である．以下で，具体的な場合を計算してみよう．

(補2-1) $T \sim (a,b)$ 上のベータ分布 のとき，T の平均と分散について，
$$E(T) = \frac{a + 4m + b}{6}, \quad V(T) = \left\{\frac{1}{6}(b-a)\right\}^2 \quad (m : \text{モード})$$
である．

(∵) $X \sim B_e(\alpha, \beta)$(ベータ分布) は $(0,1)$ 上に分布するので，$T = a + (b-a)X$ なる変数は (a,b) 上に分布する．そこで
$$E(T) = a + E(X) = a + (b-a)\frac{\alpha}{\alpha + \beta},$$
$$V(T) = (b-a)^2 V(X) = (b-a)^2 \frac{\alpha\beta}{(\alpha + \beta + 1)(\alpha + \beta)^2}$$
である．また，$f(t)$ のモードを m とすれば，$m = \dfrac{(\alpha - 1)b + (\beta - 1)a}{\alpha + \beta - 2}$ だから
$$E(T) = \frac{a + b + (\alpha + \beta - 2)m}{\alpha + \beta}$$
である．$\alpha + \beta = 6, \alpha\beta = 7 (\alpha = 3 + \sqrt{2}, \beta = 3 - \sqrt{2}$ またはその逆) のときに導かれる．なお，T の密度関数は
$$f(t) = \frac{1}{(b-a)^{\alpha + \beta - 1} B(\alpha, \beta)} (t-a)^{\alpha - 1}(b-t)^{\beta - 1} \quad (a < t < b)$$
$$(B(\alpha, \beta) = \int_0^1 x^{\alpha - 1}(1-x)^{\beta - 1} dx : \text{ベータ関数})$$
である．◁

例 2-4 表 2.10 に示すようないくつかの講義科目について，図 2.12 のようなアローダイアグラムに基づく積み上げ方式での，教育のカリキュラムを考える．そして，表 2.10 の作業リストのように各科目の講義時間の三点見積もりで，講義時間を推定するカリキュラム編成 (プロジェクト) について，クリティカルパスを求めよ．更に，60 時間以内で必要な科目をとり終える確率 (**実行可能度**) および 56 時間以上かかる確率を，それぞれ求めよ．

表 2.10 各科目の講義時間の三点見積もり表

作業 (科目)	(i,j)	a_{ij}	m_{ij}	b_{ij}
A(情報科学)	(1,2)	4	6	8
C(微分積分)	(1,3)	11	12	16
B(線形代数)	(1,4)	6	8	10
d_1(ダミー)	(2,4)	0	0	0
d_2(ダミー)	(3,4)	0	0	0
D(統計学)	(4,5)	8	10	12
F(オペレーションズ・リサーチ：OR)	(5,6)	6	9	12
E(多変量解析)	(5,7)	10	15	17
d_3(ダミー)	(6,7)	0	0	0
G(卒業研究)	(7,8)	14	18	22

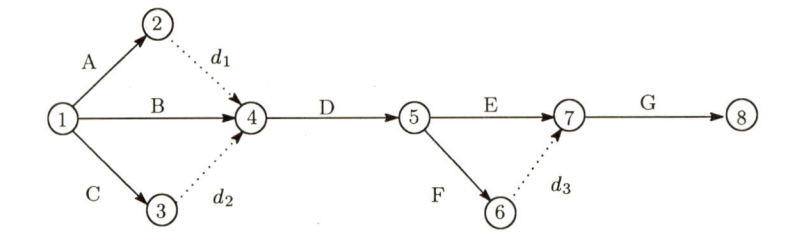

図 2.12 講義科目のアローダイアグラム

[解] **手順1** 各作業の所要期間の (点) 推定及び分散の推定.

式 (2.7) より平均 $\widehat{t}_{ij}$, 式 (2.8) より分散 $\widehat{\sigma}_{ij}^2$ を計算して, 表 2.11 に示すような補助表を作成する.

表 2.11 補助表

作業	(i,j)	a_{ij}	m_{ij}	b_{ij}	平均 $\widehat{t}_{ij}$	分散 $\widehat{\sigma}_{ij}^2$
A	(1,2)	4	6	8	6.0	4/9
C	(1,3)	11	12	16	12.5	25/36
B	(1,4)	6	8	10	8.0	4/9
d_1	(2,4)	0	0	0	0	0
d_2	(3,4)	0	0	0	0	0
D	(4,5)	8	10	12	10.0	4/9
F	(5,6)	6	9	12	9.0	1.0000
E	(5,7)	10	15	17	14.5	49/36
d_3	(6,7)	0	0	0	0	0
G	(7,8)	14	18	22	18.0	16/9

手順2 手順1で求めた所要時間 $\widehat{t}_{ij}$ について, パート計算表の作成とクリティカル

2.2 PERT

パスの導出。

まず，最早結合点時刻と最遅結合点時刻は，図 2.13 のように求まる。

更に，パート計算表が表 2.12 のようになり，クリティカルパスは星印を付けた作業をつないだパスになる。

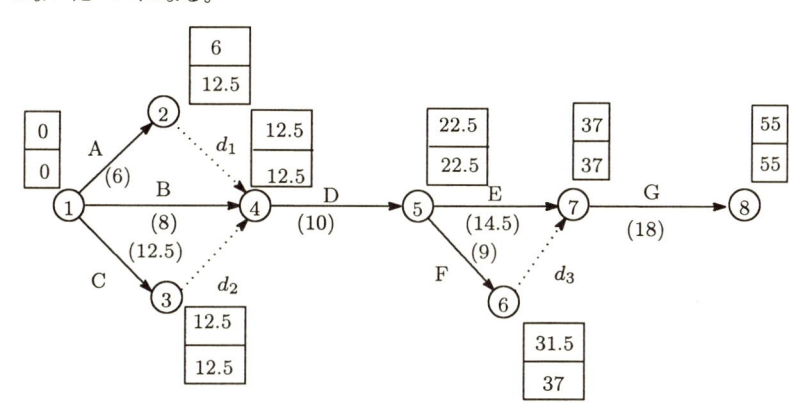

図 2.13 最早結合点時刻と最遅結合点時刻

表 2.12 パート計算表

作業	(i,j)	所要期間 t_{ij}	最早 ES	最早 EF	最遅 LS	最遅 LF	余裕 TF	余裕 FF	クリティカルパス CP
A	(1,2)	6	0	6	6.5	12.5	6.5	0	
C	(1,3)	12.5	0	12.5	0	12.5	0	0	*
B	(1,4)	8	0	8	4.5	12.5	4.5	4.5	
d_1	(2,4)	0	6	6	12.5	12.5	6.5	6.5	
d_2	(3,4)	0	12.5	12.5	12.5	12.5	0	0	*
D	(4,5)	10	12.5	22.5	12.5	22.5	0	0	*
F	(5,6)	9	22.5	31.5	28	37	5.5	0	
E	(5,7)	14.5	22.5	37	22.5	37	0	0	*
d_3	(6,7)	0	31.5	31.5	37	37	5.5	5.5	
G	(7,8)	18	37	55	37	55	0	0	*
—	(8,8)	—	55	—	—	55	—	—	

手順 3 クリティカルパスに関して，合計した所要時間の推定値 $\widehat{T} = \sum \widehat{t}_{ij}$ および分散の推定値 $\widehat{\sigma}^2 = \sum \widehat{\sigma}_{ij}^2$ の導出 (独立な場合は，全体の分散は各データの分散の和)。

$\widehat{T} = 12.5 + 0 + 10 + 14.5 + 18 = 55,$

$\widehat{\sigma}^2 = 25/36 + 4/9 + 49/36 + 16/9$

$= (25 + 16 + 49 + 64)/36 = 154/36 = 77/18 (\fallingdotseq 4.278)$

手順 4 実行可能度の計算。

手順 3 から $T \sim N(55, 77/18)$(平均 55, 分散 77/18) の正規分布に従うとみなせるので，60 時間以内についての実行可能度は，$T \leqq 60$ である確率だから

$$P(T \leqq 60) = P\left(\frac{T-55}{\sqrt{77/18}} \leqq \frac{60-55}{\sqrt{77/18}}\right) = P(U \leqq 2.417) = 1 - P(U > 2.42)$$

$$= 1 - 0.0078 = 0.9922 = \Phi(2.42)$$

(Excel では，$\Phi(2.42)$ は =NORMSDIST(2.42) と入力する)

より，99.2％で実行可能性がある。同様に，56 時間以上かかる確率は

$$P(T \geqq 56) = 1 - \Phi(0.4835) = 0.3144$$

と 31.44％ の確率である。なお，$\Phi(x)$ は標準正規分布の分布関数であり

$$\Phi(x) = \int_{-\infty}^{x} \frac{e^{-x^2/2}}{\sqrt{2\pi}} dx$$

である。□

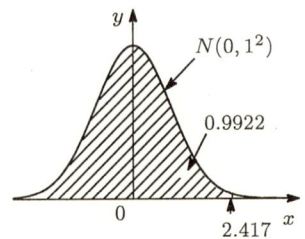

図 2.14 x 座標 2.417 までの面積 $\Phi(2.417) = 0.9922$

演 2-5 (1) ある人がカルボナーラスパゲティーを作ろうと，表 2.13 に示すような三点見積もりで各作業時間を推定し，計画を練った。この作成プロジェクトについて，クリティカルパスを求めよ。更に，20 分以内で料理が完成する実行可能度を求めよ。また，21 分以上かかる確率も求めよ。なお，各作業の内容は次のようである。

表 2.13 先行作業と作業時間の三点見積もり表 (単位：分)

作業	先行作業	a_{ij}	m_{ij}	b_{ij}
A	なし	8	10	12
B	A	7	8	9
C	なし	0.5	1	1.5
D	C	0.4	0.5	1.2
E	なし	3	5	7
F	D,E	2	3	4
G	B, F	1	2	3

2.2　PERT

A：水を沸騰させる，B：パスタをゆでる，C：卵黄を混ぜる，D：生クリームを卵黄と混ぜる，E：ベーコンをいためる，F：卵黄と混ぜたクリームにいためたベーコンをいれる，G：パスタにソースをかける

(2) 表 2.14 に示すプロジェクトの作業について，35 日以内での実行可能度を求めよ．

表 2.14　作業期間の三点見積もり表 (単位：日)

作業 (科目)	a_{ij}	m_{ij}	b_{ij}
(1,2)	3	4	8
(2,3)	4	6	8
(2,4)	2	5	5
(3,4)	5	7	12
(3,5)	4	6	8
(4,5)	6	7	14
(4,6)	1	3	5
(5,7)	4	8	9
(6,7)	2	3	7

演 2-6　(1) 表 2.15 に示すような作業からなるプロジェクトについて，クリティカルパスを求め，その平均所要時間を推定せよ．また，クリティカルパスが 25 時間以上かかる確率を求めよ．

表 2.15　作業時間の三点見積もり表 (単位：時間)

作業	先行作業	a_{ij}	m_{ij}	b_{ij}
A	なし	4	6	8
B	A	3	5	7
C	A	2	3	4
D	B,C	5	6	7
E	B,C	6	8	10
F	D	1	2	3
G	E	5	7	9

(2) 表 2.16 に示すような各プロジェクトについて，各作業を考え，それらの作業所要時間を三点見積もりによって推定し，希望時間を各自設定し，その実行可能度について検討せよ．

表 2.16　いくつかのプロジェクト

試験勉強	アンケート集計	レポート作成	出店計画
旅行の支度	朝の身支度	本の出版	

2.3 CPM

PERTでは，プロジェクトの期間を確率的にいろいろな値をとる確率変数としてとらえていたが，CPMでは活動時間を確定的な値をとる変数としてとらえている。また，PERTでは期間や日程を明確化したが，費用面については考慮されていなかった。CPM (Critical Path Method) は，プロジェクトの所要時間を短縮することによる費用の削減についての検討をするための手法である。

最小の費用で最大の効果をあげるために開発された技法が**CPM**で，1957年に米国のデュポン (Du Pont) 社の研究者を中心に開発された。CPMを求める手順としては，以下のような手順で最適化する。

手順1　プロジェクトをアローダイアグラムに表す。
手順2　各作業の経済的な所要時間とその費用を見積もる。
手順3　各作業の**特急時間**と**特急費用**を見積もる。
手順4　**費用勾配**(コウバイ)を求める。
手順5　クリティカルパス (CP) を求める。
手順6　クリティカルパス上の作業に着目して，費用勾配の小さい作業を特急時間に短縮する。

全体としては，総費用が最小化するように時間を決める。ここで，プロジェクトの完成に要する費用としては人件費，材料費などの**直接費**と，保険や事務所と設備などの賃貸費・管理費などの**間接費**がある。そして，直接費と間接費の総和が**総費用**である。

また作業 (i,j) には，標準所要時間 ($= D_{ij}$) と標準費用 ($= M_{ij}$) があるが，各作業を設備・材料・作業者等に制限を加えないで，所要時間を最小とする時間を**特急時間** ($= d_{ij}$) といい，そのときに要する費用を**特急費用** ($= m_{ij}$) とよぶ。これらを図2.15のように描いたとき，直線で近似したときの直線の傾きの符号を反転したものを**費用勾配** ($= b_{ij}$) という。つまり

$$(2.10) \quad 費用勾配 = b_{ij} = \frac{特急費用 - 標準費用}{標準時間 - 特急時間} = \frac{m_{ij} - M_{ij}}{D_{ij} - d_{ij}}$$

で計算される.なお,特急時間であるような作業,つまり短縮できない作業については,その費用勾配は無限大 (∞) と表すことにする.そして,同じ1日所要期間を短縮するのであれば,費用が安い作業,つまり費用勾配が小さい作業を短縮するのがよいわけである.そして直線の式でかけば,費用 z_{ij} を所要時間 t_{ij} と y 切片の a_{ij} で表すと,$z_{ij} = -b_{ij}t_{ij} + a_{ij}$ より

$$a_{ij} = m_{ij} + \frac{m_{ij} - M_{ij}}{D_{ij} - d_{ij}}d_{ij} = \frac{m_{ij}D_{ij} - M_{ij}d_{ij}}{D_{ij} - d_{ij}}$$

である.

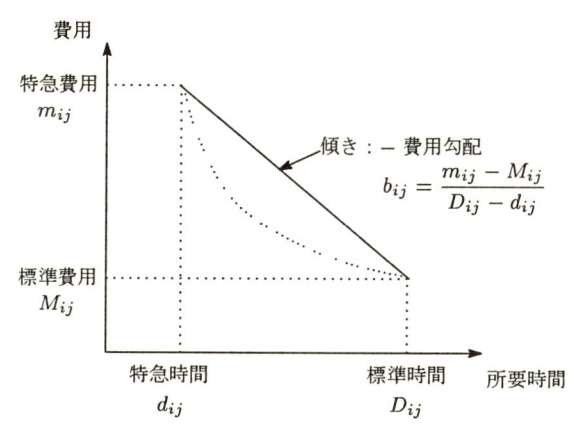

図 2.15 費用勾配

例 2-5 図 2.16 で与えられるアローダイアグラムのプロジェクトについて,作業の所要時間と費用が表 2.17 で与えられている.このプロジェクトの費用を,できるだけ少なくして1日短縮するには,どの作業を短縮すればよいか検討せよ.

表 2.17 作業期間と作業費用

作業	d_{ij}	D_{ij}	m_{ij}	M_{ij}
(1,2)	3	4	25	20
(2,3)	0	0	0	0
(2,4)	6	10	46	30
(3,4)	5	7	60	40
(4,5)	4	4	40	32

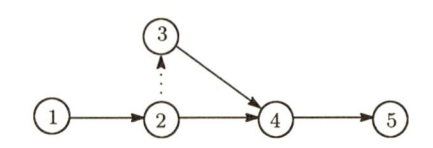

図 2.16　アローダイアグラム

[解]　**手順 1**　クリティカルパスを求める。

標準作業について，最早，最遅結合点時刻を求め，アローダイアグラムに記入 (図 2.17) し，パート計算表 (表 2.18) を作成し，クリティカルパスを求める。すると，クリティカルパスは $1 \to 2 \to 4 \to 5$ とわかる。

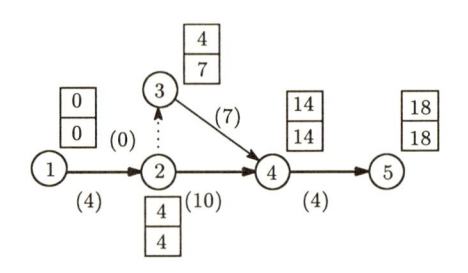

図 2.17　クリティカルパス

表 2.18　パート計算表

(i,j)	所要期間 D_{ij}	最早 ES	最早 EF	最遅 LS	最遅 LF	余裕 TF	余裕 FF	クリティカルパス CP
(1,2)	4	0	4	0	4	0	0	*
(2,3)	0	4	4	7	7	3	0	
(2,4)	10	4	14	4	14	0	0	*
(3,4)	7	4	11	7	14	3	3	
(4,5)	4	14	18	14	18	0	0	*
(5,5)	—	18	—	—	18	—	—	

手順 2　各作業の費用勾配を求める。

費用勾配を表 2.19 の補助表のように計算する。

2.3 CPM

表 2.19 補助表 (費用勾配の計算)

作業	d_{ij}	D_{ij}	m_{ij}	M_{ij}	b_{ij}
(1,2)	3	4	25	20	5
(2,3)	0	0	0	0	—
(2,4)	6	10	46	30	4
(3,4)	5	7	60	40	10
(4,5)	4	4	40	32	∞

手順 3 クリティカルパス上の費用勾配の小さい順に作業の短縮を行う。

ここではクリティカルパスが $1 \to 2 \to 4 \to 5$ で，最も費用勾配が小さい作業 $(2,4)$ を 1 日短縮すると，全体が 1 日短縮される。□

演 2-7 以下に示すアローダイアグラム (図 2.18)，作業期間，作業費用 (表 2.20) で与えられるプロジェクトについて，費用をできるだけ少なくして作業期間を 1 単位短縮するには，どの作業を短縮すればよいか検討せよ。

表 2.20 作業期間と作業費用

作業	d_{ij}	D_{ij}	m_{ij}	M_{ij}
(1,2)	3	6	29	20
(2,3)	2	4	24	20
(2,4)	5	8	42	30
(2,5)	4	8	58	34
(3,5)	6	8	45	40
(3,6)	8	12	76	60
(4,5)	0	0	0	0
(5,6)	5	7	40	32

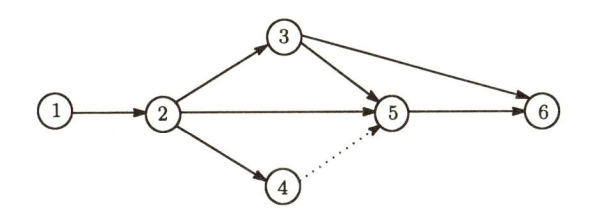

図 2.18 アローダイアグラム

3章 在庫管理

ポテトサラダを作るとき，マヨネーズがない。お風呂でシャンプー，石鹸を切らしている。トイレで，トイレットペーパーがない。… など，必要で(需要が)あるときに，その必要とする(品)物がないことは，誰もが日常的に経験することである。そのようなときに備えて，われわれは買い置きといった，その品物の予備を家に置いておく。家が広ければたくさん置いておけるが，制限がある。長期間置くと古くなるので，あまり多くは置けない。商品，製品，部品に限らず，更には資金，能力などを有効に供給していく状況において，蓄えである在庫をどのように管理運営していくかは，重要な問題である。そのような問題を扱う科学的な方法を**在庫管理**といい，この章ではその取り扱いを考えよう。

3.1 在庫管理とは

辞書によれば，**在庫** (inventory) とは倉庫にあることとしている。つまり，現時点では倉庫などで遊休しているが，後の時点で使用される資源のことをいう。例えば図 3.1 のように，製品が生産者から消費者へ供給される過程において，消費者からの需要に対して製品を消費者に供給し，生産者に製品を発注し，仕入れる。そのとき，製品を店に蓄え，在庫する。

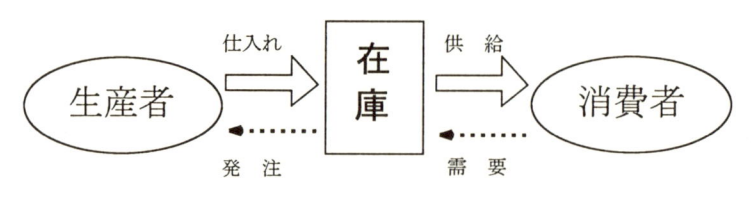

図 3.1 製品の流れと在庫

そして，ある資源についての需要と供給の関係において，費用等の基準に関して最適な**供給時点**と**供給量**を決定することが必要となる。例えば図 3.2 のように，製品の価格を決定する基準でいえば，供給量は需要曲線と供給曲線が一致するところにすればよい。

3.1 在庫管理とは

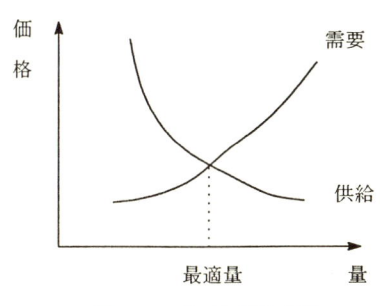

図 3.2 需要と供給曲線

3.1.1 在庫の種類

ここで，在庫の目的に応じて分類した代表的な種類を以下にあげておこう。

① **ロット在庫** (サイクル在庫)　需要が小規模単位で発生するような場合，供給側ではある程度まとめた，ある規模以上の単位で生産し，在庫をもつ状況になる。このような在庫をいう。

② **プロセス在庫**　需要に対し供給に時間がかかるような場合，前もって製品を蓄えておくような在庫をいう。日本では原油を遠方である外国から前もって輸入しているし，電気，水道，ガスなども消費する場所と供給する場所が連結され，いつでも時間的ずれなく供給されるよう，供給側で蓄えている在庫をいう。

③ **安全在庫**　いつ需要があるか予測できないとき，つねに予備的に商品を保存しておくような在庫をいう。

④ **季節在庫**　周期性があるような，ある程度需要が予測できるが，量が多いときは，その需要の少し前に生産し，蓄えておくような在庫をいう。服，冷暖房器具，電化製品など，季節商品は前もって生産し，在庫をしている。

3.1.2 在庫管理に関連した収支

在庫管理での 供給時点 と 供給量 を決定するための基準としては，一般には以下によるだろう。

> 供給による**収入**と，供給にともなう**費用**の差の**利益**を**最大化**

(1) 収　入

供給された製品のうち，需要の充足にあてられた割合に応じて収入が得られる。普通，収入には販売単価と充足された需要量の積で計算される**売上げ収入** (販売収入) がある。更に，需要以上の商品供給した場合には超過量について処分することがあり，これを**処分収入**という。そこで処分収入があれば，これも収入として加える。

(2) 費　用

在庫に関連しては，以下のように様々な費用 (コスト：cost) がある。

① **調達費用** (lead cost)

製品を仕入れるためにかかる費用をいう。生産者に支払われる**仕入れ費用** (購入費用) と，注文をする際にかかる費用がある。注文をする際には，在庫調べ，事務手続き費用 (電話代，人件費，計算機使用料，注文書代など)，輸送費は小売側が負担すれば注文費用になり，生産者側が負担すれば仕入れ費用になる。**発注費用**は発注回数あたりの発注費で，発注量には普通，依存しない。

② **保管費用** (在庫維持費用)

大きく2種類あり，1つには実際の現金の支出による費用で，建物設備費，倉庫を借りている場合の倉敷料，保険料，警備員の人件費などである。もう1つは機会費用といわれ，在庫という形で資金を投資したために得られなかった利益で，他の方へ流用していれば得られたであろう利益である。

③ **品切れ費用**

需要量の方が，供給量を上回る場合に生ずる費用である。品切れが後に同じ供給者によって供給される場合と，他の供給者によって供給される場合である売上げ機会損失の場合によって，その費用の計算は異なる。

④ **陳腐化費用**

商品を在庫している間に商品が流行遅れになるとか，新機械の出現による生産機械の陳腐化などがある。

⑤ **組織費用**

在庫システム自体の維持・管理費用をいう。

以上，様々な費用がかかるが，次節以降では単純な場合を考えよう。

3.2 在庫管理の最適化

在庫管理での発注量を決める主要因は，その商品の需要状況である。そして，時期による商品の需要度を表す分布を**需要分布**という。そこで需要分布について，どの程度情報があるかにより，分けて扱う必要がある。更に，発注をしてから商品が納入されるまでの期間を**調達期間** (lead time) という。

ここでは，以下の仮定のもとで，最適発注量を求めよう。

① 需要が一定　　② 調達期間がかからない
③ 発注は在庫が 0 になった時にする　　④ 品切れを起こさない

そしてこの節では，費用のみに着目して最適化を考える。そこで，総費用について最小化することによって最適在庫量を求めよう。費用とは保管費用と発注費用のみを考え，購入費用は販売での収入との関係があるので，ここでは考えないとする。つまり，総費用は保管費用と発注費用の和である場合を考えよう。

計画期間として 1 年を考え，年間費用について以下のように定式化を行う。

発注量を 1 回あたり Q 単位とし，その時の Q の関数である年間保管費用を U，年間発注費用を V とすれば，年間総費用 T は $T = U + V$ で与えられる。

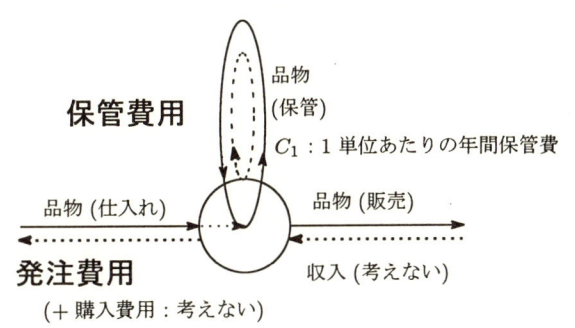

図 3.3　品物と費用

実際に，取り扱い店が品物を発注して保管している場合の費用の流れを見ると，図 3.3 のようになる。また，需要が一定 (確定的) の場合の在庫量の変化は図 3.4 のようである。

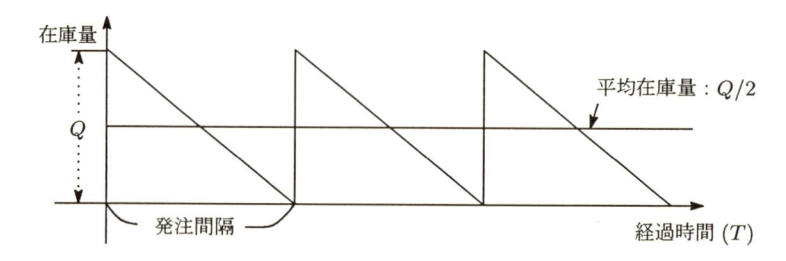

図 3.4 需要が一定の場合の在庫量

（1）保管費用

保管費用 U は，需要が一定なので，平均在庫量が $\dfrac{Q}{2}$ より

(3.1) $\quad U = 保管費用 = 1\,単位あたりの年間保管費 \times 平均在庫量$

$$= \dfrac{C_1 Q}{2}$$

である。ただし，C_1：1 単位あたりの年間保管費 である。

（2）発注費用

また，年間の発注回数が年間需要量を M(一定) として M/Q だから，発注費用 V は

(3.2) $\quad V = 発注費用 = 1\,回の発注費 \times 発注回数$

$$= \dfrac{C_0 M}{Q}$$

である。ただし，C_0：1 回あたりの発注費である。

したがって，総費用のグラフは発注量に関して，図 3.5 のようになる。

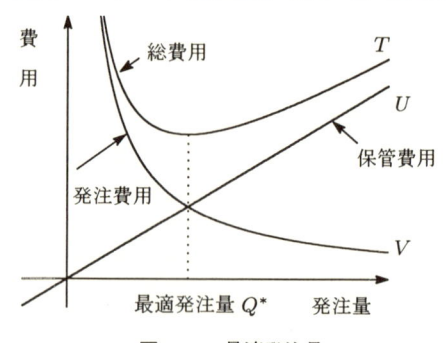

図 3.5 最適発注量

3.2 在庫管理の最適化

次に，具体的に最適在庫量を与える式を求めよう。

（3）総費用

総費用 T は

(3.3) $\quad T = $ 総費用 $= $ 保管費 $+$ 発注費
$$= \frac{C_1 Q}{2} + \frac{C_0 M}{Q} \quad \searrow (最小化)$$

となる。これを Q について最小化すればよい。そこで，Q で微分して 0 とおいた式は

(3.4) $\quad \dfrac{dT}{dQ} = \dfrac{C_1}{2} - \dfrac{C_0 M}{Q^2} = 0$

となるから，最適発注量 Q^* は

(3.5) $\quad Q^* = \sqrt{\dfrac{2C_0 M}{C_1}}$

と求まる。これは**ウィルソンのロット公式** (Wilson's economic lot size) といわれる。また**経済発注量公式** (**EOQ 公式**：<u>E</u>conomical <u>O</u>rder <u>Q</u>uantity) ともいわれる。

公式

(3.6) $\quad$ 最適発注量 $= \sqrt{\dfrac{2 \times 1 回あたり発注費用 \times 年間需要量}{単位あたり年間保管費用}}$

例 3-1 年間需要量が 20000 (個/年) で，単価が 500 円の品物がある。その品物の発注費用が 1 回あたり 400 (円/回) で，在庫維持費率 (保管費率) が 20 % である。このとき，最適発注個数を求めよ。

[解] 公式の式 (3.6) に代入することで，最適発注量 Q^* は

$$Q^* = \sqrt{\dfrac{2 \times 400 \times 20000}{500 \times 0.2}} = 400 \,(個)$$

である。□

また供給においても，ある時点での供給が他の時点での供給に影響があるかどうか，つまり独立かどうかにより状況は異なる。なお，異なる時点での供給の間に独立性があるとき**静態的**といい，従属性があるとき**動態的**という。

以下では図 3.6 のように，異なる時点での供給の間に独立性がある場合とない場合に分け，更にない場合については定量発注法，定期発注法などに分けて考えよう。

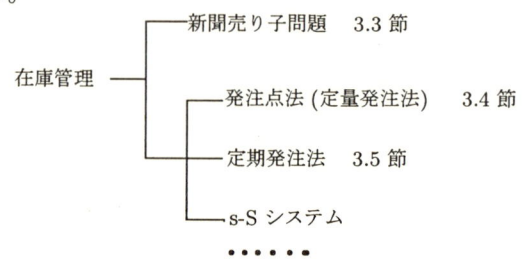

```
在庫管理 ─┬─ 新聞売り子問題   3.3 節
         ├─ 発注点法 (定量発注法)   3.4 節
         ├─ 定期発注法   3.5 節
         └─ s-S システム
            ･･････
```

図 3.6　在庫管理の分類

3.3　異なる時点で供給が独立な場合

新聞売り子問題，あるいはクリスマス・ツリー問題ともいわれ，その時点だけでの 1 回の発注量の決定をする。そこで，保管費用は考えない場合を考える。そして，ここでは収入と費用の差の利益最大化に基づいて，発注量を決めることを考えよう。なお，品物，お金の IN(イン)と OUT(アウト)は明確にすることが大切である。

需要のデータが離散型の場合と連続型の場合で取り扱いが異なるため，以下では分けて議論しよう。

3.3.1　需要データが離散型の場合

まず問題の設定を行うため，以下のように変数および分布を定義する。

問題の定式化

y：需要量 (離散型データ)，

その確率関数を $P(Y = y) = p(y)$，その分布関数を $P(Y \leqq y) = F(y)$

x：発注量 (離散型データ)，

c_0：1 個あたりの仕入れ (購入) 単価，

c_1：1 個あたりの販売単価，

c_2：売れ残り 1 個あたりの処分価格 ($c_2 < c_0$)，

c_3：品切れ 1 個あたり品切れ費用 (機会損失費用)

3.3 異なる時点で供給が独立な場合

品物とお金の動きを考えると，図 3.7 のような流れとなるだろう．品物が実線で，お金が点線の矢線に対応している．そこで，次のように収入と費用が計算される．

（1）収入

① 売上げ収入 $= \begin{cases} c_1 y & \text{if } y < x \\ c_1 x & \text{if } y \geq x \end{cases}$, ② 処分収入 $= \begin{cases} c_2(x-y) & \text{if } y < x \\ 0 & \text{if } y \geq x \end{cases}$

（2）費用

① 品切れ費用 $= \begin{cases} 0 & \text{if } y < x \\ c_3(y-x) & \text{if } y \geq x \end{cases}$, ② 仕入れ費用は x にのみ依存

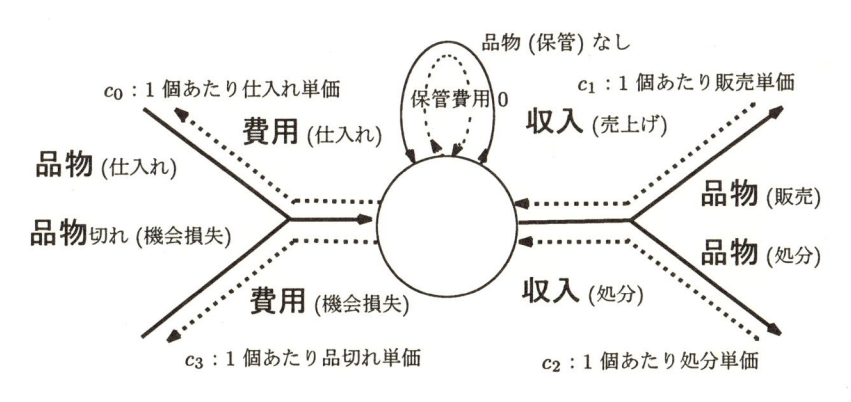

図 3.7 費用と収入の流れ

そして，このとき平均的に考えれば，次のように期待収入と費用が計算される．

（3）期待収入

① 期待売上げ収入：$\displaystyle\sum_{y=0}^{x-1} c_1 y p(y) + \sum_{y=x}^{\infty} c_1 x p(y)$, ② 期待処分収入：$\displaystyle\sum_{y=0}^{x-1} c_2(x-y)p(y)$

（4）期待費用

① 期待品切れ費用：$\displaystyle\sum_{y=x}^{\infty} c_3(y-x)p(y)$, ② 仕入れ費用：$c_0 x$

したがって，発注量 x のときの期待利益 $Q(x)$ は

$$(3.7) \quad Q(x) = \overbrace{c_1 \sum_{y=0}^{x-1} y p(y) + c_1 \sum_{y=x}^{\infty} x p(y)}^{\text{期待収入}} + \overbrace{c_2 \sum_{y=0}^{x-1} (x-y) p(y)}^{\text{期待処分収入}}$$

$$- \underbrace{c_3 \sum_{y=x}^{\infty} (y-x) p(y)}_{\text{期待品切れ費用}} - \underbrace{c_0 x}_{\text{仕入れ費用}} \quad \nearrow (\text{最大化})$$

これを最大化する x を求めれば良い。そこで, $Q(x)$ が一山型のグラフであれば, 最も高い x の値つまり,

$$Q(0) \leqq \cdots \leqq Q(x-1) \leqq Q(x) \geqq Q(x+1) \geqq \cdots$$

を満足する x を求めればよい。そこで, $Q(x) - Q(x+1)$ を計算すると

$$Q(x) - Q(x+1) = -c_1 \sum_{y=x}^{\infty} p(y) - c_2 \sum_{y=0}^{x} p(y) - c_3 \sum_{y=x}^{\infty} p(y) + c_0$$

$$= -c_1 - c_3 + c_0 + (c_1 - c_2 + c_3) F(x) \geqq 0$$

より

$$(3.8) \quad F(x) \geqq \frac{c_1 - c_0 + c_3}{c_1 - c_0 + c_0 - c_2 + c_3}$$

また

$$Q(x) - Q(x-1) = -\bigl(Q(x-1) - Q(x)\bigr)$$

$$= c_1 + c_3 - c_0 - (c_1 - c_2 + c_3) F(x-1) \geqq 0$$

より

$$(3.9) \quad F(x-1) \leqq \frac{c_1 - c_0 + c_3}{c_1 - c_0 + c_0 - c_2 + c_3}$$

である。式 (3.8) と式 (3.9) をまとめて,

$$k = \frac{c_1 - c_0 + c_3}{c_1 - c_0 + c_0 - c_2 + c_3} \left(= \frac{\text{利益} + \text{機会損失}}{\text{利益} + \text{損失} + \text{機会損失}} \right)$$

とおくと, 最適な x は

$$F(x-1) \leqq k \leqq F(x)$$

を満足する整数 x である。ここで

3.3 異なる時点で供給が独立な場合

$$c_1 - c_0 = 販売単価 - 仕入れ価格 = 利益 (得),$$
$$c_0 - c_2 = 仕入れ価格 - 処分価格 = 損失 (損), \quad c_3 = 機会損失 (機損)$$

であるから，k を広く**利益率**と呼ぶことにする．そして，次の公式の形で覚えれば良いだろう．

--- 公式 ---

最適発注量 x は，需要量の分布関数 $F(x)$ が次の利益率との関係

(3.10) $\quad F(x-1) \leqq k = \dfrac{得 + 機損}{得 + 損 + 機損}: 利益率 \leqq F(x)$

を満足する整数 x である．

(注 3-1) もし処分価格で売らない場合には，損失は仕入れ価格となり，得＋損は販売単価 (売価) となる．なお, (売価－仕入れ価格)/売価＝得/売価を**利益率**という．◁

例 3-2 コンビニエンス・ストアでは，弁当の仕入れ数を決定したい．販売単価は 1 個 500 円，仕入れ価格 300 円で，その日の売れ残り分については翌日 200 円で売られるとする．品切れ費用は明確でないので，0 円とする．最適な仕入れ量はいくらか．ただし，1 日の需要量は実績から，表 3.1 のような分布 (確率関数) で与えられている．

表 3.1 弁当の売上げ個数の分布

個数 x	0	1	2	3	4	5	6	7	8
確率関数 $p(x)$	0	0	0	0	0	1/20	1/20	2/20	3/20

個数 x	9	10	11	12	13	14	15
確率関数 $p(x)$	5/20	4/20	2/20	2/20	0	0	0

[解] 手順 1 需要分布の分布関数を求める．

表 3.1 から，分布関数 $F(x) = \sum_{y \leqq x} p(y)$ は $p(x)$ の累積和を逐次計算して，表 3.2 のようになる．

表 3.2 弁当の売上げ個数の累積分布

個数 x	0	1	2	3	4	5	6	7	8
分布関数 $F(x)$	0	0	0	0	0	1/20	2/20	4/20	7/20

個数 x	9	10	11	12	13	14	15
分布関数 $F(x)$	12/20	16/20	18/20	20/20	1	1	1

手順 2 利益率 k を求める。

$$k = \frac{得 + 機損}{得 + 損 + 機損} \quad より \quad k = \frac{200 + 0}{200 + 100 + 0} = \frac{2}{3} \fallingdotseq 0.667$$

手順 3 $F(x-1) \leqq k \leqq F(x)$ を満足する整数 x を求める。

図 3.8 のグラフからもわかるが，

$$F(9) = \frac{12}{20} = 0.6 < 0.667 < 0.8 = \frac{16}{20} = F(10)$$

より $x = 10$ □

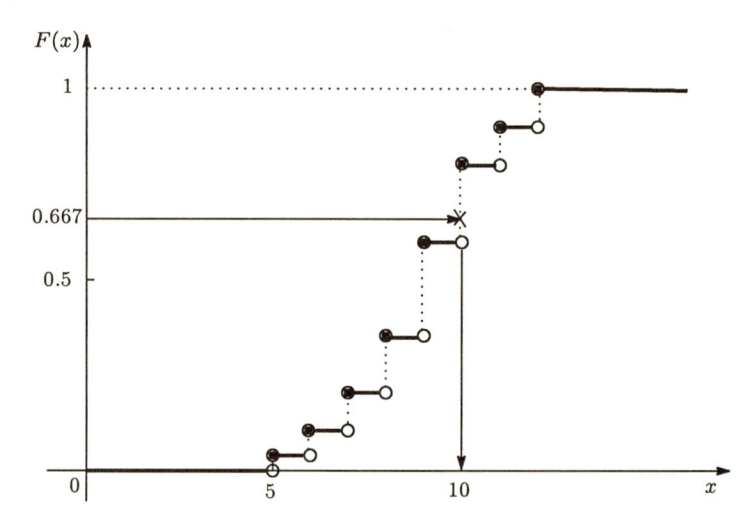

図 3.8 分布関数の範囲を満たす x

表 3.3 ハンバーガーの売上げ個数の分布

個数 x	11 以下	12	13	14	15	16	17	18	19
確率関数 $p(x)(/50)$	0	1	1	2	2	3	4	5	5

個数 x	20	21	22	23	24	25	26	27 以上
確率関数 $p(x)(/50)$	8	6	5	4	2	1	1	0

演 3-1 あるハンバーガーショップでの過去 50 日間での平日の売上げ個数が，表 3.3 のようであった．1 個売れると 60 円もうかるが，逆に 1 個売れ残ると廃棄処分にするので，原価の 80 円の損になる．何個発注すれば，利益が最大になるか検討せよ．更に品切れの場合，他店へ行く客も増えるので，機会損失費用が 1 個あたり 50 円とす

3.3 異なる時点で供給が独立な場合

る場合の最適発注量はいくらか.

3.3.2 需要データが連続型の場合

離散型の場合と同様に,まず用いる記号のリストをあげておこう.

問題の定式化

y:需要量 (連続型データ),

その確率密度関数を $f(y)$,その分布関数を $F(y) = \int_0^y f(y)dy$

x:発注量 (連続型データ),

c_0:1 単位あたりの仕入れ (購入) 単価,

c_1:1 単位あたりの販売単価,

c_2:売れ残り 1 単位あたりの処分価格 ($c_2 < c_0$),

c_3:品切れ 1 単位あたり品切れ費用 (機会損失費用)

そこで,利益は

$$r(x,y) = \begin{cases} (c_1 - c_0)y - (c_0 - c_2)(x - y) & \text{if} \quad x > y \\ (c_1 - c_0)x - c_3(y - x) & \text{if} \quad x < y \end{cases}$$

となるから,期待利益は

$$(3.11) \quad Q(x) = (c_1 - c_2)\int_0^x yf(y)dy - (c_0 - c_2)x\int_0^x f(y)dy$$
$$+ (c_1 - c_0)x\int_x^\infty f(y)dy - c_3\int_x^\infty yf(y)dy + c_3 x\int_x^\infty f(y)dy$$
$$= (c_1 - c_2)\int_0^x yf(y)dy + (c_2 - c_1 - c_3)xF(x)$$
$$+ (c_1 - c_0 + c_3)x - c_3\int_x^\infty yf(y)dy$$

である.$Q(x)$ を最大化する x は,これを x で微分した

$$\frac{dQ(x)}{dx} = (c_2 - c_1 - c_3)F(x) + c_1 - c_0 + c_3 = 0$$

を満足するので,最適発注量 x^* は以下の式を満足する.

$$(3.12) \quad F(x^*) = \int_0^{x^*} f(y)dy = \frac{c_1 - c_0 + c_3}{c_1 - c_0 + c_0 - c_2 + c_3}$$

--- 公式 ---

最適発注量 x^* は，需要量が連続分布の場合，以下の式を満足する

(3.13) $\quad x^*$ 以下の需要の確率 $= F(x^*) = \dfrac{得 + 機損}{得 + 損 + 機損} = k$：利益率

例 3-3 パン屋さんでは，クリームパンの焼き上げ数を決定したい。販売単価は 1 個 120 円，原材料価格 80 円で，その日の売れ残り分については翌日 50 円で売られるとする。品切れ費用は明確でないので，0 円とする。最適な焼き上げ数はいくらか。ただし，1 日の需要量は実績から，平均 60 個，標準偏差 10 個の正規分布で近似されると仮定される。

[解] 手順 1 需要分布を求める。需要 (売上げ) 個数 Y の分布は $N(60, 10^2)$ で近似されるので，$U \sim N(0, 1^2)$(確率変数 U は標準正規分布に従う) である U を用いて

$$F(y) = P(Y \leq y) = P\left(\frac{Y-60}{10} \leq \frac{y-60}{10}\right) = P\left(U \leq \frac{y-60}{10}\right) = \Phi\left(\frac{y-60}{10}\right)$$

とみなされる。なお，標準正規分布関数の分布関数を $\Phi(x)$ で表す。つまり

$$\Phi(x) = \int_{-\infty}^{x} \frac{1}{\sqrt{2\pi}} e^{-\frac{x^2}{2}} dx$$

である。

手順 2 利益率を求める。$k = \dfrac{40 + 0}{40 + 30 + 0} = \dfrac{4}{7} \fallingdotseq 0.571$

手順 3 最適発注量を求める。最適な焼き上げ数を x^* とすれば $\Phi\left(\dfrac{x^* - 60}{10}\right) = 0.571$ より (図 3.9 参照)

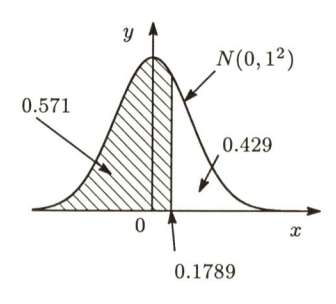

図 3.9 $\Phi\left(\dfrac{x^* - 60}{10}\right) = 0.571$ となる x 座標

$$\frac{x^* - 60}{10} = \Phi^{-1}(0.571) = 0.1789 \text{ だから},\ x^* = 61.789\ \text{である}.$$

Excel では，$\Phi^{-1}(0.571)$ は =NORMSINV(0.571) と入力して求める。

(数値表 p.180 を用いると，$\alpha = 2 \times 0.43 = 0.86$ に対し，$u(0.86) = 0.176$)

そこで，最適発注個数は 62 個である。□

演 3-2 ケーキ屋さんでは，チーズケーキの焼き上げ数を決定したい。販売単価は 1 個 300 円，原材料価格 180 円で，その日の売れ残り分については翌日 150 円で売れるとする。品切れ費用は 100 円とする。最適な焼き上げ数はいくらか。ただし，1 日の需要量は実績から，平均 30 個，標準偏差 5 個の正規分布で近似されると仮定される。

3.4 発注点法

在庫量が決められた量 (発注点) w 以下になると，ある一定量 Q を発注するシステムを**発注点法** (ordering point method) または**定量発注法** (fixed-size ordering method) という。そこで，発注時期は一定ではない。お腹が空いたらご飯を食べるといった感じであり，発注間隔は一定でなく，決まった量 (発注点) 以下になると一定量を発注する。つまり，発注時期は不定期で発注量が一定である。そこで，時間と在庫量の推移の関係は図 3.10 のようになる。

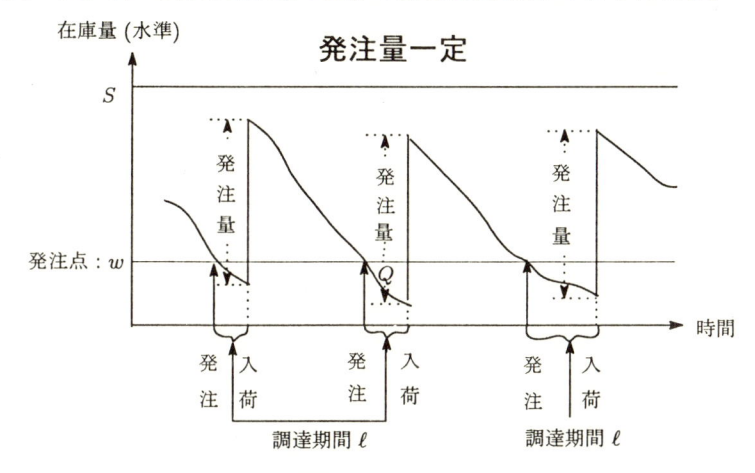

図 3.10 時間と在庫量の推移 (発注点法)

以下では，実際に決めるべき項目である発注点と発注量に分けて検討しよう。

3.4.1 発注点の決め方

発注してもすぐに品物が納入するわけではないので，その間の需要も見越して決める必要がある。まず，発注してから品物が納入されるまでの期間を**調達期間** (lead time period) という。そして，発注時期に在庫量が決めた値でも，その後の需要量で納入時期での在庫量は変動する。そこで

―――― 公式 ――――

(3.14)　　発注点 = 単位期間での需要量の平均 × 調達期間の平均
　　　　　　　　＋ 需要量と調達期間の変動に対する安全余裕

である。以下では，調達期間は一定とした場合を扱う。そして，実際に数式で表現するため，以下のような文字を用いる。

w：発注点，X：単位期間での需要量，ℓ：調達期間，
Y：調達期間 ℓ での需要量，α：品切れの起こる確率

そして，需要量 X の分布に応じて以下のように場合分けをして考えよう。

（1）$X = \mu$：一定の場合

調達期間 ℓ での需要量を確保しておけばよいので，以下の式 (3.15) となる。

(3.15)　　$w = \ell\mu$

（2）X が平均 μ，分散 σ^2 の正規分布に従う $(X \sim N(\mu, \sigma^2))$ 場合

調達期間 ℓ での需要量 Y は，$Y = X_1 + \cdots + X_\ell \sim N(\ell\mu, \ell\sigma^2)$ だから，$Y > w$ である品切れ確率 α は

(3.16)　　$\alpha = P(Y > w) = P\left(\dfrac{Y - \ell\mu}{\sqrt{\ell}\sigma} > \underbrace{\dfrac{w - \ell\mu}{\sqrt{\ell}\sigma}}_{=u(2\alpha)}\right) = P\bigl(U > u(2\alpha)\bigr)$

である。そこで

(3.17)　　$w = \ell\mu + u(2\alpha)\sqrt{\ell}\sigma$

となる。縦軸に在庫量 $w - Y$ をとり，横軸に時間をとったグラフを描くと，

3.4 発注点法

図 3.11 のようになる。なお，$\mu > 3\sigma$ であるときは，需要量が負である確率は
$$P(X < 0) \leqq P(X < \mu - 3\sigma) = P\left(\frac{X - \mu}{\sigma} < -3\right) = \Phi(-3) \fallingdotseq 0.0015$$
と，ほぼゼロになる。

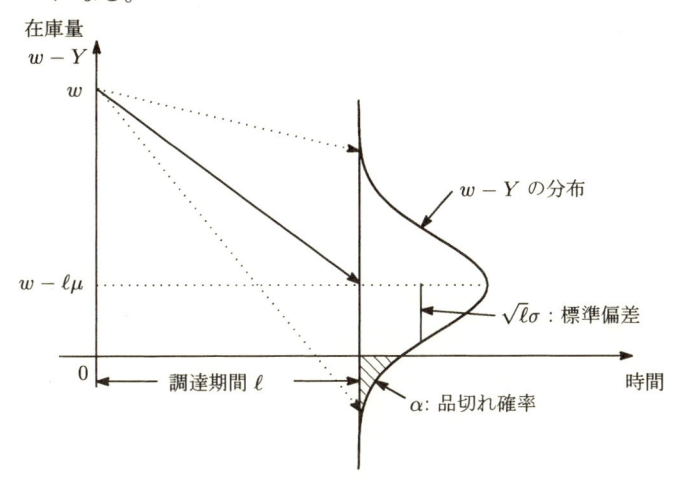

図 3.11 調達期間での需要量と在庫量

ここで品切れ確率 α に対して，標準正規分布の x 座標を与える数表 (p.180 の付表：標準正規分布表 2) の見方を述べよう。

面積 (確率：α) **から x 座標を与える表の見方**

$$\alpha: \text{面積(両側確率)} \Longrightarrow u(\alpha) : x \text{座標}$$

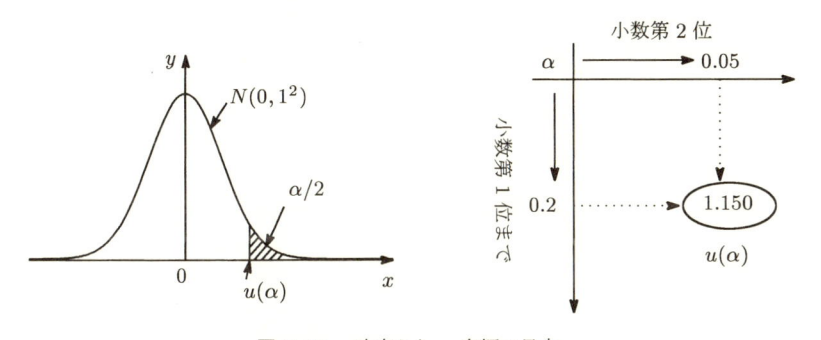

図 3.12 確率から x 座標の見方

例えば，両側確率が $\alpha = 0.100$ のとき，$u(\alpha) = u(0.10) = 1.645$ のようにみる．一部を表 3.4 に与えている．

表 3.4　付表：標準正規分布表 2 (p.180) の一部 $\alpha \to u(\alpha)$

α	0.00	0.01	0.02	0.03	0.04	0.05	0.06	0.07	0.08	0.09
0.0	∞	2.576	2.326	2.170	2.054	1.960	1.881	1.812	1.751	1.695
0.1	1.645	1.598	1.555	1.514	1.476	1.440	1.405	1.372	1.341	1.311

（3）X が平均 μ のポアソン分布に従う $(X \sim P_o(\mu))$ 場合

調達期間 ℓ での需要量 Y の分布は，$Y = X_1 + \cdots + X_\ell \sim P_o(\ell\mu)$ だから，品切れ確率 α に対し

$$(3.18) \qquad P(Y \geqq w+1) \leqq \alpha < P(Y \geqq w)$$

を満足する w を発注点とすればよい．とびとびの値をとるため，正確に品切れ確率と一致しないのが普通である．

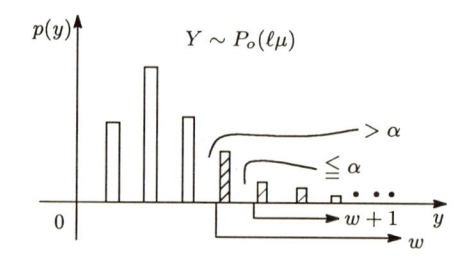

図 3.13　発注点と品切れ確率

具体的な適用

以下で前述の各需要分布の場合について未知母数の推定も含めて考えよう．

（1）$X = \mu$: 一定の場合

単位期間での需要量 μ がわかればよい．これは変動がなく，需要量の推移から調べる必要がある．

（2）$X \sim N(\mu, \sigma^2)$ の場合

単位期間での需要分布が正規分布の場合，平均 μ と分散 σ^2 がわかれば発注点 $w = \ell\mu + u(2\alpha)\sqrt{\ell}\sigma$ が計算される．そこで，それらの推定法を考えよう．

各単位期間あたりの需要量のデータが，表 3.5 のように与えられる場合には，平均に関しては，普通

3.4 発注点法

表 3.5 期あたり需要量

期 (i)	1	2	$\cdots$	i	$\cdots$	n
需要量 (x)	x_1	x_2	$\cdots$	x_i	$\cdots$	x_n

$$\text{(3.19)} \quad \widehat{\mu} = \overline{x} = \frac{\sum_{i=1}^{n} x_i}{n}$$

で推定する．しかし，データ数が少ないときには中央値(メディアン) $\widetilde{x}$ で推定することもある．

標準偏差(分散の正の平方根)については，データ数 n が多ければ (10 以上ぐらい)，$E(\sqrt{V}) = c_2^* \sigma$ より

$$\text{(3.20)} \quad \widehat{\sigma} = \frac{s}{c_2^*} = \frac{\sqrt{V}}{c_2^*} = \frac{1}{c_2^*} \sqrt{\frac{\sum_i (x_i - \overline{x})^2}{n-1}}$$

で推定する．ここで補正係数 c_2^* はデータ数 n で決まる数で，付表：標準正規分布表 2 (p.180) 係数表のように与えられる．

しかし，分布が正規分布に従わなく，データ数 n が少ないときには範囲 R (最大値から最小値を引いたもの)を利用する．$E(R) = d_2 \sigma$ より

$$\text{(3.21)} \quad \widehat{\sigma} = \frac{R}{d_2} (= \beta R)$$

で推定する．ここに，係数 $d_2 \left(= \dfrac{1}{\beta} \right)$ はデータ数 n に依存して決まる数で，付表：標準正規分布表 2 (p.180) 係数表のように与えられる．

例 3-4(需要量が正規分布(連続型)の場合) あるコーヒー会社では，最近 6 か月のコーヒー豆の売上げ量が表 3.6 のようであった．

表 3.6 コーヒー豆の売上げ量 (単位：kg)

月 (n)	1	2	3	4	5	6
売上げ量	250	180	350	270	230	220

売上げ量は 1 か月あたり平均 μ，分散 σ^2 の正規分布に従うとして，発注点法で在庫管理する場合，品切れ確率を 0.05 にとどめるための発注点を求めよ．ただし，調達期間は半月で一定とする．

[解]　**手順 1**　需要分布の確認。

売上げ量 (需要量) の分布は，文章から正規分布 $N(\mu, \sigma^2)$ である。

手順 2　未知母数の推定。

平均の推定値は

$$\widehat{\mu} = \overline{x} = (250 + 180 + 350 + 270 + 230 + 220)/6 = 1500/6 = 250 (\text{kg})$$

である。標準偏差の推定値は，以下のように計算される。

$$\widehat{\sigma} = \frac{R}{d_2} = \frac{350 - 180}{2.534} = 67.09$$

手順 3　公式から発注点を計算する。

付表：標準正規分布表 2 (p.180) より，$u(2\alpha) = u(0.10) = 1.645$ だから，発注点は

$$w = \ell\widehat{\mu} + u(0.10)\sqrt{\ell}\widehat{\sigma} = 0.5 \times 250 + 1.645 \times \sqrt{0.5} \times 67.09 = 203.04(\text{kg})$$

と計算される。□

演 3-3　ある肥料の過去 6 か月の需要のデータが，表 3.7 のように与えられている。発注点法で在庫管理する場合，品切れを起こす確率を 2.5% 以下にするための発注点を求めよ。ただし，調達期間は 1 か月で一定とする。

表 3.7　需要量 (単位：トン t)

月 (n)	1	2	3	4	5	6
需要 (t)	150	130	140	160	145	165

演 3-4　ある電気店では A 製品については，最近 6 か月の売上げ個数が表 3.8 のようであった。売上げ量は 1 か月あたり平均 μ，分散 σ^2 の正規分布に近似されるとして，発注点法で在庫管理する場合，品切れ確率を 0.10 にとどめるための発注点を求めよ。ただし，調達期間は半月で一定とする。

表 3.8　A 製品の売上げ個数

月 (n)	1	2	3	4	5	6
売上げ個数	45	32	52	63	35	58

(3) $X \sim P_o(\mu)$ の場合

ここでは，需要分布が離散型のポアソン分布に従う場合の発注量について考えよう。

3.4 発注点法

例 3-5(需要量がポアソン分布 (離散型) の場合)　ある商品の調達期間中の需要個数が，1 日あたり平均 2 個のポアソン分布に従っている。このとき，品切れを起こす確率を 0.05 以下に押さえるための発注点を求めよ。なお，調達期間は 3 日で一定とする。

表 3.9　平均 6 のポアソン分布の累積確率

x	累積確率 (x 以下)	上側確率 ($x+1$ 以上)
0	0.0025	0.9975
1	0.0174	0.9826
2	0.0620	0.9380
3	0.1512	0.8488
4	0.2851	0.7149
5	0.4457	0.5543
6	0.6063	0.3937
7	0.7440	0.2560
8	0.8472	0.1528
9	0.9161	0.0839
10	0.9574	0.0426
11	0.9799	0.0201
12	0.9912	0.0088
13	0.9964	0.0036
14	0.9986	0.0014
15	0.9995	0.0005
16	0.9998	0.0002
17	0.9999	0.0001
18	1.0000	0.0000

[解]　調達期間での需要量 Y は平均 $\ell\mu = 3 \times 2 = 6$ のポアソン分布に従うので，表計算ソフト等の利用により，平均 6 のポアソン分布の累積確率を計算する。すると，表 3.9 のような累積確率が計算される。

Excel では
$$P(Y \geqq x+1) = \sum_{y \geqq x+1} \frac{e^{-6}6^y}{y!} = 1 - P(Y \leqq x)$$
は関数を利用し，$= 1-\text{poisson}(x, 6, 1)$(poisson(欠点数, 母欠点数, 累積確率の場合は 1 または TRUE)) により求まる。そこで，上側 5% については表 3.9 より

$$P(Y \geqq 11) = 0.0426 < \alpha = 0.05 < 0.0839 = P(Y \geqq 10)$$

だから，求める発注点 w は，安全な意味で $w = 11$ である。□

演 3-5 例 3-5 で需要量が 1 日あたり平均 2 のポアソン分布で,調達期間が 4 日の場合に品切れ確率を 5％以下にする発注点を求めよ.

3.4.2 発注量の決め方

<u>需要分布が一定の場合</u>に,調達期間がかからず,品切れがなく,入庫時間はかからないとするときに最適発注量を求めよう.その発注量は,発注点法 (調達期間がかかる) に利用できる.そして,以下の記号を用いることにする.

> L:計画期間,M:L 期間中の需要量,Q:発注量
> C_1:1 単位 1 単位期間あたりの保管費用,C_0:1 回あたりの発注費用

このとき,3.2 節と同様に,以下の公式が成立する.

--- 公式 ---

> 需要量が一定の場合
>
> (3.22) $\quad Q^* = \sqrt{\dfrac{2C_0 M}{C_1 L}}$:発注点法での最適発注量

更に,c_0:購入単価,r:単位期間の保管比率＝単位期間の在庫によって生じる費用を,在庫金額で割ったものとすると

$$\mu = \text{単位期間中の需要量の平均} = \frac{M}{L},\ C_1 = c_0 r$$

のとき

$$Q^* = \sqrt{\frac{2C_0 \mu}{C_1}} = \sqrt{\frac{2C_0 M}{c_0 r L}}$$

とかける.

例 3-6 あるガソリンスタンドの年間売上げ量は 500 (kℓ) で,ほぼ一定で売れているとする.仕入れ単価は 80,000 (円/kℓ) で,保管費率は年 10％である.1 回の発注費用は 20,000 (円) とする.このとき,1 年間を計画期間とし,調達期間がかからず,品切れがないときの最適発注量を求めよ.これを発注点法での在庫管理の発注量として求めてみよ.

[解] 題意から年間需要量 M は,$M = 500(\text{kℓ})$ である.

そこで,式 (3.22) より

3.5 定期発注法

$$Q^* = \sqrt{\frac{2 \times 20000 \times 500}{80000 \times 0.1 \times 1}} = 50.0 \text{ (k}\ell\text{)}$$

である。□

発注点法で在庫管理する場合の発注点と，最適発注量の公式を表 3.10 にまとめておこう．なお，最適発注量は調達期間がかからない場合を利用する．

表 3.10 発注点と最適発注量

単位需要量 X の分布	発注点	最適発注量
$X = \mu$: 一定	$w^* = \ell\mu$	$Q^* = \sqrt{\dfrac{2C_0 M}{C_1 L}}$
$X \sim N(\mu, \sigma^2)$	$w^* = \ell\mu + u(2\alpha)\sqrt{\ell}\sigma$	——
$X \sim P_o(\mu)$	$w^* = w$: 式 (3.18) を満足する	——

3.5　定期発注法

定期的にそのときの在庫量に応じて不足分の発注を行う方式を，**定期発注法** (fixed-cycle ordering method) という．そこで発注間隔は一定で，発注量

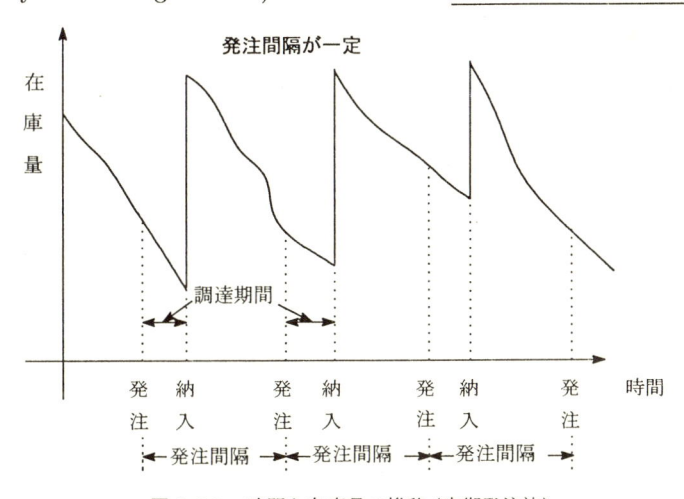

図 3.14 時間と在庫量の推移 (定期発注法)

は変化する．ご飯は，ある決まった時間に減った分だけ食べるといった感じである．この方式は在庫のための費用が比較的高く，高価で需要の変動が大きいような品物に適用される在庫管理方式である．そこで，発注間隔と発注量を決める必要がある．そして，時間と在庫量の推移の関係は図 3.14 のようになる．

以下では，決める必要がある発注間隔と発注量に分けて検討を行う．

3.5.1 発注間隔の決め方

需要が一定の場合について，最適な発注間隔を求めてみよう．そこで，決めるにあたって前提とされる量を，以下に挙げておこう．

> TC：計画期間中の総費用 (L：計画期間)
> T：発注間隔 (M：L 期間中の需要量)(C_0：1 回あたりの発注費用)
> T^*：最適発注間隔 (C_1：1 単位 1 単位期間あたりの保管費用)

① 保管費用は

平均在庫量 $= \dfrac{MT}{2L}$ より，$\dfrac{MT}{2L} C_1 L = \dfrac{C_1 MT}{2}$ である．

② 発注費用は

L 期間中の発注回数 $= \dfrac{L}{T}$ より，$\dfrac{L}{T} C_0 = \dfrac{C_0 L}{T}$ である．

そこで，全費用 TC は

(3.23) $\quad TC = \dfrac{C_1 MT}{2} + \dfrac{C_0 L}{T} \quad \searrow \quad$ (最小化)

である．これを最小化する T は，式 (3.23) を T で微分して 0 とおけば

(3.24) $\quad \dfrac{dTC}{dT} = \dfrac{C_1 M}{2} - \dfrac{C_0 L}{T^2} = 0$

より，

--- 公式 ---

需要量が一定の場合

(3.25) $\quad T^* = \sqrt{\dfrac{2 C_0 L}{C_1 M}}$：定期発注法での最適発注間隔

と求まる．これは，発注点法の場合と同様，以下のようにもかける．

3.5 定期発注法

$$(3.26) \quad T^* = \sqrt{\frac{2C_0}{C_1 m}} = \sqrt{\frac{2C_0 L}{c_0 r M}}$$

$$\left(m = \frac{M}{L} : \text{単位期間中の需要量の平均}, C_1 = c_0 r \right)$$

例 3-7 ある商品の年間需要推定量が 15,000 個, 発注費用が 3,000 円, 年間の保管費率が 15%, 購入単価が 300 円のとき, 定期発注法での最適発注間隔を求めよ.

[解] 公式に代入して

$$T^* = \sqrt{\frac{2 \times 3000 \times 1}{300 \times 0.15 \times 15000}} = 0.0943 (\text{年})$$

より, $0.0943 \times 12 = 1.13$ か月 である. □

3.5.2 発注量の決め方

ここでは, 需要分布によって場合分けしながら, 発注量を決めよう. まず, 以下に定式化しよう. そこで, $Z : (T + \ell)$ 期間中の需要量, $V : (T + \ell)$ 期間中に利用できる量, $Q : $ 発注量 とすれば, 次の公式が成立する.

―― 公式 ――

$$(3.27) \quad V = Q + \text{現在の在庫量} + \text{発注残 (発注済みで未入荷量)}$$

次に, 単位期間の需要量 X の分布に応じて場合分けして考えよう.

（1）$X = \mu$: 一定の場合

$Z = (T + \ell)\mu$ より, $Q + (\text{現在の在庫量}) + (\text{発注残}) = (T + \ell)\mu$ だから,

$Q = (T + \ell)\mu - (\text{現在の在庫量}) - (\text{発注残})$

（2）$X \sim N(\mu, \sigma^2)$ の場合

$Z \sim N((T+\ell)\mu, (T+\ell)\sigma^2)$ だから, $\alpha : $ 許容できる品切れ確率とするとき

$$\alpha = P(Z > V) = P\left(\frac{Z - (T+\ell)\mu}{\sqrt{T+\ell}\sigma} > \underbrace{\frac{V - (T+\ell)\mu}{\sqrt{T+\ell}\sigma}}_{=u(2\alpha)} \right)$$

である.

そこで，$V = (T+\ell)\mu + u(2\alpha)\sqrt{T+\ell}\sigma$ より，

$Q = (T+\ell)\mu - (現在の在庫量) - (発注残) + u(2\alpha)\sqrt{T+\ell}\sigma$

（3）$X \sim P_o(\mu)$ の場合

$Z \sim P_o((T+\ell)\mu)$ だから，$P(Z \geqq z_0+1) \leqq \alpha < P(Z \geqq z_0)$ を満たす整数 z_0 を求め，発注量 Q を

$Q = z_0 - (現在の在庫量) - (発注残)$

で与える．なお，安全余裕は $z_0 - (T+\ell)\mu$ である．

例 3-8(需要分布が正規分布 (連続型) の場合)　ある電気店では，ある製品について，ここ 6 か月間での売上げが，表 3.11 のようであった．

表 3.11　売上げ個数

n	1	2	3	4	5	6
売上げ個数	45	32	52	63	35	58

この製品の仕入れ単価は 12,000 円で，保管費率は年 10％ である．1 回の発注費用は 6,000 円で，調達期間は半月である．品切れする確率を 5％ 以下に押さえるようにするとして，以下の設問に答えよ．なお，需要分布は正規分布であるとする．発注間隔が 1 か月の定期発注法で在庫管理する場合，計画期間中のある発注時期の在庫量が 25 個，発注残が 10 個であった．このとき，その時期における最適発注量はいくらか．

[解] 手順 1　需要分布の確認．

題意より，需要分布は正規分布である．

手順 2　未知母数の推定．

平均 μ の推定値は

$$\widehat{\mu} = \frac{45+32+52+63+35+58}{6} = \frac{285}{6} = 47.5 (個)$$

である．標準偏差 σ の推定値は

$$\widehat{\sigma} = \frac{R}{d_2} = \frac{63-32}{2.534} = 12.23 \quad (n=6 \text{ の場合より}, d_2 = 2.534 \text{ (p.180 参照)})$$

である．

手順 3　発注量の計算．

3.5 定期発注法

数値表から,$u(2\alpha) = u(0.10) = 1.645$ だから,発注量は

$$Q = (T + \ell)\mu - (\text{現在の在庫量}) - (\text{発注残}) + u(2\alpha)\sqrt{T + \ell}\sigma$$
$$= (1 + 0.5) \times 47.5 - 25 - 10 + 1.645 \times \sqrt{1 + 0.5} \times 12.23 = 60.89(\text{個})$$

と計算されるので,61 個を発注すればよいだろう。□

定期発注法の場合,表 3.12 に,これまでの公式をまとめておこう。

表 3.12 発注間隔と発注量

単位需要量 X の分布	発注間隔	発注量
$X = \mu$: 一定	$T^* = \sqrt{\dfrac{2C_0 L}{C_1 M}}$	$Q = (T^* + \ell)\mu - (\text{現在の在庫量}) - (\text{発注残})$
$X \sim N(\mu, \sigma^2)$	——	$Q = (T + \ell)\mu - (\text{現在の在庫量}) - (\text{発注残})$ $+ u(2\alpha)\sqrt{T + \ell}\sigma$
$X \sim P_o(\mu)$	——	$Q = z_0 - (\text{現在の在庫量}) - (\text{発注残})$

演 3-6(需要分布がポアソン分布 (離散型) の場合)　ある製品の売上げは,1 日平均 3 個のポアソン分布に従っている。発注間隔が 5 日の定期発注法で在庫管理する場合を考える。なお,調達期間を 2 日とし,現在の在庫量が 2 個で,発注残がないとする。このとき,最適発注量を求めよ。なお,品切れ確率は 5 % とする。

4章 待ち行列

銀行でキャッシュカードの利用待ちをしたり，スーパーでレジを待ったり，市役所での住民票等の証明書発行待ちをしたり，駅などでの改札待ちなど，われわれは日常生活でサービス機関を利用する際に，順番待ちをすることがよくある。このようなときにできる客の列の長さ，客の待ち時間などはどのくらいなのかを，以下で考えてみよう。

4.1 待ち行列とは

あるサービスを受けるために，窓口に客の列ができる状況を**待ち行列**という。そして，人や物の流れを処理する施設を**窓口**という。また，窓口にやってくる人や物を**客**といい，窓口での処理を**サービス**という。このように，人や物が窓口にやってくる現象を**客の到着**という。

4.2 到着分布とサービス分布

窓口に客の待ち行列ができる状況を決定づけるのは，<u>どのように</u>客がきて<u>どんなに</u>客にサービス (処理) できるかである。まず，どのように客が来るかについては，客の到着間隔をランダムに変わる確率変数と考え，それが従う分布を**到着分布**という。そして，その時間の平均を**平均到着間隔**，その逆数，つまり単位時間あたりの客の平均到着人数 (人/単位時間) を**平均到着率** (mean arrival) という。次に，どんなに客を処理するかについては，窓口の数とサービス時間に依存する。サービス時間についても，それを確率変数と考え，それが従う分布を**サービス分布**という。その平均を**平均サービス時間**，その逆数，つまり単位時間あたりの平均処理人数 (人/単位時間) を**平均サービス率**という。以下の到着分布，サービス分布で，主に取り扱われる分布を考えよう。

（1）**指数分布** (Exponential distribution)，$Exp(\lambda)$ で表す。

生起密度関数が，図 4.1 に示すような時間 t についての関数の分布である。

4.2 到着分布とサービス分布

また，その密度関数は

(4.1) $$f(t) = \begin{cases} \lambda e^{-\lambda t} & t \geqq 0 \\ 0 & t < 0 \end{cases}$$

で与えられ，$T \sim Exp(\lambda)$ のとき，平均 $E(T) = \dfrac{1}{\lambda}$，分散 $V(T) = \dfrac{1}{\lambda^2}$ である。

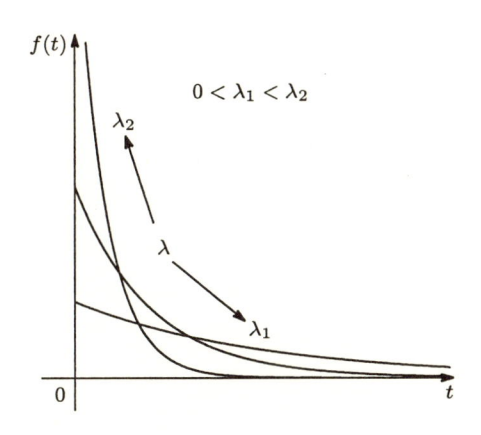

図 4.1 指数分布

たとえば，到着の分布を考えよう．以下のように，到着間隔の <u>時間の分布</u> を考えるときと，時間あたりの <u>到着人数の分布</u> を考えるときの2通りの見方がある．

到着から次の到着までの時間間隔の分布 T は，ランダム到着 (ポアソン到着) のとき，指数分布である．

(∵) 任意の t 時間中に，n 人来る確率はポアソン到着より

(4.2) $$P(t\,\text{時間中に}\,n\,\text{人来る}) = \frac{(\lambda t)^n e^{-\lambda t}}{n!}$$

そこで，t 時間中に1人も客が来ない確率は，$0\,(n=0)$ 人が来る確率より

(4.3) $$P(t\,\text{時間中に}\,0\,\text{人来る}) = e^{-\lambda t}$$

である．また，客が t 時間内に到着する確率は

(4.4) $$P(\text{客が}\,t\,\text{時間内に到着する}) = F(t) : \text{客の到着間隔の分布関数}$$

だから，式 (4.3), (4.4) から

(4.5)　　　$F(t) = 1 - e^{-\lambda t}$

が成立し，これは指数分布の分布関数である．つまり，到着間隔がランダム到着のとき，指数分布であることが示された．□

次に，ある単位時間中に到着する客の数の分布は次の 3 条件を満足するとき，**ランダム到着**という．

条件とは

(ⅰ) **独立性**または**無記憶性**：客の到着は互いに独立である．前に来た客と次に来る客に関連性がない．そこで，多くの客が来たからといって客が来なくなることはなく，また客が来ないからといって多く客が来るようになるわけでもない．

(ⅱ) **定常性**：一定時間内に，ある人数の客が来る確率はどの時間帯でも同じである．つまり，微小時間 Δt 中に客が到着する確率が一定である．そこで，ある時間帯だけ客が多かったり，来ないといったことがなく，平均的に客が来る．

(ⅲ) **希少性**：微小時間には，客が 2 人以上来ることはない．つまり，Δt 期間中に到着する客は，多くても 1 人までである．

である．

以上の 3 つの性質をまとめて，**希独定ランダム** (キドッテランダム) と覚えれば良いだろう．

──────── 公式 ────────

ランダム到着のとき，期間 t の間に n 人到着する確率 $p_n(t)$ は

$$p_n(t) = \frac{\lambda^n e^{-\lambda}}{n!}$$

である．ここに，λ は単位時間に来る客の数とする．

(∵) $(0, t)$ 期間を，N 個の Δt 期間に等分割する．つまり，$\Delta t = t/N$ とする．条件 (ⅰ) の独立性と (ⅱ),(ⅲ) から，N 個の間隔中に n 人の到着する確率は，客が到着する確率を p とすれば，N 回の試行で客が来る平均回数 $\lambda = Np$ より $p = \lambda/N = \lambda \Delta t/t$

4.2 到着分布とサービス分布

だから，以下の 2 項分布による式で表される．

(4.6) $\quad P(N \text{ 個の間隔中に } n \text{ 人の客が来る}) = \binom{N}{n} \left(\frac{\lambda \Delta t}{t}\right)^n \left(1 - \frac{\lambda \Delta t}{t}\right)^{N-n}$

(iii) の希少性から，$\Delta t \to 0$ とでき

(4.7) $\quad P(t \text{ 期間中に } n \text{ 人の客が到着する}) = \lim_{\Delta t \to 0} \binom{N}{n} \left(\frac{\lambda \Delta t}{t}\right)^n \left(1 - \frac{\lambda \Delta t}{t}\right)^{N-n}$

$$= \lim_{N \to \infty} \frac{N!}{n!(N-n)!} \left(\frac{\lambda}{N}\right)^n \left(1 - \frac{\lambda}{N}\right)^{N-n}$$

$$= \frac{\lambda^n}{n!} \lim_{N \to \infty} \left(\frac{N(N-1)\cdots(N-n+1)}{N^n}\right) \left(1 - \frac{\lambda}{N}\right)^N \underbrace{\lim_{N \to \infty} \left(1 - \frac{\lambda}{N}\right)^{-n}}_{=1}$$

$$= \frac{\lambda^n}{n!} \underbrace{\lim_{N \to \infty} \left(\left(1 - \frac{1}{N}\right)\left(1 - \frac{2}{N}\right)\cdots\left(1 - \frac{n-1}{N}\right)\right)}_{=1} \underbrace{\lim_{N \to \infty} \left(1 - \frac{\lambda}{N}\right)^N}_{=e^{-\lambda}}$$

$$= \frac{\lambda^n e^{-\lambda}}{n!}$$

となり，これはポアソン分布である．そこで，ランダム到着は**ポアソン到着**ともいわれる．□

そして，到着分布が指数分布のとき**指数到着**，サービス分布が指数分布のとき**指数サービス**という．また到着する人数に着目して，ランダム到着，ポアソン到着ということもある．

（2）単位分布 (一定分布)，$T(a)$ で表す．

図 4.2 のような時間 t について，時刻 $T = a$ の一点のみで生起する分布である．また，その密度関数は

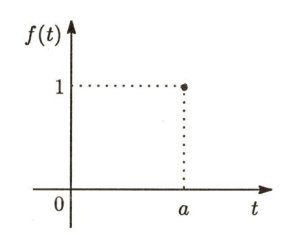

図 4.2 単位分布

$$(4.8) \quad f(t) = \begin{cases} 1 & t = a \\ 0 & t \neq a \end{cases}$$

で与えられ，$T \sim T(a)$ のとき，平均 $E(T) = a$，分散 $V(T) = 0$ である。

そして，到着分布が単位分布のとき**単位到着**，サービス分布が単位分布のとき**単位サービス**という。

（3）アーラン分布 (Erlang distribution)，E_k または $Er(k, \lambda)$ で表す。

図 4.3 のような時間 t について生起の密度関数 $f(t)$ が，式 (4.9) で与えられる分布を位相 k のアーラン分布という。

$$(4.9) \quad f(t) = \begin{cases} \dfrac{(\lambda k)^k}{(k-1)!} t^{k-1} e^{-\lambda k t} & t \geq 0 \\ 0 & t < 0 \end{cases}$$

そこで，$k = 1$ のときには指数分布であり，$k = \infty$ のとき単位分布となる。なお，$T \sim Er(k, \lambda)$ のとき，

$$\text{平均 } E(T) = \frac{1}{\lambda}, \quad \text{分散 } V(T) = \frac{1}{\lambda^2 k}$$

である。

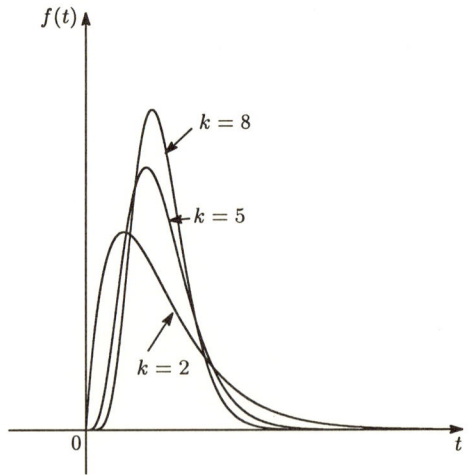

図 4.3 アーラン分布 (λ)

そして，到着分布がアーラン分布のとき**アーラン到着**，サービス分布がアー

ラン分布のとき**アーランサービス**という。

（4）一般分布 (Generalized distribution)

分布に制限がないときである．生起の密度関数が，密度関数の性質を満足していればよい．

以上のように，分布に対応して到着分布とサービス分布が考えられる．

4.3 待ち行列のモデル化

4.3.1 記号化

待ち行列とサービス窓口を合わせて，サービス機関の 待ち行列系 という．そして，待ち行列の状態を決める要素としては

到着分布：A, サービス分布：B, 窓口の数：s, 行列の長さ (収容数)：N

がある．この他にサービスの順序があるが，到着した客の順つまり先着順にサービスをするとする．優先権を認めたり，ランダムとする場合もあるが，ここでは扱わない．

次に，これらの状態を表記する記法に，以下のような (A, B, s, N) を組とした表記を用いる**ケンドールの記号**がある．

| 到着分布 | / | サービス分布 | / | 窓口の数 | (系の収容量) |

そして

- 行列の長さに制限があるときは　$A/B/s(N)$
- 行列の長さに制限のないときは　$A/B/s(\infty)$ で，(∞) は普通，省略

のように表記する．覚えるときは，到/サ/マ (制限)：トーサマセイゲン と語呂で覚えれば良いだろう．なお，分布の表記に以下のような頭文字を用いる．

[指数分布：M(Markov Process)，単位分布：D(Deterministic)，アーラン分布：E_k(Erlang Distribution)，一般分布：G(Generalized Distribution)]

[表記例]
- $M/M/s(\infty)$：指数到着，指数サービスで，窓口の数が s で，収容数は無限である．
- $G/D/2(8)$：一般到着，単位サービスで窓口の数が 2 つあり，収容できる数が 8 人までである．

4.3.2 待ち行列の状況を表す尺度

待ち行列の状況，つまり多くの人が待っている状態なのか，待ち時間がどれくらいなのかなどを表す尺度として，以下のような物差しが用いられている。

（1）トラフィック密度 (Traffic intensity)，ρ で表す。

λ：平均到着率，μ：平均サービス率，s：窓口の数とするとき

$$(4.10) \quad \rho = \frac{\lambda}{s\mu} = \frac{a}{s} \quad \left(なお, a = \frac{\lambda}{\mu}\right)$$

を**トラフィック密度**という。$\rho < 1$ のときは処理できるが，$\rho \geq 1$ のときは，処理しきれなくなる。

（2）待ち行列の長さ (Number(Length) in queue, queue size)，L_q で表す。

サービスを受けようと待っている客の数を**待ち行列の長さ**といい，待ち行列の長さの平均を L_q で表す。

（3）系の長さ (Number(Length) in system, system size)，L で表す。

待っている客の数とサービス中の客の数を合わせた数を**系の長さ**といい，系の長さの平均を L で表す。このとき，行列の長さは図 4.4 のようである。

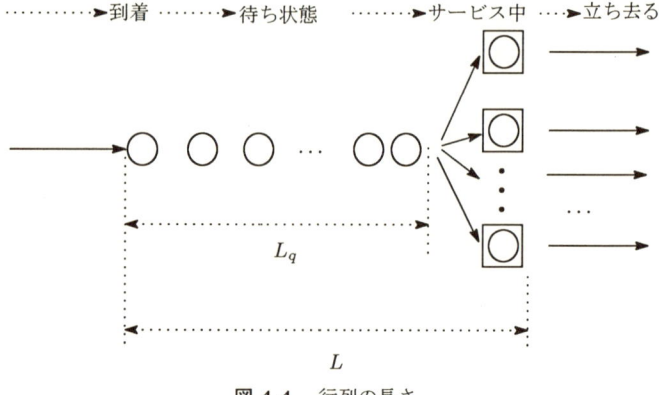

図 4.4 行列の長さ

（4）列待ち時間 (Waiting time in queue)，W_q で表す。

客が窓口に到着してから，サービスを受け始めるまでの時間を**列待ち時間**

といい，列待ち時間の平均を W_q で表す．

（5）**系待ち時間** (Waiting time in system)，W で表す．

客が窓口に到着してから，サービスを終了するまでの時間を**系待ち時間**といい，その平均を W で表す．そこで，列待ち時間との関係は図 4.5 のようになる．

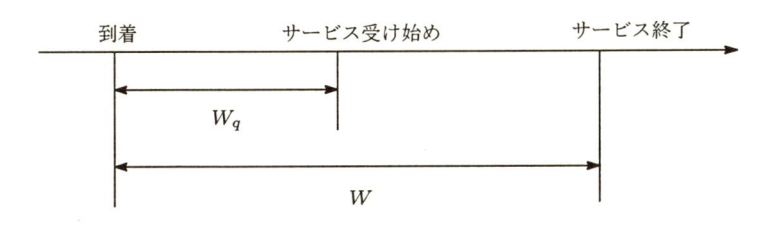

図 4.5 待ち時間

（6）**呼損率** (Rate of loss calls)

系の長さに制限のある待ち行列系で，系の長さが限界のために新しく到着した客が，待たないで立ち去る確率を**呼損率**(コソンリツ)という．

4.4 単一窓口の場合

まず，ここでは基本的なモデルの場合として，窓口が 1 つの場合について考えよう．そこで，図 4.6 のような場合である．

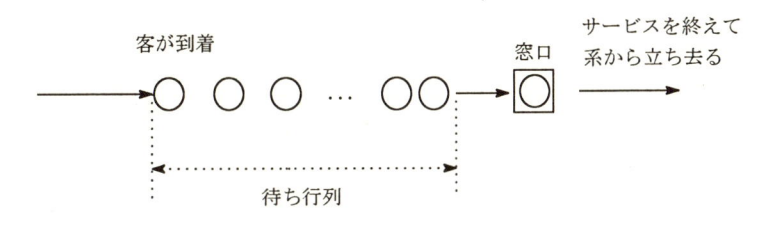

図 4.6 単一窓口での待ち行列

更に到着分布，サービス分布，系の容量に制限があるか，ないかによる場合分けがあるが，ここでは代表的な指数到着，指数サービスを中心に扱う．そして，系の長さに制限がある場合と，ない場合に分けて扱う．

4.4.1　$M/M/1(\infty)$：系の長さに制限がない場合

$p_n(t)$：時刻 t で，系の長さが $n(\geq 0)$ である確率

λ：平均到着率，μ：平均サービス率，Δt：微少な時間

$o(\Delta t)$（スモールオーダーの Δt）：Δt で割っても，$\Delta t \to 0$ のとき 0 に近づくような Δt の関数を表す

とするとき，

(i) Δt の間に 1 人も到着しない確率 $= 1 - \lambda \Delta t + o(\Delta t)$

(ii) Δt の間に 1 人到着する確率 $= \lambda \Delta t + o(\Delta t)$

(iii) Δt の間に 2 人以上到着する確率 $= o(\Delta t)$

である。このとき，$p_n(t+\Delta t)$：時刻 $t+\Delta t$ で，系の長さが n である確率を求める。まず，$n=0$ の場合を考えよう。時刻 t の図 4.7 の状態遷移図が考えられるので，事象は表 4.1 のような排反な 4 つの場合がある。

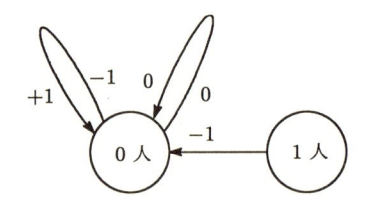

図 4.7　状態遷移図

表 4.1　時刻 $t+\Delta t$ で，系の長さが 0 である事象

事象	時刻 t での系の数	Δt の間に到着する数	Δt の間にサービス終了する数	時刻 $t+\Delta t$ での系の数
1	0	0	—	0
2	0	1	1	0
3	1	0	1	0
4	その他	—	—	0

そこで

$$
(4.11)\quad p_0(t+\Delta t) = \overbrace{p_0(t)\{1 - \lambda \Delta t + o(\Delta t)\}}^{\text{事象 1}}
$$
$$
+ \underbrace{p_0(t)\{\lambda \Delta t + o(\Delta t)\}\{\mu \Delta t + o(\Delta t)\}}_{\text{事象 2}} + \underbrace{p_1(t)\{1 - \lambda \Delta t + o(\Delta t)\}\{\mu \Delta t + o(\Delta t)\}}_{\text{事象 3}}
$$

4.4 単一窓口の場合

式 (4.11) を整理すれば

(4.12)　　$p_0(t+\Delta t) = p_0(t)(1 - \lambda \Delta t) + p_1(t)\mu \Delta t + o(\Delta t)$

となるので

(4.13)　　$\dfrac{p_0(t+\Delta t) - p_0(t)}{\Delta t} = -\lambda p_0(t) + \mu p_1(t) + \dfrac{o(\Delta t)}{\Delta t}$

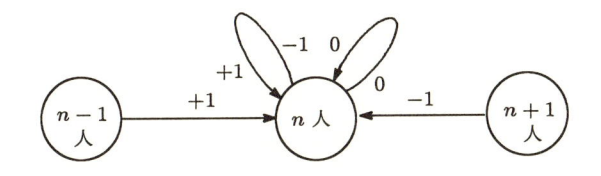

図 4.8 n 人となる状態遷移図

時刻 $t+\Delta t$ で, n である確率 $p_n(t+\Delta t)$ も図 4.8 のような状態遷移図が考えられるので, 同様にして

(4.14)　　$p_n(t+\Delta t) = p_n(t)(1 - \lambda \Delta t)(1 - \mu \Delta t)$
　　　　　　　　$+ p_{n-1}(t)\lambda \Delta t(1 - \mu \Delta t) + p_{n+1}(t)(1 - \lambda \Delta t)\mu \Delta t + \dfrac{o(\Delta t)}{\Delta t}$

となるので

(4.15)　　$\dfrac{p_n(t+\Delta t) - p_n(t)}{\Delta t} = \lambda p_{n-1}(t) - (\lambda + \mu)p_n(t) + \mu p_{n+1}(t) + \dfrac{o(\Delta t)}{\Delta t}$

が成立する。そこで, 式 (4.13), (4.14) において $\Delta t \to 0$ として

(4.16)　　$p_0'(t) = -\lambda p_0(t) + \mu p_1(t)$　　$(n = 0)$

(4.17)　　$p_n'(t) = \lambda p_{n-1}(t) - (\lambda + \mu)p_n(t) + \mu p_{n+1}(t)$　　$(n \geqq 1)$

だから, $\rho = \dfrac{\lambda}{\mu} < 1$ のとき, $t \to \infty$ として, 確率は t に関係なく一定なので, $p_0' = 0 = p_n'$ より,

(4.18)　　$\lambda p_0 = \mu p_1$

(4.19)　　$(\lambda + \mu)p_n = \lambda p_{n-1} + \mu p_{n+1}$

が成立する。したがって, 漸化式

(4.20)　　$p_1 = \dfrac{\lambda}{\mu} p_0 = \rho p_0, \quad p_{n+1} = \dfrac{\lambda}{\mu} p_n = \rho p_n$　　$(n \geqq 1)$

より

(4.21) $$p_n = \left(\frac{\lambda}{\mu}\right)^n p_0 = \rho^n p_0$$

で，これは初項 p_0，公比 $\rho = \frac{\lambda}{\mu}$ の等比数列である。

なお，$1 = \sum_{n=0}^{\infty} p_n = \frac{p_0}{1-\rho}$ ($|\rho| < 1$) より $p_0 = 1 - \frac{\lambda}{\mu} p_n = 1 - \rho$

── 公式 ──

$M/M/1(\infty)$ で $\rho < 1$ のとき，系で n 人が待つ確率は

(4.22) $$\begin{cases} p_0 = 1 - \rho & (n = 0) \\ p_n = \left(\frac{\lambda}{\mu}\right)^n \left(1 - \frac{\lambda}{\mu}\right) = \rho^n(1-\rho) & (n \geq 1) \end{cases}$$

演 4-1 時刻 $t + \Delta t$ で，n 人である事象を考えて，式 (4.14) を示せ．

次に，待ち行列の長さ に関しては，サービス中の 1 人を除いた客の数で，その平均の長さ (期待値) L_q は，

$$L_q = \sum_{n=1}^{\infty} (n-1) p_n = \frac{\lambda^2}{\mu(\mu - \lambda)}$$

である．そこで，系での待ち行列の長さの平均 L は，

$$L - L_q = \sum_{n=0}^{\infty} n p_n - \sum_{n=1}^{\infty} (n-1) p_n = \sum_{n=1}^{\infty} p_n = 1 - p_0 = \frac{\lambda}{\mu} = \rho$$

より

$$L = L_q + \frac{\lambda}{\mu} = \frac{\lambda}{\mu - \lambda}$$

である．

待ち時間 に関しては，長さ (人) が時間 (時) と到着率 (人/時) の積，つまり $\lambda W_q = L_q$ より

$$W_q = \frac{L_q}{\lambda} = \frac{\lambda}{\mu(\mu - \lambda)}$$

である．

また系待ち時間についても，$\lambda W = L$ より

4.4 単一窓口の場合

$$W = \frac{L}{\lambda} = \frac{1}{\mu - \lambda}$$

である。

以上の結果をまとめて、以下の公式の表が得られる。

───── 公式 ─────

$M/M/1(\infty)$ で $\rho < 1$ のとき

$\downarrow \times \frac{\lambda}{\mu} \downarrow$

$\rightarrow \times \lambda \rightarrow$

系と列 \ 時間と長さ	時 間	長 さ
系	$W = \dfrac{1}{\mu - \lambda}$	$L = \dfrac{\lambda}{\mu - \lambda}$
列	$W_q = \dfrac{\lambda}{\mu} \dfrac{1}{\mu - \lambda}$	$L_q = \dfrac{\lambda^2}{\mu} \dfrac{1}{\mu - \lambda}$

上記、公式の表において、左上の W の式を覚え、系から列にいくときには、$\dfrac{\lambda}{\mu}$ を掛ける。時間から長さにいくには、λ を掛けると、覚えれば良いだろう。

例 4-1 大学内の、ある銀行のキャッシュカードサービス機1台へ、客が1時間あたり平均25人のポアソン到着でやってきている。サービス時間は、1人平均2分の指数分布に従っているとき、以下の設問に答えよ。
① 支払機の稼働率を求めよ。
② 支払機に来た客が、すぐにサービスを受けられる確率を求めよ。
③ 待っている人(サービス中の人は除く)の平均人数(列の長さ)を求めよ。
④ 平均(列)待ち時間を求めよ。
⑤ サービス中の人も含めた待っている人の数(系の長さ)の平均を求めよ。
⑥ 系待ち時間の平均を求めよ。
⑦ 待つ人(系)の平均人数を3人以下にするには、支払機のサービス能力 (1人あたりのサービス時間)をいくら以上にすればよいか。

[解] [確認] ケンドールの記法では、$M/M/1(\infty)$ のタイプである。1時間あたり

の平均到着率が $\lambda = 25$(人/時), 平均サービス率が $\mu = 30$(人/時) である。

① 稼働率 ρ は $\rho = \dfrac{\lambda}{\mu} = \dfrac{25}{30} = \dfrac{5}{6}$。逆に窓口の遊休率は，窓口が利用中であることの排反事象なので，$p_0 = 1 - \rho = 1/6$ である。

② 系の長さが 0 人である確率と同じだから $p_0 = 1 - \rho = \dfrac{1}{6}$

③ 公式 (p.65) より $L_q = \lambda W_q = \lambda \times \dfrac{\lambda}{\mu} W = \dfrac{\lambda^2}{\mu} \dfrac{1}{\mu - \lambda} = \dfrac{25^2}{30} \dfrac{1}{30 - 25} = \dfrac{25}{6}$

④ 公式 (p.65) より $W_q = \dfrac{\lambda}{\mu} W = \dfrac{\lambda}{\mu} \dfrac{1}{\mu - \lambda} = \dfrac{25}{30} \dfrac{1}{30 - 25} = \dfrac{1}{6}$(時間) = 10(分)

⑤ 公式 (p.65) より $L = \lambda W = \dfrac{\lambda}{\mu - \lambda} = \dfrac{25}{30 - 25} = 5$(人)

⑥ 公式 (p.65) から $W = \dfrac{1}{\mu - \lambda} = \dfrac{1}{30 - 25} = \dfrac{1}{5}$(時間) = 12(分)

⑦ $L = \lambda W = \dfrac{\lambda}{\mu - \lambda} \leq 3$ を満足するように μ を決めれば良い。$\lambda = 25$ だから，$\dfrac{25}{\mu - 25} \leq 3$ から $\mu \geq \dfrac{100}{3}$(人/時)$= \dfrac{5}{9}$(人/分) 以上にすれば良い。□

(補 4-1) サービスを受けるまでに待たねばならない確率 P_q は，系内の人数が 0 人となる排反事象なので $P_q = 1 - p_0 = \rho$ ◁

演 4-2 あるハンバーガー店のドライブスルーには，車で 1 時間に平均 12 台のポアソン到着で客が買いに来ている。窓口は 1 つで，1 台あたりサービス時間は，平均 4 分/台の指数分布に従っているとする。このとき，以下の設問に答えよ。

① 窓口遊休率を求めよ。
② 平均列待ち時間を求めよ。
③ 待たずにサービスを受けられる確率を求めよ。
④ 待たなければサービスを受けられない確率を求めよ。
⑤ 待っている車の系平均台数を求めよ。
⑥ 待つ車の (系) 平均台数を 1 台以下にするには，店員のサービス能力をいくら以上にすれば良いか。

演 4-3 スーパーのレジに平均 2 分の間隔で，ポアソン到着で客が支払いに来ている。店員は 1 人で応対し，5 分間に平均 3 人の指数サービスで処理している。このと

4.4 単一窓口の場合

き，以下の設問に答えよ。
① レジの稼働率を求めよ。
② 待っている客の平均人数を求めよ。
③ レジでサービス中の人も含めて，支払いを待っている客の平均人数を求めよ。
④ 客がレジに来てから，支払い終えるまでの平均時間を求めよ。
⑤ 待つ人の (系) 平均人数を 3 人以下にするには，店員の処理能力 (1 人あたり平均何分) をいくら以上にすれば良いか。

演 4-4 ある窓口には 1 日平均 96 人の客がポアソン分布に従って訪れ，サービス時間は平均 4 分/人の指数分布に従っているとする。窓口 1 つで，1 日 8 時間営業するとして，以下の設問に答えよ。
① 窓口利用率を求めよ。
② 待たずにサービスを受けられる確率を求めよ。
③ 待たなければサービスを受けられない確率を求めよ。
④ 店内にいる客の平均人数を求めよ。
⑤ サービスを受けるために待っている客の平均人数を求めよ。
⑥ 客が店内に滞在する平均時間を求めよ。
⑦ 客がサービスを受けるまでに待たなければならない平均時間を求めよ。

4.4.2　$M/M/1(N)$：系の長さに制限がある場合

サービス機関での客の系の長さが N に達しているとき，新たに到着した客は待つことなく立ち去る。このとき，以下の公式が成立する。

公式

$M/M/1(N)$ で $\rho = \dfrac{\lambda}{\mu} < 1$ のとき

(4.23)　系で n 人が待つ確率は
$$\begin{cases} p_0 = \dfrac{1-\rho}{1-\rho^{N+1}} & (n=0) \\ p_n = \rho^n p_0 & (n \leq N) \end{cases}$$

(4.24)　呼損率は $p_N = \dfrac{(1-\rho)\rho^N}{1-\rho^{N+1}}$

―― 公式 ――

$M/M/1(N)$ で $\rho = \dfrac{\lambda}{\mu} = 1$ のとき

(4.25)　　系で n 人が待つ確率は $\begin{cases} p_0 = \dfrac{1}{N+1} & (n=0) \\[2mm] p_n = \dfrac{1}{N+1} & (n \leqq N) \end{cases}$

(4.26)　　呼損率は $p_N = \dfrac{1}{N+1}$

また，時間と長さに関して (長さには制限がある)，以下の公式が得られる。

―― 公式 ――

$M/M/1(N)$ で $\rho < 1$ のとき

	時　間	長　さ
系	$W = \dfrac{\rho\{1-(N+1)\rho^N + N\rho^{N+1}\}}{\lambda(1-\rho)(1-\rho^{N+1})}$	$L = \lambda W$
列	$W_q = \dfrac{\rho^2\{1-N\rho^{N-1}+(N-1)\rho^N\}}{\lambda(1-\rho)(1-\rho^{N+1})}$	$L_q = \lambda W_q$

―― 公式 ――

$M/M/1(N)$ で $\rho = 1$ のとき

	時　間	長　さ
系	$W = \dfrac{N}{2\lambda}$	$L = \lambda W$
列	$W_q = \dfrac{N(N-1)}{2\lambda(N+1)}$	$L_q = \lambda W_q$

4.4　単一窓口の場合　　　　　　　　　　　　　　　　　　　　　　69

> **例 4-2**　駅前のタクシー乗り場 (1 か所) に，平均 5 分に 1 人の割合いのポアソン到着で客が来ている．タクシーが乗り場に来る時間間隔は，平均 4 分の指数分布である．しかし，客が 4 人待つようになると，到着した客は並ばないで立ち去る．また，1 人が 1 台のタクシーに乗るとする．このとき，以下の設問に答えよ．
> ① 客が並ばないで立ち去る確率 (呼損率) を求めよ．
> ② 待ち行列の長さの平均を求めよ．
> ③ 系の長さの平均を求めよ．

[解]　[確認]　$M/M/1(5)$ 型である．平均到着率 $\lambda = 12$(人/時)，平均サービス率 $\mu = 15$(人/時) だから，$\rho = \lambda/\mu = 12/15 = 4/5 = 0.8(<1)$ である．
① 呼損率は公式の式 (4.24) から
$$p_N = p_5 = \frac{(1-\rho)\rho^5}{1-\rho^6} = \frac{0.2 \times 0.8^5}{1-0.8^6} = 0.0888$$
② 公式 (p.68) から
$$L_q = \frac{\rho^2\{1 - N\rho^{N-1} + (N-1)\rho^N\}}{(1-\rho)(1-\rho^{N+1})} = \frac{0.8^2\{1 - 5 \times 0.8^4 + 4 \times 0.8^5\}}{0.2(1-0.8^6)} \fallingdotseq 1.14$$
③ 公式 (p.68) から
$$L = \frac{\rho\{1 - (N+1)\rho^N + N\rho^{N+1}\}}{(1-\rho)(1-\rho^{N+1})} = \frac{0.8\{1 - 6 \times 0.8^5 + 5 \times 0.8^6\}}{0.2(1-0.8^6)} \fallingdotseq 1.87$$　□

演 4-5　相談員が 1 人いる部屋に，相談に来る学生の割合は 1 時間あたり 10 人のポアソン分布である．1 人の相談時間は平均 5 分の指数分布である．相談室は相談員を除いて 6 人までしか入れず，それ以上来た学生は帰ってしまうとする．このとき，以下の設問に答えよ．
① 呼損率を求めよ．
② 相談室に学生がいる確率を求めよ．
③ 相談室に来ている学生の平均人数を求めよ．
④ 順番を待っている学生の平均人数を求めよ．
⑤ 学生が相談室を訪れてから帰るまでの平均時間を求めよ．
⑥ 相談を受けるまでに待たなければならない平均時間を求めよ．

4.4.3 他の分布の場合

結果のみを載せておこう。

公式

$M/G/1(\infty)$ の場合,分散を σ^2 とするとき

	時 間	長 さ
系	$W = W_q + \dfrac{1}{\mu}$	$L = L_q + \rho$
列	$W_q = \dfrac{\rho}{2\mu(1-\rho)}(1+\sigma^2\mu^2)$	$L_q = \dfrac{\rho^2}{2(1-\rho)}(1+\sigma^2\mu^2)$

公式

$M/D/1(\infty)$ の場合,$M/G/1(\infty)$ の場合の式で分散 $\sigma^2 = 0$ とした場合で

	時 間	長 さ
系	$W = W_q + \dfrac{1}{\mu}$	$L = L_q + \rho$
列	$W_q = \dfrac{\rho}{2\mu(1-\rho)}$	$L_q = \dfrac{\rho^2}{2(1-\rho)}$

公式

$M/E_k/1(\infty)$ の場合

	時 間	長 さ
系	$W = W_q + \dfrac{1}{\mu}$	$L = L_q + \rho$
列	$W_q = \dfrac{\rho(k+1)}{2k\mu(1-\rho)}$	$L_q = \dfrac{\rho^2(k+1)}{2k(1-\rho)}$

なお,$k = 1$ のときは $M/M/1(\infty)$ の場合であり,$k \to \infty$ のときは,$M/D/1(\infty)$ の場合である。

4.4 単一窓口の場合　　　　　　　　　　　　　　　　　　　　　　　　71

演 4-6 パスポートの書き換えサービスの応対時間について比較するため，サービス分布が異なる次のようなタイプ (1), (2), (3) を考えた。

(1) 平均 12 分, 分散 6 分の一般サービスをする。
(2) 平均 12 分の一定サービスをする。
(3) 平均 12 分の位相 2 のアーランサービスをする。

　客が，どの窓口にも 1 時間あたり平均 4 人のポアソン到着をしているとするとき，以下の設問に答え，比較検討せよ。

① 待ち行列の長さの平均を求めよ。
② 系の長さの平均を求めよ。
③ 列待ち時間の平均を求めよ。
④ 系待ち時間の平均を求めよ。

4.4.4 サービス率の最適化

　費用面を考える場合，客が待つことによる損失とサービスによる費用の 2 つが主なものである。そこで，

　　C_w：客 1 人が待つことによる単位時間あたりの損失費用，

　　$C(\mu)$：単位時間あたりのサービス費用の平均値

とする。更に，サービス中も客の待ちによる損失がかかる場合と，かからない場合に分けて考えよう。

(1) サービス中にも，客の待ちによる損失費用がかかる場合

$$g(\mu) = C_w L + C(\mu) \quad \searrow (最小化)$$

(2) サービス中には，客の待ちによる損失費用がかからない場合

$$g(\mu) = C_w L_q + C(\mu) \quad \searrow (最小化)$$

以上の $g(\mu)$ を，最小化 ($\searrow$) する μ が最適平均サービス率である。$M/M/1(\infty)$ の場合を考えてみよう。

　　$C(\mu) = C_v \mu$ かつ (1) の場合については，

$$g(\mu) = C_w L + C_v \mu = \frac{C_w \lambda}{\mu - \lambda} + C_v \mu$$

だから，最小化する μ は μ で微分して，0 とおいた方程式を解いて

$$\mu = \lambda + \sqrt{\frac{\lambda C_w}{C_v}}$$

と求まる。

演 4-7 上の条件のもとで，(2) の場合の最適平均サービス率を検討せよ。

> **例 4-3** ある旅行会社では，旅行の相談窓口のサービスについて，検討することになった。現状では，1 時間平均 6 人のポアソン到着で，客が相談に来ていて，1 人が相談に指数サービスで応対している。そして，C_w：客が 1 人待ち合わせによる 1 時間あたりの損失費用で，C_v：平均サービス率を 1 人分向上させるごとに増加する 1 時間あたりのサービス費用を表わすと，$C_w : C_v = 3 : 2$ と見積もられる。このとき，最適平均サービス率を求めよ。ただし，サービス中にも客の待ちによる損失費用はかかるとする。

[解] 手順 1 タイプを確認する。

$M/M/1(\infty)$ である。そして，平均到着率 $\lambda = 6$(人/時) である。

手順 2 費用関数を求め，最小化する方法を求める。

この場合は，サービス中の客の損失費用はかかるので，公式から最適サービス率 μ(人/時) は

$$\mu = \lambda + \sqrt{\frac{\lambda C_w}{C_v}} = 6 + \sqrt{\frac{6 \times 3}{2}} = 9 \text{ (人/時)}$$

であるから，1 時間あたり平均 9 人の指数サービスをすればよい。□

演 4-8 例 4-3 で，サービス中には客の待ちによる損失費用がかからないとして，最適平均サービス率を検討せよ。

4.5 *複数窓口の場合

ここでは，窓口が 2 つ以上である複数窓口の場合について考えよう。ただし，窓口は同じサービス (処理) 能力で，待ち行列はその前に一列に並んでいて，どこかの窓口が空けば，その窓口で並んだ順に処理される。銀行でキャッシュカードを利用するときを思い浮かべてみれば，状況がわかるだろう。数台のキャッシュディスペンサーの前に一列に並んで待ち，前から順に処理していくのであり，図 4.9 のようである。

4.5 複数窓口の場合

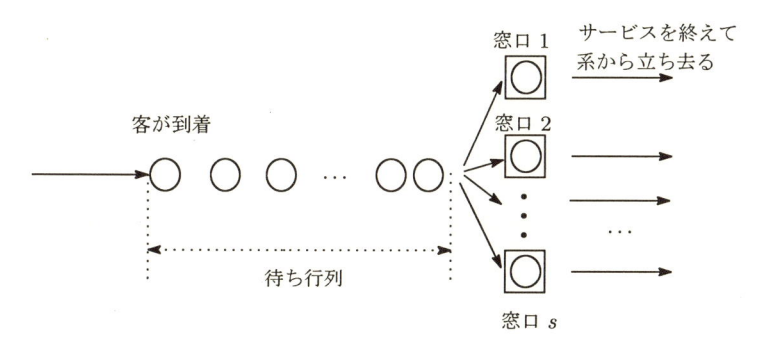

図 4.9 複数窓口での待ち行列

4.5.1　$M/M/s(\infty)$：系の長さに制限がない場合

$a = \dfrac{\lambda}{\mu}$ とおくとき，4.4 節と同様な議論により $\rho = \dfrac{\lambda}{s\mu} = \dfrac{a}{s} < 1$ の場合に定常分布が存在する．そこで，$\rho < 1$ のとき以下の公式が成り立つ．

───── 公式 ─────

$M/M/s(\infty)$ で $\rho < 1$ のとき，系で n 人が待つ確率は

(4.27) $\quad p_0 = \dfrac{1}{\displaystyle\sum_{n=0}^{s-1} \dfrac{a^n}{n!} + \dfrac{a^s}{(s-1)!(s-a)}}$

(4.28) $\quad p_n = \begin{cases} \dfrac{a^n}{n!} p_0 & (1 \leqq n < s) \\ \dfrac{s^s}{s!}\left(\dfrac{a}{s}\right)^n p_0 = \dfrac{a^n}{s! s^{n-s}} p_0 & (s \leqq n) \end{cases}$

で与えられる．

更に，系では s 人がサービスを受けているので，待っている人は，

$$L_q = \sum_{n=s+1}^{\infty} (n-s) p_n \text{ より } L_q = \dfrac{a^{s+1}}{(s-1)!(s-a)^2} p_0$$

である．したがって $W_q = L_q/\lambda$ である．また $L = L_q + \dfrac{\lambda}{\mu}$ より，$W = W_q + \dfrac{1}{\mu}$ が導かれる．

以上をまとめて，以下の公式が得られる．

―― 公式 ――

$M/M/s(\infty)$ で $\rho < 1$ のとき

系と列＼時間と長さ	時　間	長　さ
系	$W = \dfrac{a^{s+1}}{\lambda(s-1)!(s-a)^2}p_0 + \dfrac{1}{\mu}$	$L = \lambda W$
列	$W_q = \dfrac{a^{s+1}}{\lambda(s-1)!(s-a)^2}p_0$	$L_q = \lambda W_q$

例 4-4 ある高速道路の出口の料金所は 2 か所あり，車が 1 時間に平均 20 台のポアソン到着で支払いに来ている．また，各窓口の料金支払い利用時間は 1 台平均 2 分の指数分布であるとする．このとき以下の設問に答えよ．
① 車が待たなくてもよい確率を求めよ．
② 待っている車の平均台数はいくらか．
③ サービス中も含めた待っている車 (系の長さ) の平均台数はいくらか．
④ 料金を支払い始めるまでの平均 (列) 待ち時間はいくらか．
⑤ 料金を支払い終えるまでの平均 (系) 待ち時間はいくらか．
⑥ 窓口が 1 か所のときの平均 (列) 待ち時間と較べてどれだけ短縮されるか．

[解]　[確認]　$M/M/2(\infty)$ 型である．$\lambda = 20/60 = 1/3$，$\mu = 1/2$(台/分) より $a = \lambda/\mu = 2/3$．また，$\rho = a/s = 1/3$ である．

① 待たないでいいのは，0 台か 1 台である場合なので，p_0 と p_1 を求める．そこで

$$p_0 = \dfrac{1}{\displaystyle\sum_{n=0}^{1}\dfrac{1}{n!}\left(\dfrac{2}{3}\right)^n + \dfrac{(2/3)^2}{(2-1)!(2-2/3)}} = \dfrac{1}{\dfrac{1}{0!}\left(\dfrac{2}{3}\right)^0 + \dfrac{1}{1!}\left(\dfrac{2}{3}\right)^1 + \dfrac{4/9}{1!\,4/3}}$$

$$= \dfrac{1}{1 + \dfrac{2}{3} + \dfrac{1}{3}} = \dfrac{1}{2},$$

$$p_1 = \dfrac{a^1}{1!}p_0 = \dfrac{2}{3}\dfrac{1}{2} = \dfrac{1}{3}$$

と求まる．

そして，0 台か 1 台は排反な事象なので，求める確率は

4.5 複数窓口の場合

である。

② $L_q = \dfrac{(2/3)^{2+1}}{(2-1)!(2-2/3)^2} \times \dfrac{1}{2} = \dfrac{1}{12}$(台)

③ $L = L_q + \dfrac{\lambda}{\mu} = \dfrac{1}{12} + \dfrac{2}{3} = \dfrac{3}{4} = 0.75$(台)

④ 平均列待ち時間は (2 か所の場合)

$$W_q = \dfrac{L_q}{\lambda} = \dfrac{1/12}{1/3} = \dfrac{1}{4}(分)=15(秒)$$

である。

⑤ 平均系待ち時間は $W = W_q + \dfrac{1}{\mu} = \dfrac{1}{4} + 2 = 2\dfrac{1}{4}(分)= 2 分 15 秒$ である。

または $W = L/\lambda = \dfrac{3/4}{1/3} = \dfrac{9}{4}(分)$

⑥ 1 か所の場合の平均列待ち時間は

$$W_q = \dfrac{\lambda}{\mu(\mu - \lambda)} = \dfrac{1/3}{1/2(1/2 - 1/3)} = 4(分)$$

なので，$4 - \dfrac{1}{4} = 3\dfrac{3}{4}(分)= 3 分 45 秒$短縮される。□

演 4-9 ある旅行社でのカウンターでは，2 人の係員が対応している．1 時間あたり平均 2 人の客がランダム到着で来ていて，客の平均相談時間が 20 分の指数サービスであるとする．このとき，以下の設問に答えよ．

① 客の平均列待ち時間を求めよ．

② 1 人の係員の場合に較べて，どれだけ平均待ち時間が短縮されるか．

演 4-10 ある銀行のキャッシュカード支払機が 2 台あり，各支払機のサービス時間は平均 1 分の指数分布に従っている．また，客は 1 時間平均 30 人のポアソン到着で利用に来ているとする．このとき，以下の設問に答えよ．

① 客が待たなくてもよい確率を求めよ．

② サービス中も含めて，待っている人 (系) の平均人数はいくらか．

③ 客の平均列待ち時間を求めよ．また，支払機が 1 台のときの平均列待ち時間と較べて，どれだけ短縮されるか．

4.5.2　$M/M/s(N)$：系の長さに制限がある場合

公式

$M/M/s(N)$ で $\rho = \dfrac{\lambda}{s\mu} < 1 \quad \left(a = \dfrac{\lambda}{\mu}\right)$ のとき

(4.29)　系で n 人が待つ確率は

$$\begin{cases} p_0 = \dfrac{1}{\displaystyle\sum_{n=0}^{s} \dfrac{a^n}{n!} + \dfrac{s^s}{s!} \sum_{n=s+1}^{N} \left(\dfrac{a}{s}\right)^n} & (n = 0) \\[2pt] p_n = \dfrac{a^n}{n!} p_0 & (0 < n < s) \\[2pt] p_n = \dfrac{a^n}{s! s^{n-s}} p_0 & (s \leqq n < N) \end{cases}$$

(4.30)　呼損率は $p_N = \dfrac{a^N}{s! s^{N-s}} p_0$

更に，待ち時間と長さに関して，以下の公式が導かれる。

公式

$M/M/s(N)$ で $\rho = \dfrac{\lambda}{s\mu} < 1 \quad \left(a = \dfrac{\lambda}{\mu}\right)$ のとき

時間と長さ 系と列	時　間	長　さ
系	$W = \dfrac{\left(1 - \displaystyle\sum_{n=s}^{N} p_n\right)}{\mu} + \dfrac{\left(L_q + \displaystyle\sum_{n=s+1}^{N} s p_n\right)}{\lambda}$	$L = \lambda W$
列	$W_q = \left\{ \dfrac{s^{N-s+1} - (N-s+1)a^{N-s}s}{\lambda(s-1)!(s-a)^2} + \dfrac{(N-s+2)a^{N-s+1}}{\lambda(s-1)!(s-a)^2} \right\} \dfrac{a^{s+1} p_0}{s^{N-s+1}}$	$L_q = \lambda W_q$

4.5 複数窓口の場合

例 4-5 あるガソリンスタンドでは，給油設備が 3 台ある．給油にかかる時間は，平均 3 分の指数分布で，給油に車が 1 時間あたり平均 30 台のポアソン到着で来ている．給油所に車が 5 台あれば，次に給油に来た車は給油せず立ち去ってしまう．このとき，以下の設問に答えよ．
① 到着して，すぐに給油が受けられる確率はいくらか．
② 呼損率はいくらか．

[解] **[確認]** $M/M/3(5)$ のモデルである．平均到着率 $\lambda = 30$(台/時)，平均サービス率 $\mu = 20$(台/時) である．そこで
$$a = \frac{\lambda}{\mu} = \frac{30}{20} = \frac{3}{2}$$

① 待たないでよい確率は，系が 0, 1, 2 台である確率だから，p_0, p_1, p_2 を求める．

$$p_0 = \frac{1}{\sum_{n=0}^{3} \frac{(3/2)^n}{n!} + \frac{3^3}{3!}\sum_{n=4}^{5}\left(\frac{3}{6}\right)^n} = \frac{1}{1 + \frac{3}{2} + \frac{9}{8} + \frac{9}{16} + \frac{9}{2}\left(\frac{1}{16} + \frac{1}{32}\right)}$$
$$= \frac{64}{295}$$

$$p_1 = \frac{(3/2)^1}{1!}p_0 = \frac{3}{2} \cdot \frac{64}{295} = \frac{96}{295}, \quad p_2 = \frac{(3/2)^2}{2!}p_0 = \frac{1}{2}\left(\frac{3}{2}\right)^2 \frac{64}{295} = \frac{72}{295}$$

だから，求める確率は $p_0 + p_1 + p_2 = \frac{232}{295} \fallingdotseq 0.786$

② 呼損率は公式より，$p_5 = \frac{(3/2)^5}{3! \, 3^{5-3}}p_0 = \frac{(3/2)^5}{3 \cdot 2 \cdot 1 \cdot 3^2} \cdot \frac{64}{295} = \frac{9}{295} \fallingdotseq 0.0305$ である．□

(注 4-1) $s = N$ の場合は，上の特別な場合である．◁

演 4-11 駅の電話コーナーに電話機が 5 台ある．客が 1 時間平均 80 人のポアソン到着でやって来ている．そして，電話を使用する時間が平均 3 分の指数分布に従っているとする．このとき，電話機がすべて使用中である確率を求めよ．(ヒント：$N = 5$ の場合の呼損率に等しい．)

演 4-12 ある食料品店では，店員が 1 人でレジを担当し，販売している．そして，レジでの販売時間は平均 3 分の指数分布である．この店には，客が 1 時間平均 15 人のポアソン到着で来ている．レジ中の客も含めて待っている客が 4 人いると，後から来た客は並ばないで他の店に行ってしまう．このように，他の店へ行ってしまう確率はいくらか．また，店員を 2 人に増やしたら，この確率はいくらになるか．

演 4-13 駅の切符売り場には，2 台の切符自動販売機がある．お客は 1 時間に平均 80 人のポアソン到着で来ている．販売機は 1 人あたり平均 30 秒で切符を販売している．このとき，以下の設問に答えよ．

① 販売機が 2 台ともふさがり，サービスを受けるために待っている客が 2 人いるときには，後からきた客は待たずに立ち去ってしまう場合の呼損率はいくらか．
② 販売機が 2 台ともふさがっているときには，後から来た客は立ち去ってしまう場合，呼損率はいくらか．

4.5.3 窓口の数の最適化

窓口も増やせば，当然サービス能力があがり，待ち行列の時間・長さを短縮できる．しかし，増やした窓口に応じて人件費，施設費等の費用が増えるため，窓口をできるだけ少なくしたい．そこで，コストも考慮に入れた評価関数によって，最適な窓口の数を決める方法を考える必要がある．ここでは $M/M/s(\infty)$ の場合を考えよう．4.4.4 項と同様に，以下のように費用を考える．

窓口の数 s に対し，
  $C(s)$：単位時間あたりのサービス費用の平均値，
  C_w：客が 1 人待つことによる単位時間あたりの損失費用

とする．更に，サービス中も客の待ちによる損失がかかる場合と，かからない場合に分けて考えよう．

(1) サービス中にも，客の待ちによる損失費用がかかる場合

$$TC(s) = C_w L + C(s) \quad \searrow (最小化)$$

(2) サービス中には，客の待ちによる損失費用がかからない場合

$$TC(s) = C_w L_q + C(s) \quad \searrow (最小化)$$

と $TC(s)$ を最小化 ($\searrow$) する s(整数) を求めればよい．各整数の値に対して計算するので，いろいろな場合がある．そこで，表計算ソフト等で計算すると良いだろう．

4.5 複数窓口の場合

例 4-6 免許証の書き換え処理の窓口への，客の到着間隔と窓口のサービス時間はともに指数分布に従い，1 時間あたりの平均到着率は 20 人で，窓口 1 つあたりで 1 時間あたりの平均サービス率は 10 人であるとする．客 1 人が，窓口で待たされる 1 時間あたりの損失費用を C_w，窓口 1 つについての遊休による 1 時間あたりの損失費用を C_v とするとき，$C_w/C_v = 0.5, 1.0, 1.5, 2.0, 2.5, 3.0$ に対する最適窓口数を求めよ．また，そのときの列平均待ち時間，待ち行列の平均長さを求めよ．ただし，窓口でのサービス中には，客の待ちによる損失費用はかからないとする．

[解] 手順 1 タイプを確認する．

$M/M/s(\infty)$ である．そして，平均到着率 $\lambda = 20$(人/時)，平均サービス率 $\mu = 10$(人/時) である．また，$a = \lambda/\mu = 2$ で $a/s < 1$ より $s \geq 3$．

手順 2 費用関数 $TC(s)$ を求め，最小化する方法を求める．

表 4.2 各 s ごとの L_q 等の値 $(a = 2)$

s	$\sum_{n=0}^{s-1} \dfrac{a^n}{n!}$	$\dfrac{a^n}{n!}$	$\dfrac{a^s}{(s-1)!(s-a)}$	$\dfrac{1}{p_0}$	$\dfrac{a^{s+1}}{(s-1)!(s-a)^2}$	L_q
1 ($n=0$)	1	1				
2 ($n=1$)	3	2				
3	5	2	4	9	8	0.889
4	6.333	1.333	1.333	7.667	1.333	0.174
5	7.000	0.667	0.444	7.444	0.296	0.040
6	7.267	0.267	0.133	7.400	0.067	0.009
7	7.356	0.089	0.036	7.391	0.014	0.002
8	7.381	0.025	0.008	7.389	0.003	0.000
9	7.387	0.006	0.002	7.389	0.001	0.000
10	7.389	0.001	0.000	7.389	0.000	0.000

この場合は，サービス中の客の損失費用はかからないので，窓口の数を s とするとき，費用 $TC(s)$ は，$C_w/C_v = k$ とおけば

$$TC(s) = C_w L_q + C_v\left(s - \frac{\lambda}{\mu}\right) = C_v\{kL_q + (s-a)\} = \overbrace{C_v}^{s に無関係} g(s)$$

である．そこで，$C_w/C_v = k = 0.5, 1.0, 1.5, 2.0, 2.5, 3.0$ の各場合について

$$g(s) = kL_q + (s-2)$$

$$\left(\text{ただし,}\ L_q = \frac{a^{s+1}}{(s-1)!(s-a)^2}p_0 = \frac{2^{s+1}}{(s-1)!(s-2)^2}p_0, \right.$$
$$\left. p_0 = \frac{1}{\displaystyle\sum_{n=0}^{s-1}\frac{2^n}{n!} + \frac{2^s}{(s-1)!(s-2)}} \right)$$

を計算して，最小となる s を求めればよい．まず，各 s について p_0, L_q 等を計算すると，表 4.3 のようになる．とびとびの s について計算するため，表計算ソフトを利用して計算すれば良いだろう．

表 4.3　各 (k,s) ごとの $g(s)$ の値 $(a=2)$

s \ k	L_q	$s-a$	$k=0.5$	$k=1$	$k=1.5$	$k=2$	$k=2.5$	$k=3$
3	0.889	1	1.444	1.889	2.333	2.778	3.222	3.667
4	0.174	2	2.087	2.174	2.261	2.348	2.435	2.522
5	0.040	3	3.020	3.040	3.060	3.080	3.100	3.119
6	0.009	4	4.005	4.009	4.014	4.018	4.023	4.027
7	0.002	5	5.001	5.002	5.003	5.004	5.005	5.006
8	0.000	6	6.000	6.000	6.001	6.001	6.001	6.001
9	0.000	7	7.000	7.000	7.000	7.000	7.000	7.000
10	0.000	8	8.000	8.000	8.000	8.000	8.000	8.000

そして表 4.3 から，$k=0.5,1$ のときは，$s=3$ が最適な窓口の数であり，$k=1.5, 2, 2.5, 3$ のときは，$s=4$ が最適な窓口の数である．□

演 4-14　税務署での申告手続きの窓口への客の到着間隔と，窓口のサービス時間はともに指数分布に従い，1 時間あたりの平均到着率は 30 人で，窓口 1 つあたりで 1 時間あたりの平均サービス率は 20 人であるとする．客 1 人が，窓口で待たされる 1 時間あたりの損失費用を C_w，窓口 1 つについての遊休による 1 時間あたりの損失費用を C_v とするとき，$C_w/C_v = 0.5, 1.0, 1.5, 2.0, 2.5, 3.0$ に対する最適窓口数を求めよ．また，そのときの列平均待ち時間，待ち行列の平均長さを求めよ．ただし，窓口でのサービス中には客の待ちによる損失費用はかからないとする．

5章　シミュレーション

実際には試行できないことなどを，まねてする方法をシミュレーションという。本章では，その取り扱いを考えよう。

5.1　シミュレーションとは

シミュレーションとは実物を，まねたモデルによって性能に関する模擬実験を行うことをいう。行うことの理由としては，以下のようなことが挙げられる。

- 実験をするのに非常に危険を伴う場合
- やり直しがきかない場合
- 実験をするのに膨大な費用がかかる場合
- 全般の関連機能や因果関係が不明な場合

そして，実際のシミュレーションの実施手順として次のような流れによる。

システムの分析　→　モデルの作成　→　実行　→　評価

特に，乱数を用いて模擬実験する方法を，**モンテカルロ法** (Monte Carlo method) という。コンピュータでシミュレーションを行う利点として

- モデル，変動量の変更が容易である
- 演算速度がはやい
- 費用が少ない

などが挙げられる。現代のコンピュータ技術の進歩，普及が大いに促進する要因となっている。

5.2　乱数の利用

乱数 (random number) とは，言葉の通りデタラメな数の並びをいう。例えば，サイコロを振って出た目の数を考えると，1から6までの数がランダムに出てくる。どの目も同じ確率で出る。このような数の並びをいう。

演 5-1　六角形の鉛筆の各面に，1から6までの数を書いて30回ほど振って出た目の数を，度数分布表に書いてみよう。

5.2.1　乱数を生成する方法

乱数を具体的に得る方法としては，以下のような方法がある。
① 乱数サイを投げて出た目の数
② 乱数表を用いる
③ 算術乱数 (コンピュータの利用) を用いる
④ 物理乱数 (放射線などの利用をするが，再現性がない)
⑤ 超越数 (π, e など) の各桁をランダムな数として用いる

そして，擬似乱数がもつ望ましい性質として，以下の事柄が挙げられる。(コンピュータによるモンテカルロ法を行う場合に，使用される乱数発生法がもつ性質。)
① 多数個の乱数を，速やかに発生できる方法である。物理乱数，算術乱数は適している。
② 発生される乱数に周期があるならば，その周期は十分長いものである。
③ 再現性がある。つまり，乱数系列に対して任意のテストが使用前後に関わらず行うことができる。
④ 良好な統計的な性質を持つ。例えば，一様性，独立性などを持つことである。

以上の条件などを考えれば，算術乱数を用いるのが良いだろう。

5.2.2　一様な算術乱数を生成する方法

ある区間 (例えば，[0,1] 区間) 上に，一様に分布する乱数を (区間 [0,1] 上の) **一様乱数** (uniform random number) という。実際に生成する方法として，以下のような方法がある。ただ，Excel などの表計算ソフトには関数 (rand()) として一様乱数があるので，それを利用してもよいだろう。ただし，Excel の rand() 関数は，0 以上 1 未満の値をとる一様乱数を生成する。

（1）**平方採中法** (middle-square method)

フォン・ノイマンによって，1940 年代に考案された非ランダムな方法によってランダムな数を生成する最初の方法であり，以下のような方法である。

「$2k$ 桁の整数の第 $n+1$ 番目の乱数を x_{n+1} とし，第 n 番目の乱数を x_n

5.2 乱数の利用

で表すとする．このとき x_{n+1} は，x_n^2 が $4k$ 桁のときは最初の k 桁と最後の k 桁を除いた中央の $2k$ 桁とする．」

[例示]　2桁の整数において考えると，$x_n = 58$ のとき，$x_n^2 = 3\underbrace{36}_{=x_{n+1}}4$ より，$x_{n+1} = 36$ とする．もし，$x_n = 18$ のときには $x_n^2 = 324$ のように 2 乗した数が 4 桁でないとき，例えば 10 倍した 3240 の中央 2 桁の 24 を x_{n+1} とする．

これは初期値 x_0 を与えると高速に乱数系列が得られるが，長い周期性の乱数を生成することができないため，現在では利用されていない．

（2）線形漸化式法 (linear recurrence relations)

前のいくつかの乱数を，以下のような線形式に代入して，次の乱数を得る方法である．

$$x_{n+1} \equiv a_0 x_n + a_1 x_{n-1} + \cdots + a_j x_{n-j} + b \pmod{P}$$

ただし，mod P は，この式の等号 ($\equiv$) は左辺を P で割った余りが，右辺と等しいことを意味する．

そして，周期は P^{j+1} を超えない．これを，**合同法** (congruential method) ともいう．普通，P を計算機の扱える最大の整数 +1 とおけば，実際上では桁あふれ (overflow) した桁を無視するのと同じである．

[例示]　① フィボナッチ (Fibonacci) 法

前二つの数の和を用いて，次の数を生成する方法で，

$$x_{n+1} \equiv x_n + x_{n-1} \pmod{P}$$

なる漸化式により生成する．

② 乗積合同法 (multiplicative congruential method)

1951 年，レーマー (Lehmer, D.H.) により考案された，以下のようなタイプの式を用いる．

$$x_{n+1} \equiv \lambda_1 x_n \pmod{P}$$

ここに，d：計算機の扱える桁数，$P = 2^d$ (2 進数の場合)，$P = 10^d$ (10 進数の場合) として，周期は 2^{d-2} (2 進数の場合)，$P = 5 \times 10^{d-2}$ (10 進数の場合) とわかっている．一般に良く使われる λ, P は，表 5.1 に示す通りである．

表 5.1 乱数生成で使用される定数

λ	P	周期
23	10^8+1	5882353
7	10^{10}	5×10^7
7^{4k+1}	10^{11}	$5\times 10^8\ (k\not\equiv 1\ (\mathrm{mod}\ 5))$
3^{4k+1}	10^s	$5\times 10^{s-2}\ (s\geqq 3)$

次に, $R_{n+1}=x_{n+1}/P$ とすれば, R_n は $[0,1]$ 上の一様乱数となる。

例 5-1 $x_{n+1}\equiv \lambda x_n\ (\mathrm{mod}\ P)\ (k=1, s=3)$ の式で $\lambda=3^{4+1}$, $P=10^3$, $x_0=1$ のとき, $[0,1]$ 上の一様乱数列を最初の 3 個について求めよ。

[解] $x_{n+1}\equiv 3^5 x_n\ (\mathrm{mod}\ 10^3)$, $x_0=1$ より $x_1\equiv 243x_0\ (\mathrm{mod}\ 1000)$ だから $x_1=243$ である。そこで, $R_1=243/1000=0.243$ とする。

$x_2\equiv 243\times 243\equiv 59049\equiv 49\quad(\mathrm{mod}\ 1000)$ より $R_2=0.049$

$x_3\equiv 243\times 49\equiv 11907\equiv 907\quad(\mathrm{mod}\ 1000)$ より $R_3=0.907$

以上より, 次の 3 個を一様乱数とする。　答　0.243, 0.049, 0.907　□

演 5-2 $x_{n+1}\equiv \lambda x_n\ (\mathrm{mod}\ P)$, $x_0=1$ の式で $\lambda=3^{4k+1}$, $P=10^s(k=1, s=4)$ のとき, $[0,1]$ 上の一様乱数を最初の 3 個について求めよ。

③ 混合合同法

$x_{n+1}\equiv \lambda x_n+\mu\ (\mathrm{mod}\ P)$ により, 乱数を生成する方法である。

5.2.3 乱数に関する統計的検定

生成した乱数の性質を評価する方法にはいくつかあり, その中で代表的な方法として, 以下の①一様性の検定, ②独立性の検定などがある。

①に関しては, χ^2(カイ2ジョウ)検定がよく行われる。つまり $[0,1]$ 区間を等間隔に分割し, 各区間に入る乱数の個数が, 同じであるかどうかの検定をするのである。具体的には k 等分したとき, i 番目の区間 $[(i-1)/k, i/k)$ に入る乱数の個数を n_i として

$$\chi_0^2=\sum_{i=1}^k \frac{(n_i-n/k)^2}{n/k}$$

が一様性の仮説のもとで, 近似的に自由度 $k-1$ の χ^2 分布に従うので, この値が χ^2 分布の上側 $\alpha\%$ 点と比較して大きすぎたら, 仮説を棄却すれば良い。

②に関しては，系列相関テスト，連の検定などがある．詳しくは，宮武・脇本 [16] を参照されたい．

5.2.4 任意の分布に従う乱数の生成

任意の分布に従う乱数は，一様乱数から逆変換法 (直接法)，棄却法 (rejection method)，合成法 (composition method)，合成棄却法 (composition-rejection method) などの方法によって生成することができる．ここでは，逆変換法について考えてみよう．

逆変換法

（１）連続型分布の場合

X を，$(-\infty, \infty)$ の値を連続的にとる連続型の確率変数とし，確率密度関数 $f(x)$ をもつとする．そこで，分布関数 $F(x)$ は，

$$F(x) = P(X \leqq x) = \int_{-\infty}^{x} f(x)dx$$

とかかれる．このとき，

(5.1) $$U = F(X) = \int_{-\infty}^{X} f(x)dx$$

は [0,1] 上で，一様分布する確率変数である．

(∵) $P(U \leqq u) = P(F(X) \leqq u) = P(X \leqq F^{-1}(u)) = F(F^{-1}(u)) = u$

だから，U は一様分布する確率変数である．□

そこで，$X = F^{-1}(U)$ は U が [0,1] 上で一様分布する確率変数のとき，分布関数 $F(x)$ をもつ確率変数である．図 5.1 を参照されたい．

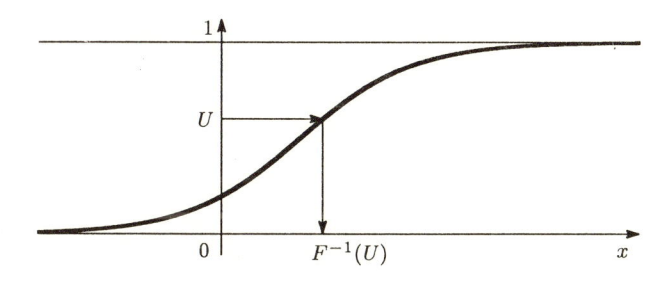

図 5.1 一様乱数の逆変換 (連続型分布の場合)

> **例 5-2** 密度関数 $f(x)$ が，次で与えられる指数分布に従う乱数を，一様乱数から作る方法を示せ。$f(x) = \begin{cases} \lambda e^{-\lambda x} & x > 0 \\ 0 & その他 \end{cases}$ 平均 $\dfrac{1}{\lambda}$ の指数分布

[解] **手順 1** 分布関数を求める。

$$F(x) = \int_{-\infty}^{x} f(x)dx = \int_{0}^{x} \lambda e^{-\lambda x} dx = \lambda \left[\frac{e^{-\lambda x}}{-\lambda}\right]_{0}^{x} = \lambda \left[\frac{e^{-\lambda x}}{-\lambda} - \frac{e^{0}}{-\lambda}\right]$$
$$= -e^{-\lambda x} + 1$$

手順 2 逆変換を求める。

手順 1 より，$U = F(X) = 1 - e^{-\lambda X}$ とおいて，X について解く。そこで，$e^{-\lambda X} = 1 - U$ より両辺の自然対数をとって $-\lambda X = \ln(1-U)$ だから，$X = \dfrac{\ln(1-U)}{-\lambda}$ である。

ここで，$1 - U$ も $[0,1]$ 上の一様乱数だから，改めて $1 - U$ を U として $X = \dfrac{\ln U}{-\lambda}$ が求める指数分布に従う乱数である。□

演 5-3 例 5-1 より一様乱数を 3 個発生させ，それから平均 2 の指数乱数を 3 個生成せよ。

演 5-4 例 5-1 より一様乱数を 2 個発生させ，それから逆変換法により平均 40，分散 5^2 の正規乱数を 2 個生成せよ (例えば，Excel にある関数 NORMSINV() の利用)。

（2）離散型分布の場合

X を，とびとびの値 $x_1, x_2, \cdots, x_n$ をとる離散型分布に従う確率変数とし，その X が実現値 x_i である確率の確率関数を $P(X = x_i) = p(x_i)$ ($i = 1, \cdots, n$) とし，分布関数を

$$P(X \leqq x) = F(x) = \sum_{x \leqq x_i} p(x)$$

で表すとする。このとき，一様分布に従う確率変数 U に対し，

$$\begin{cases} 0 \leqq U < F(x_1) & \implies X = x_1 \\ F(x_i) \leqq U < F(x_{i+1}) & \implies X = x_{i+1} \ (i = 1, \cdots, n-2) \\ F(x_{n-1}) \leqq U \leqq F(x_n)(=1) & \implies X = x_n \end{cases}$$

によって，X のとる値 x を決める。すると，この X が離散型の分布 $F(x)$ に従う乱数である。図 5.2 を参照されたい。

5.2 乱数の利用

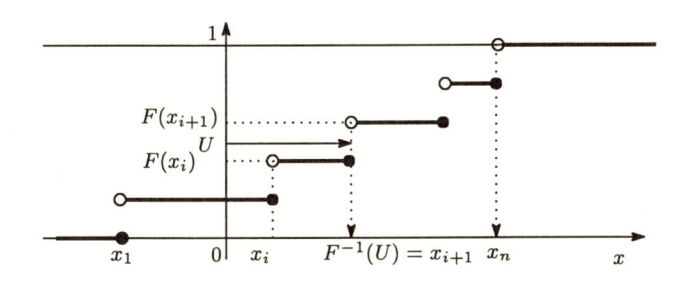

図 5.2 一様乱数の逆変換 (離散型分布の場合)

演 5-5 例 5-1 より一様乱数を 3 個発生させ，それから表 5.2 の確率関数に従う乱数を 3 個生成せよ．

表 5.2 確率関数

x	1	2	3	4	5
$p(x)$	$\frac{1}{12}$	$\frac{2}{6}$	$\frac{2}{6}$	$\frac{1}{6}$	$\frac{1}{12}$

5.2.5 具体的な分布に従う乱数の生成

ここでは，実際にいくつかの分布に従う乱数の生成法を述べよう．

① 密度関数 $f(x)$ が $f(x) = 1 - |x|$ $(-1 \leqq x \leqq 1)$ である分布 (三角分布) に従う乱数 X を生成する方法．

U_1, U_2 を $[0,1]$ 上の一様乱数とするとき，$X = U_1 - U_2$ とする．

② 密度関数が $f(x) = nx^{n-1}$ $(0 \leqq x \leqq 1)$ である乱数 X を生成する方法．

$U_1, U_2, \cdots, U_n : [0,1]$ 上の一様乱数のとき，$X = \max(U_1, U_2, \cdots, U_n)$ とする．

③ 密度関数が $f(x) = n(1-x)^{n-1}$ $(0 \leqq x \leqq 1)$ である乱数 X を生成する方法．

$U_1, U_2, \cdots, U_n : [0,1]$ 上の一様乱数のとき，$X = \min(U_1, U_2, \cdots, U_n)$ とする．

演 5-6 上の①〜③の各分布に従う乱数が，それぞれで述べている一様乱数からの生成法で生成されることを確認してみよう．

④ 正規乱数 (平均 0, 分散 1^2 の正規分布 $N(0, 1^2)$ に従う乱数)

- 方法1：**中心極限定理**による。

12個の一様乱数 $U_1, U_2, \cdots, U_{12}$ を用いて，$X = U_1 + U_2 + \cdots + U_{12}$ を考えると，$E(X) = 6, V(X) = 12 \times \dfrac{1}{12} = 1$ だから，$Z = X - 6$ を考えれば，これは近似的に $N(0, 1^2)$ に従う。

- 方法2：**ボックス・ミューラー** (Box-Muller) 法による。

2個の一様乱数から2個の正規乱数を生成する方法で，以下の変換を用いる。

$U_1, U_2 : [0,1]$ 上の独立な一様乱数とするとき

$$X_1 = \sqrt{-2\ln U_1}\cos(2\pi U_2), \quad X_2 = \sqrt{-2\ln U_1}\sin(2\pi U_2)$$

から，2個の独立な正規乱数 X_1, X_2 を生成する。

つまり，この変数変換により得られた (X_1, X_2) は，独立な2つの標準正規分布に従う。

例 5-3 表計算ソフト Excel の，rand() 関数 ([0,1) 上の一様乱数を生成する関数) で一様乱数を生成後，ボックス・ミューラー (Box-Muller) 法により正規乱数を生成してみよ。

[解] **手順1** 一様乱数の生成。

表計算ソフト等により，一様乱数を生成する。ここでは，表計算ソフト Excel の関数 rand() により，一様乱数を例えば，50個生成する。実際には，A8 セルに =RAND() と入力し，それを A9 から A57 にコピーする (図 5.3)。

手順2 正規乱数の生成。

<u>標準正規乱数</u> の生成　$N(0, 1^2)$ に従う乱数は，ボックス・ミューラー法により生成する。つまり，2つの一様乱数 U_1, U_2 から

$$Z_1 = \sqrt{-2\ln(U_1)}\cos(2\pi U_2), \quad Z_2 = \sqrt{-2\ln(U_1)}\sin(2\pi U_2)$$

により2個の独立な標準正規乱数を生成する。実際には，B8 セルに

=SQRT(−2*LN(A8))*COS(2*3.14159*A9)，(3.14159 は pi() でも良い)

B9 セルに

=SQRT(−2*LN(A8))*SIN(2*3.14159*A9)

と入力し，B10 から B57 にコピーする (図 5.3)。

5.2 乱数の利用

$N(50, 5^2)$ に従う乱数の生成　標準正規乱数を平均が 50, 分散を 25 になるように変換して, $N(50, 5^2)$ の正規乱数を 30 個生成する. つまり, $X = 5Z + 50$ により $N(50, 5^2)$ に従う乱数を生成する. 実際には, C8 セルに 小数第 2 位までとする場合 =ROUND(SQRT($C$7)*B8+$C$5,2) と入力し, それを C9 から C57 にコピーする (図 5.3).

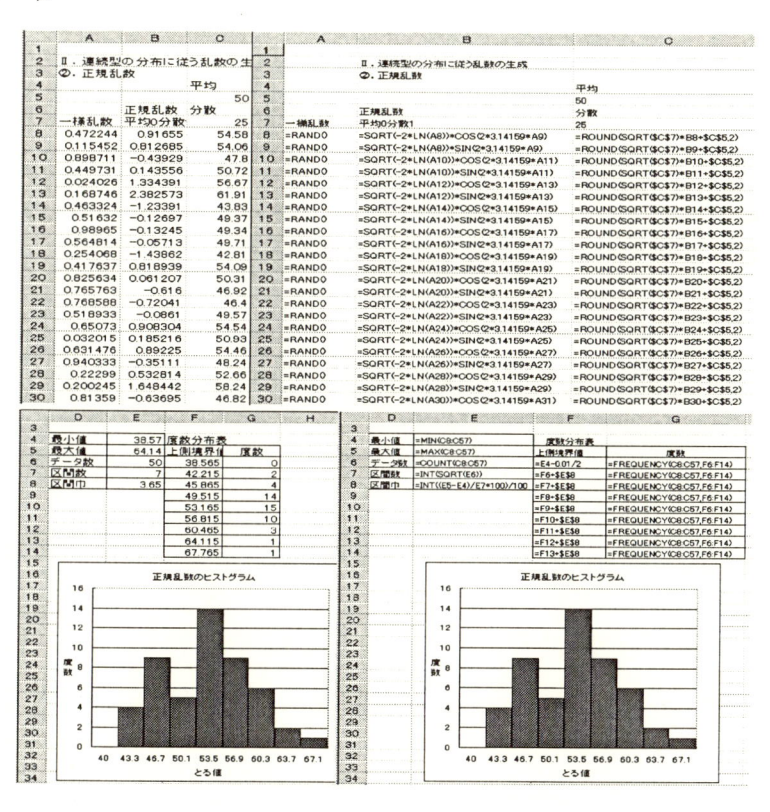

図 5.3　Excel による正規乱数の生成

手順 3　ヒストグラムの作成.

まず, 度数分布表を作成する. そこで, 各境界値を決める.

データからデータ数 n を, =COUNT(C8:C57) により (=50) 求める. また, 最小値を =MIN(C8:C57), 最大値 =MAX(C8:C57), 級の数を =INT(SQRT(E6)), 区

間幅を =INT((E5-E4)/E7*100)/100 により決める。

各上側境界値は，最初の上側を 最小値 − 測定単位/2 (=E4-0.01/2) により決め，それに，逐次区間幅を足すことで求める (図 5.3)。

そして，度数を数える。FREQUENCY 関数を利用する。

実際には，G6 セルに =FREQUENCY(C8:C57,F6:F14) と入力後，G6 から G14 を範囲指定 (ドラッグ) 後，数式ボックスをクリックし，コントロールキーとシフトキーを押しながらエンターキー押す。

次に，グラフウィザードの利用により縦棒グラフの作成をする。度数分布表の部分を範囲指定後，グラフウィザードをクリックし，縦棒グラフを選択する。タイトルなどを入力し，完了をクリックする。そして，編集により体裁を整える。□

演 5-7 表計算ソフト等の，rand() 関数 ([0,1) 上の一様乱数を生成する関数) で一様乱数を生成後，中心極限定理により正規乱数を生成してみよ。また，平均 3 の指数乱数を生成せよ。なお，表計算ソフトには各種の乱数生成の関数がある。

(補 5-1) ボックス・ミューラー法による乱数が，正規分布に従うことの証明

($\because$) (x_1, x_2) の同時密度関数を，以下のように求めてみる。まず，(u_1, u_2) の同時密度関数は，$f(u_1, u_2) = \begin{cases} 1 & \text{if} \quad 0 < u_1, u_2 < 1 \\ 0 & \text{その他} \end{cases}$ である。そこで

$$x_1 = \sqrt{-2\ln u_1}\cos(2\pi u_2), \quad x_2 = \sqrt{-2\ln u_1}\sin(2\pi u_2)$$

なる変数変換をすれば，

$$\cos(2\pi u_2) = \frac{x_1}{\sqrt{-2\ln u_1}}, \quad \sin(2\pi u_2) = \frac{x_2}{\sqrt{-2\ln u_1}}$$

だから，$\cos^2(2\pi u_2) + \sin^2(2\pi u_2) = 1$ から $u_1 = e^{-\frac{x_1^2 + x_2^2}{2}}$ となる。また，$\frac{x_2}{x_1} = \tan(2\pi u_2)$ から $u_2 = \frac{1}{2\pi}\tan^{-1}\frac{x_2}{x_1}$ である。

そこで，ヤコビ行列式の絶対値は，

$$\left| \det \begin{pmatrix} \frac{\partial u_1}{\partial x_1} & \frac{\partial u_1}{\partial x_2} \\ \frac{\partial u_2}{\partial x_1} & \frac{\partial u_2}{\partial x_2} \end{pmatrix} \right| = \left| \det \begin{pmatrix} -x_1 e^{-\frac{x_1^2+x_2^2}{2}} & -x_2 e^{-\frac{x_1^2+x_2^2}{2}} \\ -\frac{x_2}{2\pi(x_1^2+x_2^2)} & -\frac{x_1}{2\pi(x_1^2+x_2^2)} \end{pmatrix} \right|$$

$$= \frac{1}{2\pi} e^{-\frac{x_1^2+x_2^2}{2}}$$

より，x_1, x_2 の同時密度関数 $f(x_1, x_2)$ は

5.2 乱数の利用

$$f(x_1, x_2) = \begin{cases} \dfrac{1}{2\pi} e^{-\frac{x_1^2 + x_2^2}{2}} & \text{if} \quad 0 < e^{-\frac{x_1^2 + x_2^2}{2}} < 1, 0 < \dfrac{1}{2\pi} \tan^{-1} \dfrac{x_2}{x_1} < 1 \\ 0 & \text{その他} \end{cases}$$

だから，領域 $-\infty < x_1, x_2 < \infty$ において，

$$f(x_1, x_2) = \frac{e^{-\frac{x_1^2}{2}}}{\sqrt{2\pi}} \times \frac{e^{-\frac{x_2^2}{2}}}{\sqrt{2\pi}}$$

と独立な標準正規分布の密度関数の積となり，(x_1, x_2) は独立な 2 つの標準正規分布に従うことが示される。□ ◁

⑤ 離散型分布に従う乱数

表 5.3 のように，X を各点 x_i を確率 p_i でとる離散型の確率変数とする。そこで，$(P(X = x_i) = p_i \ (i = 1, \cdots, n), \sum_{i=1}^{n} p_i = 1)$ が成立する。

表 5.3 確率関数

x	x_1	x_2	$\cdots$	x_n
$p(x)$	p_1	p_2	$\cdots$	p_n

このとき，一様分布に従う確率変数 U に対し，X を以下のように定める。

$$X = \begin{cases} x_1 & \text{if} \quad 0 \leqq U < p_1 \\ x_2 & \text{if} \quad p_1 \leqq U < p_1 + p_2 \\ \cdots\cdots \\ x_n & \text{if} \quad \sum_{i=1}^{n-1} p_i \leqq U < 1 \end{cases}$$

すると，X は図 5.4 のように値をとる。

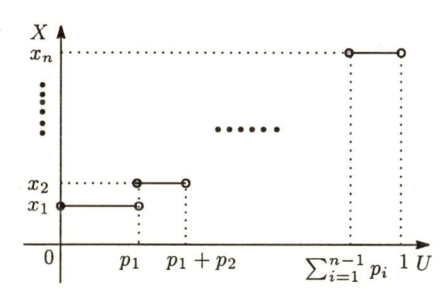

図 5.4 離散分布に従う乱数

これを Excel では，以下の LOOKUP 関数を利用して参照し，生成する．

LOOKUP 関数 について

LOOKUP(検査値, 検査範囲, 対応範囲)：表の 任意の列や行 の対象とするデータ (検査値) について，検査範囲での条件を比べ，そのデータが属す対応範囲のとる値を出力する．なお，VLOOKUP 関数は表の 左端列 のデータの検索に使用できる点で，LOOKUP 関数と異なる．

[例示] ● サイコロの目の乱数の場合

一様分布に従う確率変数 U に対し，サイコロの目 X を次のように定める．

$$X = \begin{cases} 1 & \text{if} \quad 0 \leqq U < \frac{1}{6} \\ 2 & \text{if} \quad \frac{1}{6} \leqq U < \frac{2}{6} \\ 3 & \text{if} \quad \frac{2}{6} \leqq U < \frac{3}{6} \\ 4 & \text{if} \quad \frac{3}{6} \leqq U < \frac{4}{6} \\ 5 & \text{if} \quad \frac{4}{6} \leqq U < \frac{5}{6} \\ 6 & \text{if} \quad \frac{5}{6} \leqq U < 1 \end{cases}$$

すると，図 5.5 のような関係である．Excel では，$X = \text{INT}(6*U)+1 \ (0 \leqq U < 1)$ なる変換により，サイコロの目 X を生成する．

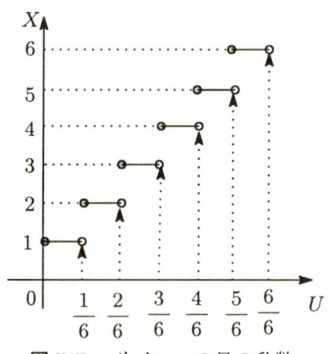

図 5.5 サイコロの目の乱数

● 二項分布の場合 ($X \sim B(n,p)$ と表す)

$P(X=0) = p, \ P(X=1) = 1-p$ より，一様乱数 U に対し次のようにする．

$$X = \begin{cases} 0 & \text{if} \quad 0 \leqq U < p \\ 1 & \text{if} \quad p \leqq U < 1 \end{cases}$$

5.2 乱数の利用

- ポアソン分布の場合 ($X \sim P_o(\lambda)$ と表す)

$P(X=i) = p_i = \dfrac{e^{-\lambda}\lambda^i}{i!}$ ($i=0,1,2,\cdots$) より，一様乱数 U に対して，

$$0 \leqq U < e^{-\lambda} = F(0) \implies X = 0$$

$$\sum_{i=0}^{x-1} \dfrac{e^{-\lambda}\lambda^i}{i!} = F(x-1) \leqq U < \sum_{i=0}^{x} \dfrac{e^{-\lambda}\lambda^i}{i!} = F(x) \implies X = x \quad (x=1,2,\cdots)$$

とすれば良い。

例 5-4 表計算ソフト Excel の rand() 関数 ([0,1) 上の一様乱数を生成する関数) で一様乱数を生成後，ある特定の確率分布，例えば表 5.4 の確率関数に従う乱数を生成してみよ。

表 5.4 確率関数

x	1	2	3	4	5	6	7	8
$p(x)$	0.05	0.05	0.15	0.2	0.25	0.15	0.1	0.05

[解] 手順 1 一様乱数の生成。

表計算ソフト等により，一様乱数を 30 個生成する。ここでは，表計算ソフト Excel の関数 rand() により，一様乱数を生成する (図 5.6)。

手順 2 特定の分布に従う (累積) 分布関数の作成。

表 5.4 の確率関数に従う乱数 の生成

まず，分布関数を作成すると，表 5.5 のようになる。

表 5.5 累積分布関数

x	1	2	3	4	5	6	7	8
$F(x)$	0.05	0.10	0.25	0.4	0.7	0.85	0.95	1

実際には図 5.6 のように C6 に 0 を入力後，C7 に =C6+B7 と入力する。そして C7 を C8 から C14 にコピー する。実現値には D6 から D13 に，1 から 8 をオートフィル等で入力する。

次に，生成した一様乱数 U が

$$F(x_k) \leqq U < F(x_{k+1})$$

のとき，乱数 $X = x_{k+1}$ とする。このため，C18 に

=LOOKUP(B18,$C$6:$C$14,$D$6:$D$13)

と入力後，C19 から C47 にコピーする (図 5.6)。

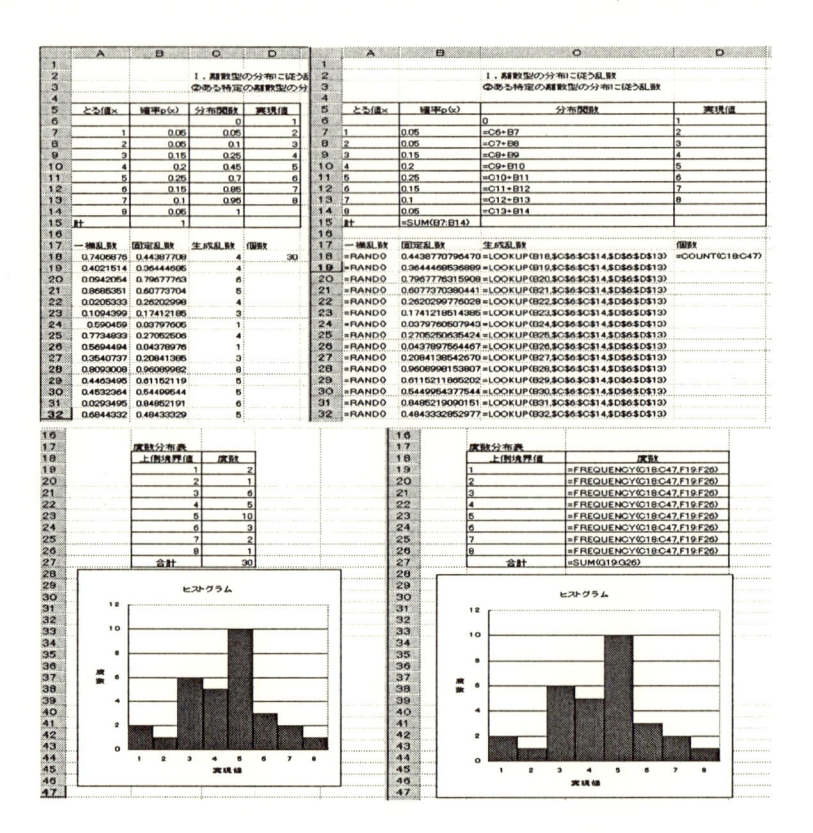

図 5.6　Excel による離散型の特定分布に従う乱数の生成

手順 3　ヒストグラムの作成。

　度数分布表を，まず作成する。そのため，上側境界値をとる値である 1〜8 を入力する。度数を FREQUENCY 関数により数える。

　度数分布表を範囲指定後，グラフウィザードにより正規乱数の場合と同様に，縦棒グラフを作成する (図 5.6)。□

演 5-8　表計算ソフト等の rand() 関数 ([0,1) 上の一様乱数を生成する関数) で，一様乱数を生成後，

　　① サイコロの目の乱数　② 二項乱数　③ ポアソン乱数

をそれぞれ生成してみよ。

5.3 シミュレーションの適用

ここでは，実際の問題についてシミュレーションにより再現してみよう。

5.3.1 在庫管理への適用

新聞売り子問題における在庫管理でのシミュレーションを行ってみよう。

> **例 5-5** まず 30 日間にわたって，1 日あたりの弁当の需要個数の分布が平均 30，分散 5^2 の正規分布であるとする。弁当の需要個数を ($N(30, 5^2)$ に従う) 正規乱数により生成し，弁当の毎日の発注量を 20 から 5 ずつ増やしたときの在庫数と，品切れ数をシミュレーションにより計算してみよ。

[解] 手順 1 一様乱数の生成。

表計算ソフト等により，一様乱数を 30 個生成する。ここでは，表計算ソフト Excel の関数 rand() により一様乱数を生成する (表 5.6 の 2 列目)。

表 5.6 在庫管理のシミュレーション

日	$U(0,1)$ 一様乱数	$N(0,1^2)$ 正規乱数	$N(30,5^2)$ 正規乱数	需要個数	発注数 20 在庫数	25 在庫数	30 在庫数	35 在庫数
1	0.014	2.005	40.027	40	−20	−15	−10	−5
2	0.870	0.362	31.808	31	−11	−6	−1	4
3	0.870	−0.527	27.364	27	−7	−2	3	8
4	0.509	−1.161	24.195	24	−4	1	6	11
5	0.407	−0.446	27.768	27	−7	−2	3	8
6	0.696	−0.283	28.583	28	−8	−3	2	7
7	0.488	−1.150	24.251	24	−4	1	6	11
8	0.454	−1.205	23.974	23	−3	2	7	12
9	0.450	−0.965	25.177	25	−5	0	5	10
10	0.388	−1.050	24.748	24	−4	1	6	11
11	0.036	2.501	42.507	42	−22	−17	−12	−7
12	0.040	2.454	42.269	42	−22	−17	−12	−7
13	0.698	0.751	33.753	33	−13	−8	−3	2
14	0.923	0.355	31.776	31	−11	−6	−1	4
15	0.397	−1.207	23.965	23	−3	2	7	12
16	0.576	−0.933	25.334	25	−5	0	5	10
17	0.222	1.040	35.202	35	−15	−10	−5	0
18	0.852	0.339	31.697	31	−11	−6	−1	4
19	0.606	−0.573	27.133	27	−7	−2	3	8
20	0.653	−0.529	27.353	27	−7	−2	3	8
21	0.948	0.074	30.371	30	−10	−5	0	5
22	0.786	0.158	30.788	30	−10	−5	0	5
23	0.700	−0.609	26.956	26	−6	−1	4	9
24	0.622	−0.702	26.488	26	−6	−1	4	9
25	0.453	0.599	32.995	32	−12	−7	−2	3
26	0.829	0.292	31.460	31	−11	−6	−1	4
27	0.283	1.149	35.744	35	−15	−10	−5	0
28	0.878	0.368	31.841	31	−11	−6	−1	4
29	0.876	0.447	32.234	32	−12	−7	−2	3
30	0.082	1.945	39.727	39	−19	−14	−9	−4
				平均在庫数	−10.03	−5.03	−0.033	4.97

手順 2 正規乱数の生成。

<u>標準正規乱数</u>の生成　$N(0, 1^2)$ に従う乱数は，ボックス・ミューラー法により生成する．つまり，2 つの一様乱数 U_1, U_2 から

$$Z_1 = \sqrt{-2\ln(U_1)}\cos(2\pi U_2), \quad Z_2 = \sqrt{-2\ln(U_1)}\sin(2\pi U_2)$$

により 2 個の独立な標準正規乱数を生成する (表 5.6 の 3 列目).

なお，一様分布に従う乱数 U に対し，

・逆変換法の $Z = \Phi^{-1}(U)$ による標準正規乱数の生成法

・中心極限定理に基づく：$Z = U_1 + \cdots + U_{12} - 6$ による生成法

もあるので，各自生成してみよう.

<u>$N(30, 5^2)$ に従う乱数の生成</u>　標準正規乱数を平均が 30, 分散を 25 になるように変換して，$N(30, 5^2)$ の正規乱数を 30 個生成する．つまり，$X = 5Z + 30$ により $N(30, 5^2)$ に従う乱数を生成する (表 5.6 の 4 列目).

手順 3　需要個数の乱数を生成する.

手順 2 の正規乱数の小数部分を，切り捨てて整数にしたものを需要個数とする (表 5.6 の 5 列目). Excel では INT 関数を用いる.

手順 4　各発注量に対し，在庫数を計算する.

発注量を，20 から 5 ずつ増やしながら 35 まで変えたときの，在庫数を表にしたものが表 5.6 である．なお, 在庫数 = 発注数 − 需要個数 であり，在庫数が負のときは品切れを意味する (表 5.6 の 6 列目〜9 列目). □

5.3.2　待ち行列への適用

例 5-6　学内の銀行のキャッシュサービスへ，到着分布が平均 $2 (= 1/\lambda)$ 分の指数分布で，客が来ているとする．またサービス時間の分布も，平均 1.5 分の指数分布に従うとする．このとき，以下の設問に答えよ．

(1) 指数乱数をそれぞれ生成し，窓口稼働率，客の列 (系) 待ち時間，平均列 (系) 待ち人数等を推定せよ.

(2) 実際の公式からの計算と比較せよ.

[解]　(1)　**手順 1**　2 組の一様乱数の生成.

表計算ソフト等により，一様乱数を 2 個ずつ 30 個発生させる (表 5.7 の A 列と B 列).

5.3 シミュレーションの適用

手順2 到着とサービスの2組の指数乱数の生成.

逆変換法により, 一様乱数を平均2, 1.5 ($2 = 1/\lambda$, $1.5 = 1/\lambda$) の指数乱数に変換して, 到着分布とサービス分布に対応させる. つまり, 表計算ソフトのrand()関数により2個の一様乱数U_1, U_2を生成し, $-2 \times \ln(U_1)$, $-1.5 \times \ln(U_2)$ により平均2, 1.5の指数分布$Exp(1/2)$, $Exp(1/1.5)$に従う乱数を生成する (表5.7のC列とF列).

表 5.7 待ち行列のシミュレーション

	A	B	C	D	E	F	G	H	I	J	K	L	M
1	乱数		到着		サービス					系	系待ち	列	列待ち
2	到着	サービス	間隔$1/\lambda(=2)$		開始時刻	時間$1/\mu(=1.5)$	終了時刻		窓口	待ち人数	人数	待ち人数	人数
3	一様乱数	一様乱数	指数乱数	到着時刻		指数乱数		列待ち時間	遊休時間		×時間		×時間
4	-	0.5465	-	0.0000	0.0000	0.9062	0.9062	0.000	0.0000	0.0000	0.906	0.0000	0.000
5	0.2479	0.8319	2.7892	2.7892	2.7892	0.2763	3.0655	0.000	1.8830	1.0000	0.276	0.000	0.000
6	0.1046	0.1055	4.5160	7.3053	7.3053	3.3731	10.6784	0.000	4.2398	1.0000	3.373	0.000	0.000
7	0.0678	0.6488	5.3821	12.6873	12.6873	0.6489	13.3363	0.000	2.0090	1.0000	0.649	0.000	0.000
8	0.1828	0.0986	3.3986	16.0860	16.0860	3.4751	19.5610	0.000	2.7497	1.0000	3.475	2.000	0.000
9	0.5804	0.5338	1.0880	17.1740	19.5610	0.9417	20.5027	2.387	0.0000	2.0000	3.329	1.000	2.387
10	0.5203	0.4022	1.3067	18.4807	20.5027	1.3662	21.8689	2.022	0.0000	1.0000	1.366	0.000	0.000
11	0.1331	0.3491	4.0338	22.5144	22.5144	1.5787	24.0931	0.000	0.6455	1.0000	1.579	0.000	0.000
12	0.0941	0.4716	4.7269	27.2413	27.2413	1.1276	28.3689	0.000	3.1482	1.0000	1.128	0.000	0.000
13	0.3261	0.3804	2.2409	29.4822	29.4822	1.4498	30.9319	0.000	1.1133	1.0000	1.450	0.000	0.000
14	0.2047	0.1826	3.1721	32.6543	32.6543	2.5508	35.2051	0.000	1.7223	3.0000	2.551	2.000	0.000
15	0.8837	0.4003	0.2472	32.9015	35.2051	1.3732	36.5783	2.304	0.0000	4.0000	8.284	3.000	6.911
16	0.3991	0.7844	1.8371	34.7385	36.5783	0.3642	36.9425	1.840	0.0000	4.0000	5.883	3.000	5.519
17	0.7873	0.1812	4.4784	35.2169	36.9425	2.5621	39.5046	1.726	0.0000	6.0000	11.190	5.000	8.628
18	0.9615	0.9377	0.0784	35.2954	39.5046	0.0965	39.6011	4.209	0.0000	5.0000	16.933	4.000	16.837
19	0.5244	0.1393	1.2909	36.5862	39.6011	2.9571	42.5582	3.015	0.0000	4.0000	12.002	3.000	9.045
20	0.6440	0.9061	0.8803	37.4665	42.5582	0.1479	42.7061	5.092	0.0000	4.0000	10.331	2.000	10.183
21	0.4490	0.0162	1.6015	39.0680	42.7061	6.1802	48.8863	3.638	0.0000	4.0000	17.095	3.000	10.914
22	0.8114	0.7284	0.4180	39.4859	48.8863	0.4754	49.3617	9.400	0.0000	3.0000	19.276	2.000	18.801
23	0.0557	0.4511	5.7743	45.2602	49.3617	1.1942	50.5559	4.102	0.0000	3.0000	9.397	2.000	8.203
24	0.5936	0.1622	1.0430	46.3032	50.5559	2.7285	53.2844	4.253	0.0000	4.0000	15.487	3.000	12.758
25	0.1285	0.0601	4.1041	50.4074	53.2844	4.2173	57.5017	2.877	0.0000	3.0000	9.971	2.000	5.754
26	0.9207	0.5759	0.1652	50.5726	57.5017	0.8277	58.3295	6.929	0.0000	4.0000	21.615	3.000	20.787
27	0.3873	0.0572	1.8970	52.4696	58.3295	4.2920	62.6215	5.860	0.0000	7.0000	39.451	6.000	35.159
28	0.0690	0.8869	5.3474	57.8170	62.6215	0.1800	62.8015	4.804	0.0000	6.0000	24.202	5.000	24.022
29	0.8191	0.6129	0.3990	58.2161	62.8015	0.7342	63.5358	4.585	0.0000	5.0000	19.076	4.000	18.342
30	0.8036	0.9256	0.4374	58.6535	63.5358	0.2875	63.8233	4.882	0.0000	4.0000	14.934	3.000	14.647
31	0.9934	0.3203	0.0133	58.6668	63.8233	1.7080	65.5312	5.156	0.0000	3.0000	12.021	2.000	10.313
32	0.9375	0.4145	0.1291	58.7959	65.5312	1.3210	66.8522	6.735	0.0000	2.0000	8.056	1.000	6.735
33	0.3897		1.8847	60.6806	66.8522	3.5116	70.3638	6.172	0.0000	1.0000	3.512	0.000	0.000
34		平均等	2.0924		合計等		52.8530	70.3638	91.988	17511	90.000	298.798	61.000	245.945
35							①	②	③	④	⑤	⑥	⑦	⑧
36														
37			シミュレーション結果	$\lambda =$		0.5		理論結果						
38			稼働率	0.751139214	①/②	$\mu =$	0.666666667	稼働率	0.75	$\rho = \lambda/\mu$				
39		平均待ち時間	3.066267017	③/30				平均待ち時間	4.5	W_q				
40		系待ち時間	4.828033887	(③+⑤)/30				系待ち時間	6	W				
41		待ち行列の長さ	2.033333333	⑦/30				待ち行列の長さ	2.25	L_q				
42		系待ち行列の長さ	3.0000	⑤/30				系待ち行列の長さ	3	L				

手順3 到着時刻, サービス開始時刻, サービス終了時刻を計算する.

到着時刻は0から始め, 逐次到着間隔の指数乱数を足した値 (表5.7のD列) とす

る．サービス開始時刻は前のサービス終了時刻以降であって，終了していない人の到着時刻の最小時刻とする．実際の表計算ソフトでは，表5.7のように，その対象の行ではその上の行の人はサービスを終了しているので，次の行の到着時刻と前のサービス終了時刻の大きい方とする (表5.7のE列)．サービス終了時刻は，サービス開始時刻にサービス時間の指数乱数の値を足した値とする (表5.7のG列=E列+F列)．

手順4 列待ち時間, 窓口遊休時間等を計算する (表5.7のH, I列)．

開始時刻から到着時間を引いて，列待ち時間を計算する (表5.7のH列目)．

窓口遊休時間を，サービス終了時刻から次のサービス開始時刻を引いて計算する (表5.7のI列)．

手順5 窓口稼働率, 平均待ち時間, 待ち行列の長さの平均を計算する．

サービス時間の合計を，総経過時間で割って稼働率とする．つまり

$$\widehat{\rho} = \frac{①}{②} = \frac{52.8530}{70.3638} = 0.75114$$

待ち時間の総和を，到着人数の30で割って平均待ち時間とする．つまり

$$\widehat{W_q} = \frac{③}{n} = \frac{91.988}{30} = 3.066 (分)$$

系待ち時間の平均は，サービス時間の総和と列待ち時間の総和を，到着人数で割ったもので推定する．つまり

$$\widehat{W} = \frac{① + ③}{n} = \frac{52.8530 + 91.988}{30} = 4.828 (分)$$

待ち行列の長さの平均は, 待ち人数 × 時間の総計を総経過時間で割って求める．つまり

$$\widehat{L_q} = \frac{⑦}{30} = \frac{61.000}{30} = 2.033 (人)$$

なお，各到着時刻での待ち行列の長さは，その到着時刻より早い開始時刻で最も近い時刻から，対象とする開始時刻までの行数が系の長さで，それから1減じたのが列の長さである．

系待ち行列の長さの平均は, 系待ち人数 × 時間の総計を総経過時間で割って求める．つまり

$$\widehat{L} = \frac{⑤}{30} = \frac{90.000}{30} = 3.000 (人)$$

5.3 シミュレーションの適用   99

(2) $M/M/1(\infty)$ 型である。平均到着率は $\lambda = 1/2$(人/分), 平均サービス率 $\mu = 1/1.5 = 2/3$(人/分) である。そこで, $\rho = \lambda/\mu = 3/4 = 0.75$(表 5.7 の H38 セル)。
$W = \dfrac{1}{\mu - \lambda} = 6$(分)(表 5.7 の H40 セル), $W_q = \rho W = 4.5$(分)(表 5.7 の H39 セル), $L = \lambda W = 3$(人)(表 5.7 の H42 セル), $L_q = \lambda W_q = 9/4$(人)(表 5.7 の H41 セル) である。□

演 5-9 例 5-5, 例 5-6 と同様に, 在庫管理 (パンの毎日の売上げについて), 待ち行列 (タクシーの待ち時間について) に関するモデルを仮定し, 表計算ソフト等により乱数を生成し, 在庫数・平均待ち時間等を計算してみよ。

6章　線形計画法

　いろいろなところに旅行したいが，資金には限りがあるため，行く場所をしぼらなければならない．たくさんのパンを作って利益をあげたいが，原料には限りがあるので，種類を少なくしないといけない．最近，体重が増えてきたので減量したいが，必要な栄養をとらないといけないため，上手に食事制限をしないといけない．…などなど，われわれは目的とするものを最大化または最小化したいが，いずれにも制約があることが多く，その制約条件を満足する中で良い方法を見つけなければならない状況に直面する．このように変数が制約を満たすもとで，目的とする関数を最大化または最小化する問題を**最適化問題**という．そして，次のように数式化して扱われる．変数 $x_1, \cdots, x_n$ について，線形不等式 (または等式) の制約条件のもとで，目的関数 $f(x_1, \cdots, x_n)$ が変数 $x_1, \cdots, x_n$ の線形な和で書かれる ($f(x_1, \cdots, x_n) = c_1 x_1 + \cdots + c_n x_n$ のように書ける) 場合に，最適な解を求める方法を**線形計画法** (linear programming, LP) という．非線形な関数のときには**非線形計画法** (non-linear programming) といわれる．問題を最初に定式化し，解いたのはカントロビッチ (L.V.Kantorovich) である．1936年，組織と生産計画に関する論文においてであった．その後，スティグラー (G.J.Stigler) が1945年に，栄養の問題をこの型の問題として解いた．そして，線形計画法の一般的解法であるシンプレックス法は，1947年にダンチッヒ (G.B.Dantzig) によって与えられた．

6.1　線形計画法の事例

　ここでは，具体的な問題について考えてみよう．

例 6-1(最大化問題：生産計画)　ある食堂では，カレーと肉じゃがをメニューに加えている．そしてカレー，肉じゃがは，一皿あたりそれぞれ，180円と100円の利益がある．いま，材料として肉，じゃが芋，玉ねぎがいずれにも使われていて，カレーには1人前で50g, 50g, 60g が使用され，肉じゃがでは40g, 160g, 20g がそれぞれ使用されている．ただし，肉は3.2kg，じゃが芋

6.1 線形計画法の事例

は 11.6 kg，玉ねぎは 3 kg まで使用できるとする．このとき，利益が最大となるようにカレーと肉じゃがは，それぞれ何人前であればよいか．

[解] このような問題を解くには，まず最初は問題を定式化することが出発点となる．そして，以下のような手順で定式化すれば良いだろう．

手順 1 問題を表に整理する．

メニューと材料に分けて，表 6.1 のように各数値を整理する．

表 6.1 メニューと材料

材料＼メニュー	カレー	肉じゃが	利用可能量 (g:グラム)
肉	50	40	3200
じゃが芋	50	160	11600
玉ねぎ	60	20	3000
1 人前あたり利益 (円)	180	100	

手順 2 変数の設定．

ここでは，カレーと肉じゃがを，それぞれ x, y 人前作るとする．

手順 3 制約条件，目的関数を変数を用いて表す．

制約条件については

$$\begin{cases} 50x + 40y \leq 3200 \\ 50x + 160y \leq 11600 \\ 60x + 20y \leq 3000 \\ x, y \geq 0 \end{cases} \iff \underbrace{\begin{pmatrix} 50 & 40 \\ 50 & 160 \\ 60 & 20 \end{pmatrix}}_{A} \underbrace{\begin{pmatrix} x \\ y \end{pmatrix}}_{x} \leq \underbrace{\begin{pmatrix} 3200 \\ 11600 \\ 3000 \end{pmatrix}}_{b}$$

となり，この条件のもとで目的関数

$$f(x,y) = 180x + 100y \quad \nearrow (最大化) \quad \rightleftarrows \quad f(x) = c^T x, \quad c = (180, 100)^T$$

を最大化する x, y (最適解) を求めることである．□

演 6-1(最大化問題：生産計画) 次の問題を定式化せよ．

2 種類の製品 1, 2 を製造している工場がある．製品 1, 2 はそれぞれ 1 kg あたり 2 万円，3 万円の利益がある．ただし，2 つの製品はいずれも材料 A, B を用いて製造している．そして，製品 1 を製造するため，材料 A, B がそれぞれ 4 kg, 2 kg 必要である．同様に，製品 2 を製造するには材料 A, B がそれぞれ 3 kg, 6 kg 必要である．更に材料 A, B は，それぞれ 30 kg, 40 kg までしか使えない状況である．このとき，利益を

最大化するには製品 1, 2 をそれぞれ何 kg 製造したら良いだろうか。(利益最大化)

次に，最小化となる例としてダイエットのためカロリーを少なくしたい，という状況を考えてみよう。

> **例 6-2**(最小化問題：栄養問題)　普通の生活をしている成人男性は，栄養素として 1 日に蛋白質, 脂質と糖質は，それぞれ 70 g, 20 g, 100 g を摂取する必要がある。食べるものとして，牛乳と豆腐 (絹ごし) の 2 種類の食品から摂取するという条件のもとで, カロリーをできるだけ小さくしたい。牛乳と豆腐を，それぞれ何グラムとればよいだろうか。なお，牛乳は 100 g あたり, 蛋白質, 脂質と糖質はそれぞれ 2.9 g, 3.3 g, 4.5 g であり, 豆腐は 100 g あたりそれぞれ 5.0 g, 3.3 g, 1.7 g である。また，牛乳と豆腐はそれぞれ 100 g あたり 60, 58 キロカロリーである。

[解]　**手順 1**　表に整理する。文章から栄養素, カロリーについて整理すると，表 6.2 のようになる。

表 6.2　栄養素と食品

栄養素＼食品	牛乳	豆腐 (絹ごし)	必要量
蛋白質	2.9	5.0	70
脂質	3.3	3.3	20
糖質	4.5	1.7	100
カロリー	60	58	

手順 2　変数の設定。

牛乳, 豆腐を，それぞれ $x \times 100\,\text{g}, y \times 100\,\text{g}$ とるとする。

手順 3　制約条件, 目的関数を式で表現する。

制約条件については
$$\begin{cases} 2.9x + 5.0y & \geq 70 \\ 3.3x + 3.3y & \geq 20 \\ 4.5x + 1.7y & \geq 100 \\ x, y & \geq 0 \end{cases}$$
となり，この条件のもとで目的関数

$$f(x, y) = 60x + 58y \quad \searrow (\text{最小化}) \quad \rightleftarrows \quad f(\boldsymbol{x}) = \boldsymbol{c}^T \boldsymbol{x}, \quad \boldsymbol{c} = (60, 58)^T$$

を最小化する x, y (最適解) を求めることである。□

6.1 線形計画法の事例

演 6-2(最小化問題：栄養問題)　以下の問題を定式化せよ。市販されている 2 種類のドッグフード A, B の 1 kg あたりのカロリー，蛋白質，単価を表 6.3 にまとめている。A, B を混ぜてカロリーを 10000 カロリー以上，蛋白質を 1000 g 以上とらせるようにしたい。A, B をそれぞれ何 kg ずつ購入すれば，最も安くすむか。(費用最小)

表 6.3　栄養素とドッグフード

栄養素＼ドッグフード	A	B	必要量
カロリー (kcal)	3500	2000	
蛋白質 (g)	150	250	
単価 (円)	200	150	

ここで，いままでの問題について一般的に，行列による表現をしておこう。目的とする関数 f は，$x_1, x_2, \cdots, x_n$ の n 個の変数の線形式でかかれる。つまり

$$(6.1) \quad f(x_1, x_2, \cdots, x_n) = c_1 x_1 + c_2 x_2 + \cdots + c_n x_n = \boldsymbol{c}^T \boldsymbol{x}$$

とかかれる。ただし，$\boldsymbol{c} = (c_1, c_2, \cdots, c_n)^T$, $\boldsymbol{x} = (x_1, x_2, \cdots, x_n)^T$ で，普通ベクトルは太字で表し，列ベクトルとする。右肩にある T は転置 (transpose) することを意味する。次に，$x_1, \cdots, x_n$ に関する制約条件については，m 個ある場合に係数を $a_{i1}, a_{i2}, \cdots, a_{in} (i = 1, \cdots, m)$ とするとき，

$$(6.2) \quad \begin{cases} a_{11}x_1 + a_{12}x_2 + \cdots + a_{1n}x_n \leqq b_1 \\ a_{21}x_1 + a_{22}x_2 + \cdots + a_{2n}x_n \leqq b_2 \\ \quad \cdots \cdots \\ a_{m1}x_1 + a_{m2}x_2 + \cdots + a_{mn}x_n \leqq b_m \end{cases}$$

$$\rightleftarrows \underbrace{\begin{pmatrix} a_{11} & a_{12} & \cdots & a_{1n} \\ a_{21} & a_{22} & \cdots & a_{2n} \\ \vdots & \vdots & \ddots & \vdots \\ a_{m1} & a_{m2} & \cdots & a_{mn} \end{pmatrix}}_{A} \underbrace{\begin{pmatrix} x_1 \\ x_2 \\ \vdots \\ x_n \end{pmatrix}}_{\boldsymbol{x}} \leqq \underbrace{\begin{pmatrix} b_1 \\ b_2 \\ \vdots \\ b_m \end{pmatrix}}_{\boldsymbol{b}}$$

が成立する。更に，非負条件

$$x_1, x_2, \cdots, x_n \geqq 0 \quad \rightleftarrows \quad \boldsymbol{x} \geqq \boldsymbol{0}$$

なる制約もある。

次に, 以下のように行列, ベクトルを用いる。

$$A = \begin{pmatrix} a_{11} & a_{12} & \cdots & a_{1n} \\ a_{21} & a_{22} & \cdots & a_{2n} \\ \vdots & \vdots & \ddots & \vdots \\ a_{m1} & a_{m2} & \cdots & a_{mn} \end{pmatrix}, \quad x = \begin{pmatrix} x_1 \\ x_2 \\ \vdots \\ x_n \end{pmatrix}, \quad b = \begin{pmatrix} b_1 \\ b_2 \\ \vdots \\ b_m \end{pmatrix},$$

$$\mathbf{0} = \begin{pmatrix} 0 \\ 0 \\ \vdots \\ 0 \end{pmatrix}, \quad c = \begin{pmatrix} c_1 \\ c_2 \\ \vdots \\ c_n \end{pmatrix}$$

このとき行列を用いて, 次のような表現となる。またベクトル同士の等号, 不等式関係 (大小関係) は, 各成分ごとに同時に成立することとする。

(6.3) $$\begin{cases} Ax \leqq b \\ x \geqq \mathbf{0} \end{cases}$$

のもと

(6.4) $\quad f(x) = c^T x \quad \nearrow$ (最大化)

を最大化する問題とかける。

ここで, 制約条件 (6.3) を満足する x を**実行可能解** (feasible solution) といい, 最適化する解を**最適解** (optimal solution) という。

6.2 グラフを利用した解法

6.1 節で取り上げた問題を具体的に解くにあたって, グラフを描くことによって解こう。

例 6-3 例 6-1 の問題を, グラフ (図) に描いて解け。

[解] グラフに描くと, 図 6.1 のようになる。目的関数の直線は

$$f(x,y) = 180x + 100y$$

より

$$y = -1.8x + \frac{f(x,y)}{100}$$

6.2 グラフを利用した解法

と変形されるので，傾き -1.8，y 切片が $\dfrac{f(x,y)}{100}$ のグラフである．

そこで，この直線が制約条件の領域と交わる範囲で，y 切片 $\dfrac{f(x,y)}{100}$ が最大となる値を求めればよい．それは，$60x+20y=3000$ と $50x+40y=3200$ の交点を通るときである．交点は，これらの連立方程式を解いて

$$(x^*, y^*) = (40, 30)$$

である．これを代入して

$$f(x^*, y^*) = f(40, 30) = 180 \times 40 + 100 \times 30 = 10200$$

が求める値である．□

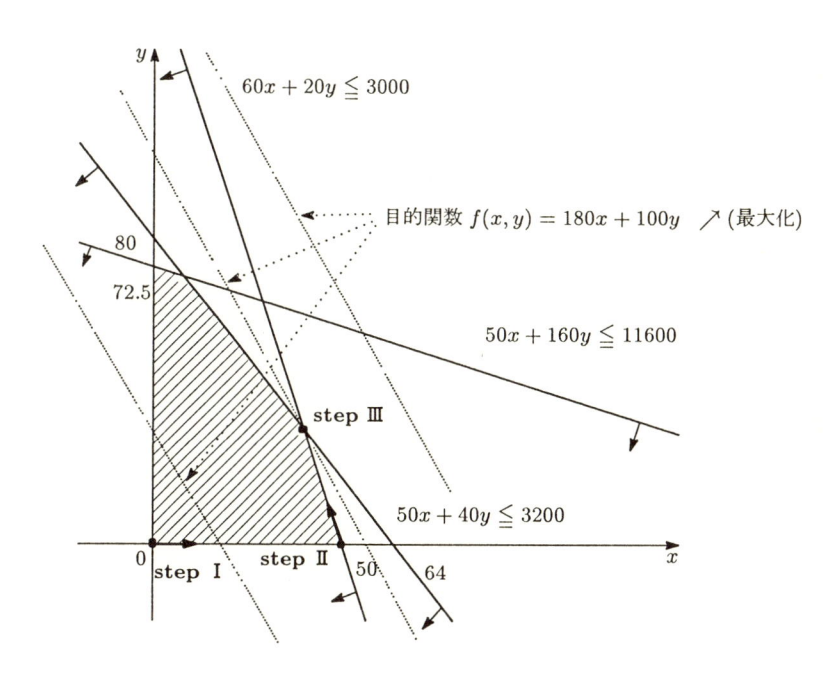

図 6.1　制約条件の領域と利益の最大化

演 6-3　演 6-1 の問題を，グラフによって解け．

例 6-4　例 6-2 の問題を，図（グラフ）に描いて解け．

[解]　グラフに描くと，図 6.2 のようになる．目的関数の直線は $f(x,y) = 60x + 58y$ より
$$y = -\frac{30}{29}x + \frac{f(x,y)}{58}$$
と変形されるので，傾き $-\dfrac{30}{29}$，y 切片が $\dfrac{f(x,y)}{58}$ のグラフである．そこで，この直線が制約条件の領域と交わる範囲で，y 切片 $\dfrac{f(x,y)}{58}$ が最小となる値を求めればよい．それは $4.5x + 1.7y = 100$ と $2.9x + 5.0y = 70$ の交点を通るときである．交点は，この連立方程式を解いて

$$(x^*, y^*) = (38100/1757, 2500/1757)$$

である．これを代入して

$$f(x^*, y^*) = 60 \times 38100/1757 + 58 \times 2500/1757 = 2431000/1757 \fallingdotseq 1383.6$$

が求める値である．□

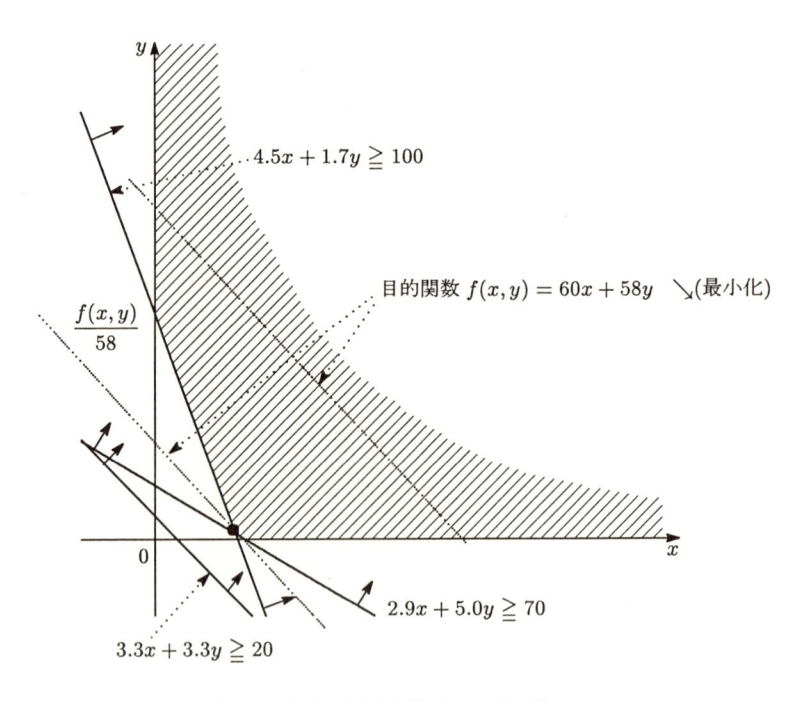

図 6.2　制約条件の領域とカロリー最小化

これまでのグラフによる最適化を考えたときからもわかるように，最適化する点を求めるにあたって，以下の公式が成立している。

―――― 公式 ――――
線形計画での目的関数の最適値は，実行可能領域の**端点**でとられる。

そこで，端点の中から最適化する点をさがせばよい。

演 6-4 演 6-2 の問題を，グラフによって解け。

6.3 計算による解法

実際に線形計画の問題を解くにあたって，図による解法では変数が多くなると適用できなくなるため，多変数の場合にも適用できる解法が望ましい。また，現在のコンピュータが身近に利用可能な状況を考えると，アルゴリズムが明確でプログラムが組みやすい手法であることが望ましい。そのような場合に扱える手法に，**シンプレックス法** (simplex method，単体法) がある。

具体的に，例 6-1 をシンプレックス法で解いてみよう。

例 6-5 例 6-1 を，シンプレックス法により解け。

[解] **手順 1** スラック変数 (slack variable，余裕変数) $\lambda_1, \lambda_2, \lambda_3 (\geqq 0)$ を導入し，不等式制約を等式化する。つまり，以下のようにおく。

$$\begin{cases} 50x + 40y + \lambda_1 = 3200 \\ 50x + 160y + \lambda_2 = 11600 \\ 60x + 20y + \lambda_3 = 3000 \end{cases}$$

手順 2 係数をもとに，シンプレックス表を作成する。

$x = y = 0$ とおけば $\lambda_1 = 3200, \lambda_2 = 11600, \lambda_3 = 3000$ で，これらは制約条件を満足するので，実行可能解の 1 つである。特に，この解は**基底解** (basic solution) といわれ，$\lambda_1, \lambda_2, \lambda_3$ を**基底変数** (basic variable) という。そして，ゼロとおかれる x, y を**非基底変数** (non-basic variable) という。

次に，目的関数 $f(x, y) = 180x + 100y$ を変形して

$$f(x, y) - 180x - 100y = 0$$

とかく。そこで，表 6.4 のようなシンプレックス表が作成される。

表 6.4　シンプレックス表

操作＼項	(基底)変数	f	↓ x	y	λ_1	λ_2	λ_3	定数項 (b_i)	定数/係数 (b_i/a_{ij})
①	λ_1	0	50	40	1	0	0	3200	
②	λ_2	0	50	160	0	1	0	11600	
③	λ_3	0	60	20	0	0	1	3000	
④	f	1	$\underline{-180}$	-100	0	0	0	0	

最初のとき，$(x, y) = (0, 0)$ は図 6.1 の端点 $(0, 0)$(step I) に対応し，そのときの目的関数 f の値は 0 である．

最下行④の目的関数の行の負の係数の中で，絶対値が最大 (-180) である変数を基底変数に取り入れる．ここでは，x である．

表 6.5 のように，対応する係数で定数を割った値を，最も右 (定数/係数) の列に記入し，係数が正である中で，その値が最小値である変数を非基底変数とする (捨てる)．そこで，その値は 0 となる．ここでは，λ_3 である．

表 6.5　シンプレックス表

操作＼項	(基底)変数	f	↓ x	y	λ_1	λ_2	λ_3	定数項 (b_i)	定数/係数 (b_i/a_{ij})
①	λ_1	0	50	40	1	0	0	3200	3200/50=64
②	λ_2	0	50	160	0	1	0	11600	11600/50=232
③	λ_3	0	☐60	20	0	0	1	3000	3000/60=50 →
④	f	1	$\underline{-180}$	-100	0	0	0	0	

表 6.6　シンプレックス表

操作＼項	基底変数	f	x	↓ y	λ_1	λ_2	λ_3	定数 (b_i)	定/係 b_i/a_{ij}
①′ = ① − 50 × ③′	λ_1	0	$\underline{0}$	70/3	1	0	$-5/6$	700	
②′ = ② − 50 × ③′	λ_2	0	$\underline{0}$	430/3	0	1	$-5/6$	9100	
③′ = ③/60	x	0	$\underline{1}$	1/3	0	0	1/60	50	
④′ = ④ + 180 × ③′	f	1	$\underline{0}$	$\underline{-40}$	0	0	3	9000	

四角で囲んだ 60 を**ピボット要素** (pivot element) といい，最下行の目的関数の行の負の係数の中で，絶対値が最大 (-180) である変数を基底変数に取り入れる．ここでは x である．なお，ピボット (pivot) は枢軸（スウジク）という中心となる大切な軸の意味である．

次に四角で囲んだ 60 を中心に，その列の他の行 (①，②，④行) の係数が 0 になるように**掃き出して**，表 6.6 が得られる．

6.3 計算による解法

なお，①′: $40-50/3 = 70/3, 3200-50\times50 = 700$, ②′: $160-50/3 = 430/3, 11600-50\times50 = 9100$, ④′: $-100+60 = -40, 0+180\times50 = 9000$ と計算する。

このときの改良された解は $(x, y, \lambda_1, \lambda_2, \lambda_3) = (50, 0, 700, 9100, 0)$ で，図 6.1 の端点 $(50, 0)$ (step II) に対応している。また，目的関数の値は $f = 9000$ である。

更に，表 6.7 のように，目的関数の最下行の係数で負のものがあるので，更にその変数 y を基底変数に取り入れる。同様に対応する係数で定数を割り，最小である変数を非基底変数とする (捨てる)。それは λ_1 である。

表 6.7　シンプレックス表

項　操作	基底変数	f	x	↓ y	λ_1	λ_2	λ_3	定数 (b_i)	定数/係数 (b_i/a_{ij})
①′	λ_1	0	<u>0</u>	$\boxed{70/3}$	1	0	$\dfrac{-5}{6}$	700	$\dfrac{700}{70}\times 3 = 30 \rightarrow$
②′	λ_2	0	<u>0</u>	$430/3$	0	1	$\dfrac{-5}{6}$	9100	$\dfrac{9100}{430}\times 3 = 63.49$
③′	x	0	<u>1</u>	$1/3$	0	0	$\dfrac{1}{60}$	50	$50\times 3 = 150$
④′	f	1	0	<u>-40</u>	0	0	3	9000	$\dfrac{9000}{-40} = -225$

次の四角で囲んだ $\boxed{70/3}$ を中心に，その列の他の行の係数が 0 になるように掃き出して，表 6.8 が得られる。

表 6.8　シンプレックス表

項　操作	(基底)変数	f	x	↓ y	λ_1	λ_2	λ_3	定数項 (b_i)
①″ = ①′/70 × 3	y	0	0	1	$3/70$	0	$-1/28$	$\boxed{30}$
②″ = ②′ − 430/3 × ①″	λ_2	0	0	<u>0</u>	$-43/7$	1	$30/7$	4800
③″ = ③′ − 1/3 × ①″	x	0	1	<u>0</u>	$-1/70$	0	$17/420$	$\boxed{40}$
④″ = ④′ + 40 × ①″	f	1	0	<u>0</u>	$12/7$ $=\lambda_1^*$	0 $=\lambda_2^*$	$11/7$ $=\lambda_3^*$	10200

ここに ②″: $9100-430/3\times 30 = 4800$，③″: $50-1/3\times 30 = 40$，④″: $9000+40\times 30 = 10200$ と計算される。

このときの改良された解は $(x, y, \lambda_1, \lambda_2, \lambda_3) = (40, 30, 0, 4800, 0)$ で，図 6.1 の端点 $(40, 30)$ (step III) に対応している。また，目的関数の値は $f = 10200$ である。

ここで，目的関数の変数の係数がすべて正となるので，これ以上改良されず，最

適解が求まったことになる．最適解は $(x^*, y^*) = (40, 30)$ で，そのときの最適値は $f^* = 10200$ である．なお，表 6.8 の最下行にある $(\lambda_1^*, \lambda_2^*, \lambda_3^*) = (12/7, 0, 11/7)$ は，双対問題 (6.4 節参照) の最適解である．　□

そして，単体法の手順は以下のような流れである．

手順1	基底可能解を1つ見つける．
手順2	その解が最適かどうか調べる．
手順3	最適解であれば終わり，そうでなければ改良する．
手順4	改良された解について最適性を調べ，必要なら改良する．

以上の手順を繰り返して，最適な解を求める手法の1つが，前述のシンプレックス法である．表計算ソフトの Excel を利用して求める方法には，逐次計算過程を実行して求めるか，アドインソフトであるソルバーを用いて解く手順が 9 章にあるので参照されたい．ソルバーがツール (T) にないときには，インストールする必要がある．

演 6-5 演 6-1 の問題を，シンプレックス法によって解け．

演 6-6 以下の問題を，シンプレックス法により解け．

① $\begin{cases} 3x + 4y \leq 60 \\ 3x + 2y \leq 42 \\ x, \ y \geq 0 \end{cases}$
$f = 5x + 4y$ を最大化 $(\nearrow)(f^* = 76)$

② $\begin{cases} x - y \leq 3 \\ 3x + y \leq 6 \\ 3x + 2y \leq 18 \\ x, \ y \geq 0 \end{cases}$
$f = 10x + y$ を最大化 $(\nearrow)(f^* = 20)$

③ $\begin{cases} x + 2y \leq 80 \\ 5x + 5y \leq 250 \\ 2x + y \leq 90 \\ x, \ y \geq 0 \end{cases}$
$f = 3x + 4y$ を最大化 $(\nearrow)(f^* = 180)$

④ $\begin{cases} x + 3y \leq 120 \\ 4x + 4y \leq 240 \\ 2x + y \leq 110 \\ x, \ y \geq 0 \end{cases}$
$f = 2x + 3y$ を最大化 $(\nearrow)(f^* = 150)$

⑤ $\begin{cases} -x_1 - x_2 + 2x_3 \leq 8 \\ 4x_1 + 2x_2 + x_3 \leq 17 \\ -x_1 + 3x_2 + 2x_3 \leq 7 \\ x_1, \ x_2, \ x_3 \geq 0 \end{cases}$
$f = x_1 + 2x_2 + 3x_3$ を最大化 $(f^* = 18)$

⑥ $\begin{cases} 3x_1 + x_2 + 2x_3 \leq 210 \\ 2x_1 + 3x_2 + 2x_3 \leq 250 \\ 6x_1 + 2x_2 + 3x_3 \leq 360 \\ x_1, \ x_2, \ x_3 \geq 0 \end{cases}$
$f = 6x_1 + 5x_2 + 8x_3$ を最大化 $(f^* = 860)$

6.4 双対性

最大化問題を解く場合に，最小化問題との関係でみるとき，双対性 (duality) の概念がある。

$$\left.\begin{array}{r} Ax \leqq b \\ x \geqq 0 \end{array}\right\}$$ のもと，$f = c^T x (\nearrow)$ を最大化する問題

を**標準的最大化問題**という。それに対し，

$$\left.\begin{array}{r} A^T y \geqq c \\ y \geqq 0 \end{array}\right\}$$ のもと，$f = b^T y (\searrow)$ を最小化する問題

を**標準的最小化問題**という。このとき，着目した方の問題を**主問題** (primal problem) または**原問題** (original problem) といい，もう一つの問題を**双対問題** (dual problem) という。つまり，互いに他を双対問題という。具体的に，

(6.5) $\quad \begin{cases} 3x_1 & +4x_2 & \leqq 18 \\ 3x_1 & +2x_2 & \leqq 12 \\ x_1, & x_2 & \geqq 0 \end{cases} \quad \rightleftarrows \quad \underbrace{\begin{pmatrix} 3 & 4 \\ 3 & 2 \end{pmatrix}}_{A} \underbrace{\begin{pmatrix} x_1 \\ x_2 \end{pmatrix}}_{x} \leqq \underbrace{\begin{pmatrix} 18 \\ 12 \end{pmatrix}}_{b}$

なる制約条件のもと，$f = x_1 + x_2 = \underbrace{(1,1)}_{c^T} x$ を最大化 ($\nearrow$) する問題を考える。これに対し，

(6.6) $\quad \begin{cases} 3y_1 & +3y_2 & \geqq 1 \\ 4y_1 & +2y_2 & \geqq 1 \\ y_1, & y_2 & \geqq 0 \end{cases} \quad \rightleftarrows \quad \underbrace{\begin{pmatrix} 3 & 3 \\ 4 & 2 \end{pmatrix}}_{A^T} \underbrace{\begin{pmatrix} y_1 \\ y_2 \end{pmatrix}}_{y} \geqq \underbrace{\begin{pmatrix} 1 \\ 1 \end{pmatrix}}_{c}$

なる制約条件のもと，$f = 18y_1 + 12y_2 = \underbrace{(18, 12)}_{b^T} y$ を最小化 ($\searrow$) する問題を考える。この問題が双対問題である。対応関係を図で書けば，図 6.3 のようである。

(補 6-1) なお一般的に，$g(x) = \begin{pmatrix} Ax - b \\ -x \end{pmatrix}$, $f(x) = -c^T x$ とおくとき，

$$\begin{cases} \text{制約条件 } g(x) \leqq 0 \rightleftarrows (Ax \leqq 0, -x \leqq 0) \text{ のもとで} \\ f(x) = -c^T x \text{ の最小化 } (\searrow) \end{cases}$$

の双対問題は $L(x,\lambda) = f(x) + \lambda^T g(x)$ とし，$L(\lambda) = \inf_{x \in X}\{f(x) + \lambda^T g(x)\}$ おくとき，

$$\begin{cases} 制約条件\ \lambda \geqq 0\ のもと \\ 目的関数\ L(\lambda)\ の最大化\ (\nearrow) \end{cases}$$

である。そして，$\lambda = \begin{pmatrix} \lambda_1 \\ \lambda_2 \end{pmatrix}$ として

$$L(\lambda) = \inf_y \{-c^T y + \lambda_1^T(Ay - b) + \lambda_2^T(-y)\}$$
$$= \inf_y \{(-c^T + \lambda_1^T A - \lambda_2^T)y\} - \lambda_1^T b$$

で，この式の第1項が下限をもつ (下に有界) には，

$$-c + A^T \lambda_1 - \lambda_2 = 0$$

であることが必要十分である。そこで，双対問題は，

$$\lambda_2 = -c + A^T \lambda_1 \geqq 0\ のもとでの\ L(\lambda_1) = -\lambda_1^T b$$

の最大化問題となる。詳しくは，他の文献を参照されたい。◁

そして，次の双対定理は有用である。

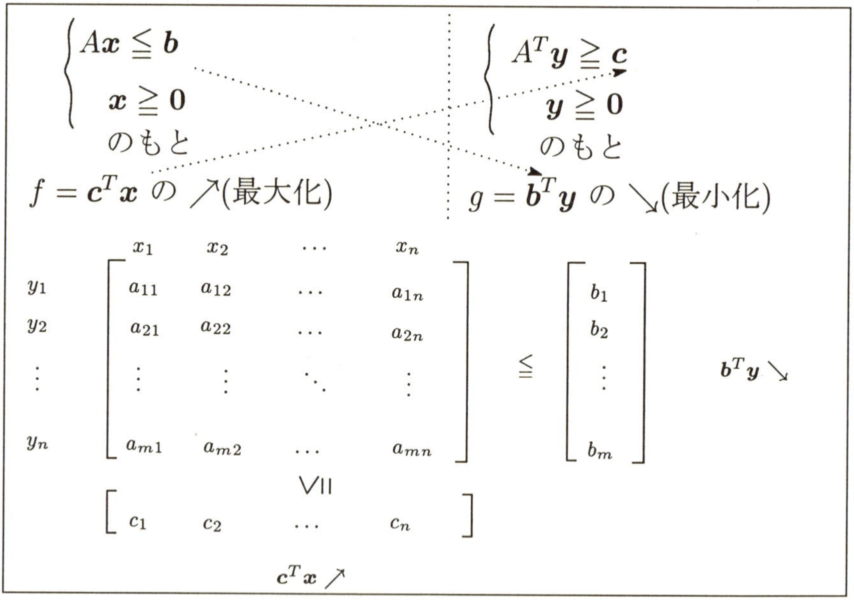

$$\begin{cases} Ax \leqq b \\ x \geqq 0 \end{cases}$$ のもと
$f = c^T x$ の $\nearrow$ (最大化)

$$\begin{cases} A^T y \geqq c \\ y \geqq 0 \end{cases}$$ のもと
$g = b^T y$ の $\searrow$ (最小化)

$$\begin{array}{c|ccccc}
 & x_1 & x_2 & \cdots & x_n & \\
y_1 & a_{11} & a_{12} & \cdots & a_{1n} & b_1 \\
y_2 & a_{21} & a_{22} & \cdots & a_{2n} & b_2 \\
\vdots & \vdots & \vdots & \ddots & \vdots & \vdots \\
y_n & a_{m1} & a_{m2} & \cdots & a_{mn} & b_m \\
 & \vee\!| & & & & \\
 & c_1 & c_2 & \cdots & c_n & \\
\end{array}$$

$\leqq$ $b^T y \searrow$

$c^T x \nearrow$

図 **6.3** 双対性

6.4 双対性

双対定理

主問題の最適解 x^* と双対問題の最適解 y^* が存在するとき，
$$f^* = c^T x^* = b^T y^* = g^*$$
が成立する。つまり，最大化問題の<u>最大値</u>と双対な最小化問題の<u>最小値</u>とが一致する。

更に，最適な点であるかどうかの判定条件として，以下の基準がある。

(最適性判定基準)

x^*, y^*：最適解 $\iff$
(ⅰ) $\sum_{j=1}^{n} a_{ij} x_j^* < b_i \implies y_i^* = 0$
かつ
(ⅱ) $\sum_{i=1}^{m} y_i^* a_{ij} > c_j \implies x_i^* = 0$

具体的にグラフを利用して，前述の式 (6.5) の主問題と式 (6.6) の双対問題を解いてみよう。

例 6-6 式 (6.5) と式 (6.6) において，グラフを利用して解き，双対定理が成立していることを確認せよ。

[解] まず，式 (6.5) の制約条件を満足する領域は，図 6.4 の斜線部のようになる。そして，最大値は $x_1 + x_2 = k$ とおけば，傾き -1 の直線 $x_2 = -x_1 + k$ が領域を交わる範囲で，x_2 切片が最大となるときだから，それは端点 $x^* = (x_1^*, x_2^*) = (2, 3)$ を通るときである。そのとき，$3 = -2 + k$ より最大値は 5 である。

同様に式 (6.6) の制約条件を満足する領域は，図 6.5 の斜線部のようになる。そして，最小値は $18y_1 + 12y_2 = k$ とおけば，傾き $-3/2$ の直線 $y_2 = -3/2 y_1 + k/12$ が領域と交わる範囲で，y_2 切片が最小となるときだから，それは端点 $y^* = (y_1^*, y_2^*) = (1/6, 1/6)$ を通るときである。そのとき，$1/6 = -3/2 \times 1/6 + k/12$ より最小値は 5 である。

以上から，主問題とした最大化問題の最大値は 5 で，双対問題の最小化問題の最小値は 5 で一致することがわかる。

シンプレックス法で解いたときの，最終ステップの表中に双対な最小化問題の最適解も得られている。それは最下行のもので，$\lambda_1^*, \cdots, \lambda_m^*$ である。□

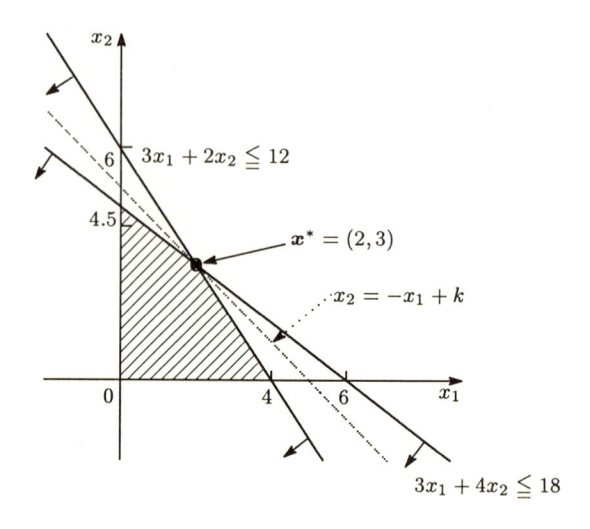

図 6.4 主問題のグラフによる解法

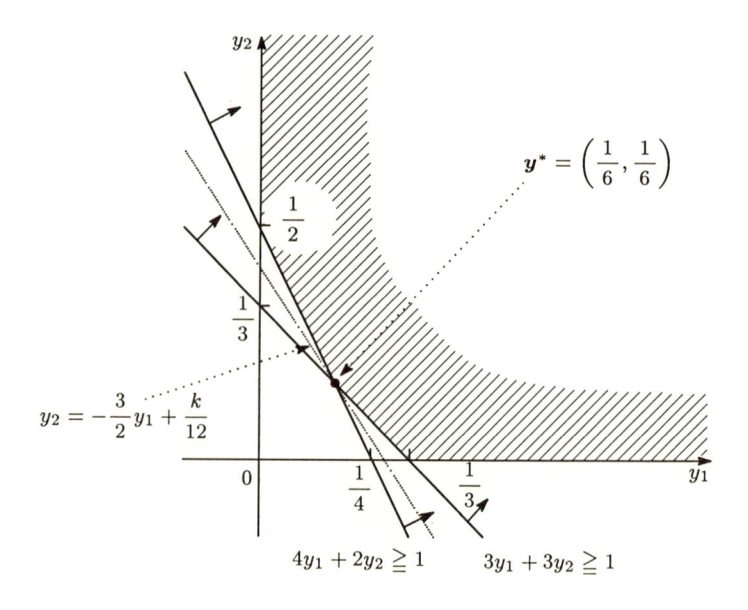

図 6.5 双対問題のグラフによる解法

6.5 輸送問題

演 6-7 以下の問題を双対定理を用い，シンプレックス法により解け．

① $\begin{cases} x & +5y & \geq 2 \\ 4x & +2y & \geq 3 \\ x, & y & \geq 0 \end{cases}$
$f = 120x + 150y$ を最小化

② $\begin{cases} x & +5y & +2z & \geq 3 \\ 2x & +5y & +z & \geq 4 \\ x, & y & & \geq 0 \end{cases}$
$f = 80x + 250y + 90z$ を最小化

③ $\begin{cases} 4x_1 & +5x_2 & +6x_3 & \geq 4 \\ 2x_1 & +4x_2 & +8x_3 & \geq 7 \\ 3x_1 & +5x_2 & +2x_3 & \geq 5 \\ x_1, & x_2, & x_3 & \geq 0 \end{cases}$
$f = 10x_1 + 14x_2 + 20x_3$ を最小化

④ $\begin{cases} x_1 & +2x_2 & +2x_3 & \geq 20 \\ 2x_1 & +3x_2 & +2x_3 & \geq 30 \\ 4x_1 & +2x_2 & +x_3 & \geq 35 \\ x_1, & x_2, & x_3 & \geq 0 \end{cases}$
$f = 7x_1 + 6x_2 + 4x_3$ を最小化

6.5 *輸送問題

線形計画法の応用例には，以下のような問題がある．

① 輸送問題：複数の出発点から目的地まで，物資・材料などをできるだけ安く輸送する
② 配分問題：原料を組み合わせて製品をつくるとき，利益を最大にする
③ スケジューリング：時間に依存して，種々の製品を調達するいくつかの方法から，毎期どれだけの製品を，どのように調達するか，または在庫として保持するか
④ 混合問題：混合して何種類かの製品を作る場合，各製品の中にどの程度の成分を混合すればよいか

以下では，固有な解法が考えられている輸送問題について考えよう．

表 6.9 輸送表

工場 \ 販売地区	1	2	$\cdots$	n	供給量
1	c_{11}	c_{12}	$\cdots$	c_{1n}	a_1
2	c_{21}	c_{22}	$\cdots$	c_{2n}	a_2
$\vdots$	$\vdots$	$\vdots$	$\ddots$	$\vdots$	$\vdots$
m	c_{m1}	c_{m1}	$\cdots$	c_{mn}	a_m
需要量	b_1	b_2	$\cdots$	b_n	

ある商品の，mか所の製造工場からnか所の販売地区への輸送を，できるだけ輸送費を安くするようにする状況を考える．各販売地区での販売量

(需要量) は $b_1, \cdots, b_n$ であり，各工場の単位期間あたりの生産量 (供給量) は $a_1, \cdots, a_m$ 単位である．また，i 工場から j 販売地区への輸送単価は c_{ij} である．そこで，表 6.9 のような輸送表にまとめられる．このとき，次のように定式化する．i 工場から j 販売地区への輸送量を，x_{ij} とする．すると，制約条件は

$$\sum_{j=1}^{n} x_{ij} \leqq a_i \quad (i=1, \cdots, m), \qquad \sum_{i=1}^{m} x_{ij} \geqq b_j \quad (j=1, \cdots, n),$$
$$x_{ij} \geqq 0 \quad (1 \leqq i \leqq m, 1 \leqq j \leqq n)$$

となる．そして，目的関数である総費用

$$f = \sum_{i,j} c_{ij} x_{ij} \searrow (\text{最小化})$$

を最小化する問題となる．このような問題を，**ヒッチコック型輸送問題**という．そこで，これはシンプレックス法によって解けるが，より簡便な解法が考えられているので，以下ではそれらの方法について考えよう．

最初の基底可能解の求め方としては

① **北西隅法** (north-west corner method)

左上隅から，可能な最大の輸送量を逐次決めていく方法．

② **ハウタッカー法** (Houthakker method)

輸送単価の安い輸送路から，優先的に輸送量を決めていく方法．

③ **単位罰金法** (unit penalty method)

機会損失の少ない輸送路から，優先的に決めていく方法．

等があり，以下で具体的な場合に①，②を適用してみよう．③については小山・森田 [8] を参照されたい．

例 6-7 次の輸送問題の初期解を求めよ．なお，表 6.10 の各セルの数は，ある家電製品を $i (1 \leqq i \leqq 3)$ 工場から $j (1 \leqq j \leqq 4)$ 販売 (需要) 地区への輸送単価である．最右列の数は各工場の供給量であり，最下行の数は各販売地区での販売 (需要) 量である．北西隅法およびハウタッカー法により，初期解を求めよ．

6.5 輸 送 問 題

表 6.10　輸送表

工場＼販売地区	1	2	3	4	供給量
1	4	2	5	3	20 $(=a_1)$
2	7	3	4	6	15 $(=a_2)$
3	5	8	2	9	25 $(=a_3)$
需要量	12 $(=b_1)$	14 $(=b_2)$	18 $(=b_3)$	16 $(=b_4)$	

[**解**]　(北西隅法：費用は考慮せず，輸送量のみに着目して決める。)

手順1　第 $(1,1)$ セルに，供給量 $a_1 = 20$, $b_1 = 12$ の小さい方の値の 12 を記入する。

手順2　手順 1 の小さい方の行，または列の $(1,1)$ 以外を 0 とし (記入しないが)，小さい方を引いた数 $8 (= 20-12)$ を $(1,2)$ セルに記入し，下の $(2,2)$ セルに $6 (= 14-8)$ を記入する。次に，右の $(2,3)$ セルに $9 (= 15-6)$ を記入する。

手順3　以上の繰返し操作から，表 6.11 が得られる。記入された数の個数は $m+n-1 = 3+4-1 = 6$ である。また，そのときの総輸送費は $4 \times 12 + 2 \times 8 + 3 \times 6 + 4 \times 9 + 2 \times 9 + 9 \times 16 = 280$ である。

表 6.11　輸送表

工場＼販売地区	1	2	3	4	供給量
1	12→	8↓			20 $(=a_1)$
2		6→	9↓		15 $(=a_2)$
3			9→	16	25 $(=a_3)$
需要量	12 $(=b_1)$	14 $(=b_2)$	18 $(=b_3)$	16 $(=b_4)$	

(ハウタッカー法)

手順1　すべての輸送路の中で，輸送単価最小の路を選ぶ。

そして，その輸送路で可能な限り最大限の量を送る。この場合，2 が最小で，18 と 25 の小さい方である 18 を，このセルに記入する。他に，輸送費が 2 の個所があるが，どちらでもよい。そこで，輸送路 $1 \to 3, 2 \to 3$ の輸送量はゼロである。つまり，3 列は決まった。

手順2　次に，残りの輸送路で輸送費が小さいのは，$1 \to 2$ の輸送費が 2 である。可能な最大量は，14 と 20 の小さい方の 14 で，これを $1 \to 2$ のセルに記入する。したがって，輸送路 $2 \to 2, 3 \to 2$ の輸送量はゼロである。つまり，2 列は決まった。

手順3　次に，残りの輸送路で輸送費が小さいのは，$1 \to 4$ の輸送費が 3 である。可

能な最大量は，6 と 16 の小さい方の 6 で，これを $1 \to 4$ のセルに記入する．したがって，輸送路 $1 \to 1$ の輸送量はゼロである．つまり，1 行は決まった．

手順 4 次に，残りの輸送路で輸送費が小さいのは，$3 \to 1$ の輸送費が 5 である．可能な最大量は，7 と 12 の小さい方の 7 で，これを $3 \to 1$ のセルに記入する．したがって，輸送路 $3 \to 4$ の輸送量はゼロである．つまり，4 行は決まった．また，$2 \to 1$ の輸送量も 5 と決まるので，すべての輸送量が決まり，表 6.12 が得られる．記入された数の個数は，$m + n - 1 = 3 + 4 - 1 = 6$ である．また，そのときの総輸送費は $2 \times 14 + 3 \times 6 + 5 \times 7 + 6 \times 10 + 5 \times 7 + 2 \times 18 = 212$ である．□

表 6.12 輸送表

工場＼販売地区	1	2	3	4	供給量
1		14		6	$20 (=a_1)$
2	5			10	$15 (=a_2)$
3	7		18		$25 (=a_3)$
需要量	$12 (=b_1)$	$14 (=b_2)$	$18 (=b_3)$	$16 (=b_4)$	

演 6-8 表 6.13 の初期解を北西隅法，ハウタッカー法により求めよ．

表 6.13 電器製品 1 個あたり輸送費 (単位：千円)

工場＼販売地区	1	2	3	生産台数 (月)
1	4	2	5	60
2	5	8	6	50
3	3	4	7	60
売上げ台数 (月)	62	50	58	

また最適性のテスト (判定) の仕方として，未使用の輸送路の評価による以下のような方法がある．ここでは，①を用いてみよう．

① **飛び石法** (stepping stone method)

飛び石伝いに渡る閉回路を作って評価する方法．

② **MODI法** (modified distribution method)

使用されるセル (i, j) (輸送路 $i \to j$) について，$c_{ij} = a_i + b_j$ となるように a_i, b_j の値を決め，未使用の輸送路 $r \to s$ を上の a_r, b_s を用いて，$c_{rs} - a_r - b_s$ で評価する方法．

6.5 輸送問題　　　　　　　　　　　　　　　　　　　　　　　　119

例 6-8　例 6-7 で，ハウタッカー法で求めた初期解が，最適かどうか飛び石法で判定し，更に改善されるなら最適解を求めよ．

表 6.14　輸送表

工場＼地区	1	2	3	4	供給量
1	●+	○		○−	$20(=a_1)$
2	○−			○+	$15(=a_2)$
3	○		○		$25(=a_3)$
需要量	$12(=b_1)$	$14(=b_2)$	$18(=b_3)$	$16(=b_4)$	

[解]　手順1　使用されない各輸送路について，使用した場合に輸送費が全体として増えるか減るか調べる．使われる輸送路に○(白丸)をつけておく(表 6.14 参照)．表 6.14 から輸送路 $1 \to 1$ を使うとし，1単位増やすとする．増やすところには，●(黒丸)をつけるとする．すると，$2 \to 1$ を1減じ，$2 \to 4$ を1増やし，$1 \to 4$ を1減ずる．そこで，総費用は $c_{11} - c_{21} + c_{24} - c_{14} = 4 - 7 + 6 - 3 = 0$ で変化なしである．

他の輸送路として，$1 \to 3$ の輸送量を1単位増やすと，$1 \to 4$ の輸送量を1減じ，$2 \to 4$ の輸送量が1増え，$2 \to 1$ の輸送量が1減じ，$3 \to 1$ の輸送量が1増え，$3 \to 3$ の輸送量が1減じる．そこで，総費用は $5 - 3 + 6 - 7 + 5 - 2 = 4$ となる(表 6.15 参照)．

表 6.15　輸送表

工場＼地区	1	2	3	4	供給量
1		○	●+	○−	$20(=a_1)$
2	○−			○+	$15(=a_2)$
3	○+		○−		$25(=a_3)$
需要量	$12(=b_1)$	$14(=b_2)$	$18(=b_3)$	$16(=b_4)$	

このようにして，各セル(未使用)について<u>総費用の増減を右下</u>に記入する．各セルの<u>左上には輸送単価</u>，真ん中中央には使用される輸送路のときの，<u>丸で囲んだ輸送量</u>を記入する．こうして，表 6.16 のような表が得られる．

表 6.16　輸送表

工場＼地区	1	2	3	4	供給量
1	4　　　0	2　⑭	5　　　4	3　⑥	$20\,(=a_1)$
2	7　⑤	3　　-2	4　　　0	6　⑩	$15\,(=a_2)$
3	5　⑦	8　　　5	2　⑱	9　　　5	$25\,(=a_3)$

数値がすべてゼロ，または正になった場合のみ，最適な計画である．そこで，負の数で最小となる輸送路で，輸送量をできるだけ増やす．この場合，-2 のセル $(2,2)$ である．その量を θ とすると，表 6.17 ができる．

表 6.17　輸送表

工場＼地区	1	2	3	4	供給量
1		$14-\theta$		$6+\theta$	$20\,(=a_1)$
2	5	θ		$10-\theta$	$15\,(=a_2)$
3	7		18		$25\,(=a_3)$
需要量	$12\,(=b_1)$	$14\,(=b_2)$	$18\,(=b_3)$	$16\,(=b_4)$	

$14-\theta, 10-\theta \geqq 0$ より $\theta = 10$ とし，このとき，表 6.18 ができる．

表 6.18　輸送表

工場＼地区	1	2	3	4	供給量
1		④		⑯	$20\,(=a_1)$
2	⑤	⑩			$15\,(=a_2)$
3	⑦		⑱		$25\,(=a_3)$
需要量	$12\,(=b_1)$	$14\,(=b_2)$	$18\,(=b_3)$	$16\,(=b_4)$	

この表 6.18 の場合に，未使用の輸送路で費用が減少するものがあるか計算し，なければ終わるが，あればまたできるだけ最小費用となるよう，これまでの操作を繰り返す．このようにして，最終的に表 6.19 が得られる．このときの総輸送費は，$4 \times 4 + 7 \times 1 + 5 \times 7 + 3 \times 14 + 2 \times 18 + 3 \times 16 = 184$ である．以上のように，未使用の輸送路を飛び石伝いに渡る閉回路をつくって評価する方法が，**飛び石法** (stepping stone method) である．

6.6 最適配置問題

表 6.19 輸送表

工場＼地区	1	2	3	4	供給量
1	4 ④	2　　　2	5　　　4	3 ⑯	$20 (= a_1)$
2	7 ①	3 ⑭	4　　　0	6　　　0	$15 (= a_2)$
3	5 ⑦	8　　　7	2 ⑱	9　　　5	$25 (= a_3)$

なお，詳しくは小山・森田 [8] 等を参照されたい。□

演 6-9 次の輸送問題を解け。生産地 1,2,3 からの消費地 1,2,3 への輸送費，および各地の供給可能な量，消費量が表 6.20 のように与えられている。総輸送費を最小化する輸送計画の初期解をハウタッカー法により構成し，飛び石法により最適解を求めよ。

表 6.20 果物の 1 箱あたりの輸送費

生産地＼消費地	1	2	3	供給量 (週)
1	25	5	24	10
2	4	13	12	20
3	14	19	17	15
消費量 (週)	14	16	15	

演 6-10 表 6.21 の初期解を求めた後，最適解を飛び石法により求めよ。また，そのときの総輸送費も求めよ。

表 6.21 輸送表

工場＼販売地区	1	2	3	供給量
1	4	2	5	40
2	5	8	6	30
3	7	5	4	50
消費量 (週)	40	35	45	

6.6 *最適配置問題

線形計画法の応用例として，次のような最適な人員配置の問題 (配置計画法) があり，輸送問題と同様に独特な固有の解き方がある。n 人の各 1 人に，

n 個の仕事 (job) のいずれか 1 つの仕事が，それぞれ割り当てられるとする．2 人以上に，同じ仕事を重複しては割り当てないとする．また，個人 i に仕事 j を割り当てたときの費用を $a_{ij}(>0)$ で表すとき，最適な割り当て方を求める問題である．表 6.22 のような費用表である．

表 6.22 費用表

個人＼仕事	1	2	$\cdots$	n
1	a_{11}	a_{12}	$\cdots$	a_{1n}
2	a_{21}	a_{22}	$\cdots$	a_{2n}
$\vdots$	$\vdots$	$\vdots$	$\ddots$	$\vdots$
n	a_{n1}	a_{n2}	$\cdots$	a_{nn}

そして，これは次のように定式化される．
$$x_{ij} = \begin{cases} 1 & (\text{個人 } i \text{ へ仕事 } j \text{ を割り当てたとき}) \\ 0 & (\text{その他}) \end{cases}$$

とおくとき，$\sum_{i=1}^{n} x_{ij} = \sum_{j=1}^{n} x_{ij} = 1$ の制約条件のもとで，$\sum_{ij} a_{ij} x_{ij}$ を最小化 (↘) する線形計画問題である．これを解く優れた方法として，Kuhn(1955) による**ハンガリア法** (Hungarian method) があり，以下に (費用行列 a_{ij} に対しての) 操作手順を紹介しよう．

手順 1 各行からその行の最小値を引き，更に各列からその列の最小値を引く．すると，どの行, 列にも 0 がある行列となる．

手順 2 0 のある行または列の上に線を引いて，出来る限り少ない線ですべての 0 を消す．線の総数が行数 (=列数) に等しければ終わりで，0 の独立集合が最適な割り当てを与える．なお，一つの閉じた回路がつくれないとき，独立な位置にあるという．

手順 3 線の総数が行数に等しくないなら，消されていない成分での最小値を求め，消されてない成分からその最小値を引く．縦線と横線が交差している成分 (重複点) には，その最小値を足す．こうしてできた行列について，上の手順 2, 3 を繰り返す．

具体的な問題について，適用してみよう．

6.6 最適配置問題

例 6-9 ある銀行では，5人の新入社員の支店への配属を計画している。社員5人を5つの支店に配置したときの通勤費用は，できるだけ少なくしたい。各社員の各支店への通勤費用は表 6.23 の通りである。最適な配置計画をハンガリア法により求めよ。

表 6.23 通勤費用 (単位：千円/月)

社員＼支店	1	2	3	4	5
1	6	7	8	7	15
2	4	4	2	1	1
3	20	8	10	6	5
4	6	5	6	4	2
5	7	8	7	6	4

[解] (ハンガリア法) **手順1** 各行から，その行での最小値を引く。例えば1行では，最小値6を引き，2行では1を引く (表 6.24(a))。更に，各列からその列の最小値を引く。1列では0，2列では1を引く ((表 6.24(b))。

表 6.24(a) 配置表

社員＼支店	1	2	3	4	5
1	0	1	2	1	9
2	3	3	1	0	0
3	15	3	5	1	0
4	4	3	4	2	0
5	3	4	3	2	0

表 6.24(b) 配置表

社員＼支店	1	2	3	4	5
1	0	0	1	1	9
2	3	2	0	0	0
3	15	2	4	1	0
4	4	2	3	2	0
5	3	3	2	2	0

表 6.24(c) 配置表

社員＼支店	1	2	3	4	5
1	0——	0——	1——	1——	9
2	3——	2——	0——	0——	0
3	15	2	4	1	0
4	4	2	3	2	0
5	3	3	2	2	0

表 6.24(d) 配置表

社員＼支店	1	2	3	4	5
1	0	0	1	1	10
2	3	2	0	0	1
3	14	1	3	0	0
4	3	1	2	1	0
5	2	2	1	1	0

手順2 0のある行，または0のある列について線を引き，できるだけ少ない線の場合を求める (表 6.24(c))。線の総数が行数 (または列数) と等しくなれば，最適配置が得られたことになる。線の総数は3で行数5より小さいので，次の手順にすすむ。

手順3 線が引かれてない成分での最小値が 1 (表 6.24(c) 下線部) で，それを線が引かれてない各成分から引き，縦線と横線の交差点の成分 (表 6.24(d) 下線部) にその最小値を足すと，表 6.24(d) となる。

手順4 手順 3 でできた行列について，0 のある行または 0 のある列について線を引き，できるだけ個数の少ない線の場合を求める (表 6.24(e))。

線の総数が 4 で行数 5 より小さいので，次の手順にすすむ。

表 6.24(e)　配置表

社員＼支店	1	2	3	4	5
1	0	0	1	1	10
2	3	2	0	1	1
3	14	1	3	0	0
4	3	1	2	1	0
5	2	2	1	1	0

表 6.24(f)　配置表

社員＼支店	1	2	3	4	5
1	0	0	1	2	11
2	3	2	0	2	2
3	13	0	2	0	0
4	2	0	1	1	0
5	1	1	0	1	0

手順5 線が引かれてない成分での最小値が 1 (表 6.24(e) 下線部) で，それを線が引かれてない各成分から引き，縦線と横線の交差点の成分 (表 6.24(f) 下線部) に，その最小値を足すと，表 6.24(f) となる。

手順6 手順 5 でできた行列について，0 のある行または 0 のある列について線を引き，できるだけ少ない線の場合を求める (表 6.24(g))。

線の総数が 5 で行数 5 と等しいので，最適配置が得られた。0 の独立集合となる表 6.24(h) の 0 を，□で囲んだ配置法が最適配置となる。つまり，

$$1 \to 1, 2 \to 3, 3 \to 4, 4 \to 2, 5 \to 5$$

が最適配置で，そのときの費用は，以下のようになる。

$$6 + 2 + 6 + 5 + 4 = 23 (千円) \qquad \square$$

表 6.24(g)　配置表

社員＼支店	1	2	3	4	5
1	0	0	1	2	11
2	3	2	0	2	2
3	13	0	2	0	0
4	2	0	1	1	0
5	1	1	0	1	0

表 6.24(h)　配置表

社員＼支店	1	2	3	4	5
1	☐0	0	1	2	11
2	3	2	☐0	2	2
3	13	0	2	☐0	0
4	2	☐0	12	1	0
5	1	1	0	1	☐0

6.6 最適配置問題

(補 6-2) <u>最大化問題</u> の場合には，成分の最大値から各成分の値を引いたものを，あらためて行列 A とし，<u>最小化問題</u> と同等になるので，ハンガリア法が適用できる。◁

演 6-11 4 人の営業マンの，4 か所の営業所への人事異動がある。各営業所での 4 人の予想営業売上げ高が，表 6.25 で与えられるとき，総売上げ高を最大にする最適配置をハンガリア法により求めよ。

表 6.25　売上げ高 (単位 : 100 万円/月)

営業マン \ 営業所	1	2	3	4
1	4	2	5	4
2	6	1	8	7
3	7	3	4	5
4	3	4	2	6

演 6-12 表 6.26 に示す新人のプロ野球選手 6 人の 6 球団での予想活躍度について，最適配置をハンガリア法により求めよ。

表 6.26　活躍度

選手 \ 球団	ヤクルト	巨人	横浜	中日	阪神	広島
A	7	9	10	8	9	6
B	6	5	6	7	3	4
C	7	9	3	4	5	6
D	5	4	6	7	9	2
E	2	9	8	5	8	7
F	3	10	6	7	9	6

演 6-13 各自，CM での人の採用，競技会でのクラス選手配置等を考え，期待効果を予想した問題を作成し，最適配置をハンガリア法により求めよ。

7章　ゲームの理論

われわれは，日常的に様々なゲームを行っている。ファミコン等のコンピュータによるゲームは子供から大人まで幅広く行われ，楽しまれている。社会生活，企業等の活動まで含めていえば，広い意味でのゲームが行われている。最初に，この種の問題に本格的に取り組んだのが，数学者のジョン・フォン・ノイマン (John von Neumann) であり，1928年に"Zur Theorie der Gesellschaftsspiele"という論文を出した。更に1944年，オスカー・モルゲンシュテルン (Oscar Morgenstern) とともに"Theory of Games and Economic Behavior"という本を著し，脚光をあびた。

7.1　ゲームへの導入

2人以上の人，または企業等があることで競合関係にあるとき，内容を規定するルール (規則) の集まりを**ゲーム** (game) といい，そのルールに従って実際にゲームを行うときの，一連の選択行為の系列を**プレイ** (play) という。そして，ゲームに参加する人 (企業等) を**プレイヤー** (player) という。プレイヤーの人数が n 人であるゲームを，**n人ゲーム** (n-person game) という。野球などでチームとして完全に利害が一致するチームは1人とみなすので，野球での試合は2人ゲームである。ゲームで自分がプレイする順番になることを**手番** (move) といい，そのとき選択する対象，手段を**手**という。そして，各手番における選択対象の個数が有限な場合のゲームを**有限ゲーム** (finite game) といい，そうでないゲームを**無限ゲーム** (infinite game) という。手番を有限で打ち切るために設けるルールを**ストップ・ルール** (stop rule) という。選択をサイコロなどを用いて，ランダムに行う手番を**偶然の手番** (chance move) という。それに対し，プレイヤーが選択する手番を**人の手番** (personal move) という。

プレイが終わると，結果に応じて各プレイヤーに得点 (点数) がつけられる場合のゲームを考えよう。このときの得点 (点数) を，**利得** (pay off) とよぶ。

そしてゲーム終了後，各プレイヤーの獲得する利得の合計がゼロであるようなゲームを**ゼロ和ゲーム** (zero-sum game) という．利得の合計が一定である場合には，**定数和ゲーム** (constant sum game) といわれ，一定でない場合には**非定数和ゲーム** (non-constant sum game) あるいは**変動和ゲーム** (variable sum game) という．

7.2 ゼロ和2人ゲーム

ゲームを行う2人のプレイヤーを P_1, P_2 とする．それぞれの手段を**手**または**戦術**といい，手を使ってゲームを有利に導いていく行為全体を**戦略** (strategy) という．P_1 は m 種の**戦略** (strategy) をもち，それらに $1, \cdots, i, \cdots, m$ と番号付けをする．同様に，P_2 は n 種の戦略 $1, \cdots, j, \cdots, n$ をもつとする．そして，P_1, P_2 がそれぞれ1つの戦略 i, j を選んでゲームを行った結果，a_{ij} を P_2 が P_1 に支払うとする．つまり

$$a_{ij} : P_2 \xrightarrow{a_{ij}} P_1 \quad \left(-a_{ij} : P_1 \xrightarrow{-a_{ij}} P_2 \right)$$

である．

$$(7.1) \quad \begin{pmatrix} a_{11} & a_{12} & \cdots & a_{1j} & \cdots & a_{1n} \\ a_{21} & a_{22} & \cdots & a_{2j} & \cdots & a_{2n} \\ \vdots & \vdots & \ddots & \vdots & \ddots & \vdots \\ a_{i1} & a_{i2} & \cdots & a_{ij} & \cdots & a_{in} \\ \vdots & \vdots & \ddots & \vdots & \ddots & \vdots \\ a_{m1} & a_{m2} & \cdots & a_{mj} & \cdots & a_{mn} \end{pmatrix} \left(= A_{m \times n} \right)$$

表 7.1　P_1 の利得表

P_1 \ P_2	1	2	$\cdots$	j	$\cdots$	n
1	a_{11}	a_{12}	$\cdots$	a_{1j}	$\cdots$	a_{1n}
2	a_{21}	a_{22}	$\cdots$	a_{2j}	$\cdots$	a_{2n}
$\vdots$	$\vdots$	$\vdots$	$\ddots$	$\vdots$	$\ddots$	$\vdots$
i	a_{i1}	a_{i2}	$\cdots$	a_{ij}	$\cdots$	a_{in}
$\vdots$	$\vdots$	$\vdots$	$\ddots$	$\vdots$	$\ddots$	$\vdots$
m	a_{m1}	a_{m2}	$\cdots$	a_{mj}	$\cdots$	a_{mn}

このとき，式 (7.1) のように a_{ij} を要素としてもつ行列 $A_{m \times n}$ を，P_1 に対する**支払行列** (payoff matrix) という。これは P_1 の**利得行列**でもある。そして，P_2 に対する支払行列 (P_2 の利得行列) も定義される。また表 7.1 のような表を**利得表**という。

例 7-1 次のゲームの利得表を完成せよ。

A 君と B 君の 2 人がじゃんけんをして，A 君が勝てば B 君は A 君に 100 円を支払い，負ければ逆に A 君が B 君に 100 円を支払い，引き分けの場合にはお金のやりとりはない。

[解] A 君をプレイヤー I，B 君をプレイヤー II とした 2 人ゼロ和ゲームである。題意から，表 7.2 のような利得表である。

表 7.2 A 君の利得表

A \ B	グー	チョキ	パー
グー	0	100	−100
チョキ	−100	0	100
パー	100	−100	0

□

各プレイヤーが，確率 1 で 1 つの戦術を取り続ける場合を**純粋戦略** (pure strategy) といい，複数の戦略をある確率でとる場合を**混合戦略** (mixed strategy) という。以下で，順にこれらの戦略を考えてみよう。

7.3 純粋戦略

各プレイヤーは，それぞれ相手の戦略を知らないで自分の戦略をとるとする。そして戦略としては，

> 確実に得られる利益を，できるだけ大きくする。

という基準にもとづいてとるとする。言い換えれば

> とられる可能性のある損失を，できるだけ小さくする。

という基準になる。

7.3 純粋戦略

利得行列が式 (7.1) で与えられるとき，P_1 の立場に立てば，P_1 が戦略 i を選べば，少なくとも $a_{i1}, \cdots, a_{in}$ の最小値 $\min_j a_{ij}$ は確実に得られる利益である。そこで，P_1 の選ぶ戦略 i $(1, \cdots, n)$ の中で確実に得られる利益 $\min_j a_{ij}$ を，最大にする戦略を選べば良い。その戦略を**マクシミン戦略** (max-min strategy) といい，i_0 とする。そして，そのときの利益の値を**マクシミン値** (max-min value) といい，v_1 で表す。つまり

(7.2) $\quad v_1 = \max_i \min_j a_{ij} = \min_j a_{i_0 j}$

が成立する。最小値の中の最大値で，最悪の場合でも保証される利益 (=最小利益) の中で，最大にする戦略をとるのである。

次に P_2 の立場に立てば，利得行列，式 (7.1) は損失である。そこで P_2 が戦略 j を選べば，P_1 が $a_{1j}, \cdots, a_{mj}$ の最大値 $\max_i a_{ij}$ より多く利益を得ることはできない。そこで，P_2 の選ぶ戦略 j $(1, \cdots, n)$ の中で P_1 が得られる利益 $\max_i a_{ij}$ を，最小にする戦略を選べば良い。その戦略を**ミニマックス戦略** (min-max strategy) といい，j_0 とする。そして，そのときの利益の値を**ミニマックス値** (min-max value) といい，v_2 で表す。つまり

(7.3) $\quad v_2 = \min_j \max_i a_{ij} = \max_i a_{i j_0}$

が成立する。最大値の中での最小値で，最悪の場合に蒙(コウム)る損失 (=最大損失) の中で最小にする戦略をとるのである。更に $v_1 = v_2$ が成立するとき，つまり，

(7.4) $\quad \max_i \min_j a_{ij} = v_1 = v_2 = \min_j \max_i a_{ij} = a_{i^* j^*}$

が成立する i^*, j^* を，それぞれ P_1, P_2 の**最適戦略** (optimal strategy または optimum strategy) という。その組 (i^*, j^*) を**鞍点**(アンテン)(saddle point) という。また，このときの利得の値を**ゲームの値**(アタイ)(game value) または**鞍点値** (saddle value) といい，v^* で表す。そして，(i^*, j^*, v^*) をゲームの**解** (solution) または**均衡解**(キンコウカイ)(equilibrium solution) という。このとき，ゲームは**安定的である**という。

―――― 公式 ――――

(7.5) $\quad v_1 = \max_i \min_j a_{ij} \leqq \min_j \max_i a_{ij} = v_2$

$$(\because) \quad v_1 = \max_i \min_j a_{ij} = \min_j a_{i_0 j} \leqq a_{i_0 j_0} \leqq \max_i a_{i j_0} = \min_j \max_i a_{ij} = v_2$$
(なお，等号は常には成立しない。)　□

式 (7.5) で等号が成立するのは，$\min_j a_{i_0 j} = a_{i_0 j_0} = \max_i a_{i j_0}$ が成立することである．

> **例 7-2**　A 電器店は年末に，広告，バーゲン，イベントと 3 つの売出しを計画している．予算の関係で，どれか 1 つのプランしか採用できないとする．近所に B 電器店があり，B 電器店ではこれに対抗した手段を計画している．そこで，利得表として表 7.3 が考えられ，ゼロ和 2 人ゲームとみなせる．このとき，次の設問に答えよ．
> (1) マクシミン戦略とマクシミン値を求めよ．
> (2) ミニマックス戦略とミニマックス値を求めよ．
> (3) 鞍点があれば，最適解とゲームの値を求めよ．

表 7.3　A 電器店プラン利得表 (単位：万円)

A 店 \ B 店	広告	バーゲン	イベント
広告	70	40	20
バーゲン	20	30	60
イベント	40	30	50

[解] (1) 定義から各列の最小値を表の最右列に追加し，その中での最大値をみつければよい．つまり，各行で横にみながら最小値をさがし，最右列に記入し，最右列を下にみながら最大値をさがす．以下に示す表 7.4 の補助表を参照されたい．そこで，マクシミン戦略は (3,2) で，マクシミン値は 30 である．

表 7.4　補助表 (単位：万円)

A 店 \ B 店	広告	バーゲン	イベント	行最小値 ($= \min_j a_{ij}$)
広告	70	40	20	$20 (= \min_j a_{1j})$
バーゲン	20	30	60	$20 (= \min_j a_{2j})$
イベント	40	30	50	$\boxed{30} (= \min_j a_{3j})$
列最大値 ($= \max_i a_{ij}$)	$70 (= \max_i a_{i1})$	$\boxed{40} (= \max_i a_{i2})$	$60 (= \max_i a_{i3})$	

(2) 定義から各列の最大値を表の最下行に追加し，その中での最小値をみつければよい。つまり，各列で縦にみながら最大値をさがし，最下行に記入し，最下行を右にみながら最小値をさがす。補助表の表 7.4 を参照されたい。そこで，ミニマックス戦略は (1,2) で，ミニマックス値は 40 である。

(3) (1),(2) より $v_1 = 30 < 40 = v_2$ で，マクシミン値とミニマックス値は一致しない。そこで，鞍点は存在しない。□

演 7-1 表 7.5(a),(b) に示す利得表に関して，(1) マクシミン戦略とマクシミン値を求めよ。(2) ミニマックス戦略とミニマックス値を求めよ。(3) 鞍点があれば，最適解とゲームの値を求めよ。

表 7.5(a) 利得表①

P_1＼P_2	1	2	3
1	3	4	2
2	5	−2	6
3	−3	7	4

表 7.5(b) 利得表②

P_1＼P_2	1	2	3
1	7	9	8
2	6	5	2
3	3	−1	0

7.4 混合戦略

利得表によって $v_1 < v_2$ となる場合があり，純粋戦略では鞍点が存在せず，したがって最適純粋戦略も存在しない。このような場合，ある確率で各戦略・戦術を選択するときの，期待される利益を最適化するような戦略を考える。このような戦略を**混合戦略** (mixed strategy) という。

いま，P_1 は m 個の戦略をそれぞれ確率 $p_1, p_2, \cdots, p_m$ でとるとする。そこで，$p_i \geqq 0\,(i = 1, \cdots, m)$ かつ $\sum_i p_i = 1$ が成立している。このとき，$\boldsymbol{p} = (p_1, p_2, \cdots, p_m)^T$ を $\underline{P_1 \text{ の混合戦略}}$ という。同様に，P_2 が n 個の戦略をそれぞれ確率 $q_1, q_2, \cdots, q_n$ でとり，$\boldsymbol{q} = (q_1, q_2, \cdots, q_n)^T$ を $\underline{P_2 \text{ の混合戦略}}$ という。$\boldsymbol{q}$ についても，$q_j \geqq 0\,(j = 1, \cdots, n)$ かつ $\sum_j q_j = 1$ が成立している。特に，$\boldsymbol{p} = (0, \cdots, 0, \underset{i\text{番}}{1}, 0, \cdots, 0)^T = \boldsymbol{e}_i$ のときは純粋戦略となる。なお，右肩にある T はそのベクトル (行列) の転置ベクトル (行列) を表す。

次に，P_1 の利得が a_{ij} である確率は $p_i q_j$ なので，利得の期待値である**期待**

利得 $E(\bm{p}, \bm{q})$ は，とる値ととる確率の積の和より

(7.6) $\quad E(\bm{p}, \bm{q}) = \sum_{i=1}^{m} \sum_{j=1}^{n} a_{ij} p_i q_j \left(= \bm{p}^T A \bm{q}: \text{行列表現} \right)$

となる．7.3 節の純粋戦略での利得を期待利得に置き換えて，式 (7.2) に対応して

(7.7) $\quad w_1 = \max_{\bm{p}} \min_{\bm{q}} E(\bm{p}, \bm{q})$

とおき，式 (7.3) に対応して

(7.8) $\quad w_2 = \min_{\bm{q}} \max_{\bm{p}} E(\bm{p}, \bm{q})$

とおく．そして，以下のミニマックス定理が成立する．

ミニマックス定理

(7.9) $\quad w_1 = \max_{\bm{p}} \min_{\bm{q}} E(\bm{p}, \bm{q}) = \min_{\bm{q}} \max_{\bm{p}} E(\bm{p}, \bm{q}) = w_2$

等式が成立するときの $\bm{p}^*, \bm{q}^*$ を**最適混合戦略** (optimal mixed strategy) といい，そのときの期待利得を**ゲームの値**(アタイ)といい，ここでは w^* で表す．そして $(\bm{p}^*, \bm{q}^*, w^*)$ の組を**ゲームの解**または**均衡解**(キンコウカイ)という．ゲームの均衡解であるための必要十分条件 (判定条件) を，以下にのせておこう．特に，一方が純粋戦略をとる場合，以下の表記を用いる．

$$E(i, \bm{q}) = E(\bm{e}_i, \bm{q}) = \sum_{j=1}^{n} a_{ij} q_j, \quad E(\bm{p}, j) = E(\bm{p}, \bm{e}_j) = \sum_{i=1}^{m} a_{ij} p_i$$

定理 混合戦略 $(\bm{p}^*, \bm{q}^*, w^*)$ がゲームの均衡解である．
$\iff$
$\begin{cases} \text{(i) すべての } i \text{ について } E(i, \bm{q}^*) \leqq w^* \quad \text{かつ} \\ \quad E(k, \bm{q}^*) < w^* \implies p_k^* = 0 \\ \text{(ii) すべての } j \text{ について } E(\bm{p}^*, j) \geqq w^* \quad \text{かつ} \\ \quad E(\bm{p}^*, k) > w^* \implies q_k^* = 0 \end{cases}$

7.4 混合戦略

例 7-3 コンビニエンス・ストア I と II の出店計画があり，客数が競合している．ある2つの場所 A, B のどちらに出店するかを，客数率 (両店の合計客数に対する割合 (%)) によって決めることにしている．そして I, II の A, B の出店場所によって，I の客数率は表 7.6 のようになることがわかっている．このとき，ゲームが安定的であれば，最適な純粋戦略を求めよ．非安定的ならば，最適な混合戦略を求めよ．

表 7.6 I の出店地区による客数率 (単位：%)

I 店 \ II 店	A	B
A	70	40
B	30	60

[解] **手順 1** 最適な純粋戦略があるか調べる．

以下のように行の最大値, 列の最小値を求めるため，表 7.7 の補助表を作成する．

表 7.7 補助表

I 店 \ II 店	A	B	$\min\limits_{j} a_{ij}$
A	70	40	40
B	30	60	30
$\max\limits_{i} a_{ij}$	70	60	

そこで，$v_1 = \max\limits_{i}\min\limits_{j} a_{ij} = 40 < v_2 = \min\limits_{j}\max\limits_{i} a_{ij} = 60$ より安定的でない．つまり，最適な純粋戦略は存在しない．

手順 2 最適な混合戦略を求める．

I の最適混合戦略を $\bm{x}^* = (x_1^*, x_2^*)^T$ (A の場所とする確率を x_1^*, B の場所とする確率を x_2^* とする), 同様に，II の最適混合戦略を $\bm{y}^* = (y_1^*, y_2^*)^T$ とする．

$$E(i, \bm{q}^*) \leqq E(\bm{p}^*, \bm{q}^*) \leqq E(\bm{p}^*, j)$$

より，

$$E(\bm{x}^*, 1) \geqq E(\bm{x}^*, \bm{y}^*) = w^*, \quad E(\bm{x}^*, 2) \geqq E(\bm{x}^*, \bm{y}^*) = w^*$$

の2式が得られる．以下では，* 印を省略して表すことにすると

$$\begin{cases} a_{11}x_1 + a_{21}x_2 & \geqq w \\ a_{12}x_1 + a_{22}x_2 & \geqq w \\ x_1 + x_2 & = 1 \\ x_1, x_2 & \geqq 0 \end{cases} \rightleftarrows \begin{cases} 70x_1 + 30x_2 & \geqq w \\ 40x_1 + 60x_2 & \geqq w \\ x_1 + x_2 & = 1 \\ x_1, x_2 & \geqq 0 \end{cases}$$

で，一番右側の式の条件を満足する最大の w を求めればよい．そこで $w > 0$ で，もとの変数を割って，$u = x_1/w, v = x_2/w, z = 1/w$ とおけば

$$\begin{cases} 70u + 30v \geqq 1 \\ 40u + 60v \geqq 1 \\ u, v \geqq 0 \end{cases}$$

なる条件のもと，$u + v = z$ を最小化する問題となる．これは，グラフによる解法またはシンプレックス法で解ける．

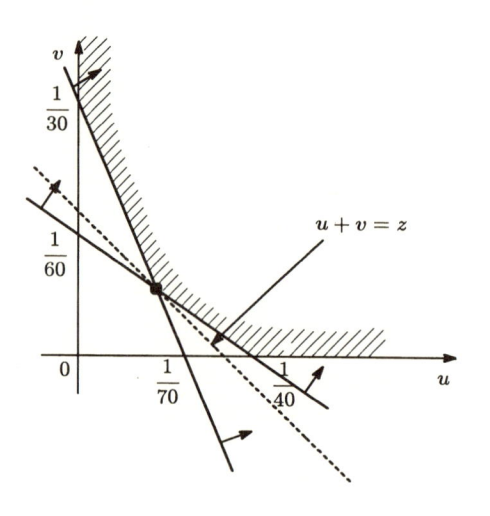

図 7.1 例 7-3 のグラフ

グラフによる解法では，図 7.1 から最適解は $v = -u + z$ のグラフが端点 $(1/100, 1/100)$ を通るときである．したがって，$u^* = 1/100, v^* = 1/100, z^* = 1/50$ である．そこでもとの変数について，$x_1^* = \dfrac{1}{2}, x_2^* = \dfrac{1}{2}, w^* = 50$ である．□

演 7-2 表 7.8(a), (b) に示す利得表に関して，ゲームが安定的なら最適な純粋戦略を求め，非安定的なら最適な混合戦略を求めよ．

表 7.8(a)　利得表①

P_1 \ P_2	1	2
1	4	3
2	-2	8

表 7.8(b)　利得表②

P_1 \ P_2	1	2	3
1	2	-3	5
2	5	-1	0

7.5 ベイズ解

ここでは，プレイヤー I かプレイヤー II のどちらかの混合戦略が決まっている場合を考えよう．例えば，プレイヤー I の混合戦略が $p^0 = (p_1^0, \cdots, p_m^0)^T$ と決まっているとする．そして，p^0 を**事前分布**（事前確率）という．このとき，プレイヤー II が手 j を選択すれば，プレイヤー I の期待利得は

$$(7.10) \quad p_1^0 a_{1j} + p_2^0 a_{2j} + \cdots + p_m^0 a_{mj} = \sum_{i=1}^{m} p_i^0 a_{im} = p^0 a_j$$

である．そこで，プレイヤー II は式 (7.10) を最小化する手 j^* を選択するのが最適戦略である．このようにして決まる手 j^* を，p^0 に対する**ベイズ解** (Bayes solution) という．

逆に，プレイヤー II の混合戦略が $q^0 = (q_1^0, \cdots, q_n^0)^T$ と決まっている場合，q^0 を**事前分布**（事前確率）という．このとき，プレイヤー I が手 i を選択すれば，プレイヤー II の期待利得は

$$(7.11) \quad -(a_{i1} q_1^0 + a_{i2} q_2^0 + \cdots + a_{in} q_n^0) = -\sum_{j=1}^{n} a_{ij} q_j^0 = -a^i q^0$$

である．そこで，プレイヤー I は式 (7.11) を最小化する手 i^* を選択するのが最適戦略である．このようにして決まる手 i^* を，q^0 に対する**ベイズ解**という．

例 7-4 利得行列
$$A = \begin{pmatrix} 5 & 2 & 8 & 7 \\ 6 & 8 & 5 & 6 \end{pmatrix}$$
が与えられるゲームに関して，プレイヤー I の事前分布 $p^0 = (0.2, 0.8)^T$ に対するプレイヤー II のベイズ解を求めよ．

[解] **手順 1** 期待利得の計算．

プレイヤー I の期待利得は，$(0.2, 0.8) \begin{pmatrix} 5 & 2 & 8 & 7 \\ 6 & 8 & 5 & 6 \end{pmatrix} = (5.8, 6.8, 5.6, 6.2)$ である．

手順 2 期待利得最小となる手を選択する．

この場合，最小となるのは手順 1 より，手 3 を選択すれば良い．したがって，p^0

に対するプレイヤーIIのベイズ解は $q^* = (0, 0, 1, 0)^T$ である。□

演 7-3 例 7-4 の利得行列において，プレイヤーIIの事前分布が，
$$q^0 = (0.4, 0.2, 0.1, 0.3)^T$$
の場合に，プレイヤーIのベイズ解を求めよ。

例 7-5 地区の宝くじは，ある意味で購入者と主催者側との2人ゼロ和ゲームと考えられる。プレイヤーIを買うか，買わないかの2つの手を持つ庶民とし，主催者をプレイヤーIIとして，プレイヤーIのベイズ解を求めよ。ただし，1枚200円の宝くじで，以下のような賞金総額とする。

1等：1000万円 2本，2等：100万円 10本，3等：1万円 100本，
4等：200円 1000本，5等：0円 9998888本

[解] **手順1** 利得行列を求める。

題意より，プレイヤーIIからIへの支払行列(プレイヤーIの利得行列)は，以下である。
$$A = \begin{pmatrix} 9999800 & 999800 & 9800 & 0 & -200 \\ 0 & 0 & 0 & 0 & 0 \end{pmatrix}$$

手順2 相手の期待利得を求める。

プレイヤーIIの事前分布が
$$q^0 = (2/10000000, 10/10000000, 100/10000000, 1000/10000000,$$
$$9998888/10000000)^T$$
だから，プレイヤーIIの期待利得は
$$-Aq^0 = \begin{pmatrix} -9999800 & -999800 & -9800 & 0 & 200 \\ 0 & 0 & 0 & 0 & 0 \end{pmatrix} \begin{pmatrix} 0.0000002 \\ 0.000001 \\ 0.00001 \\ 0.0001 \\ 0.9998888 \end{pmatrix}$$
$$= (196.88, 0)$$
である。

手順3 ベイズ解を求める。

プレイヤーIのベイズ解は，プレイヤーIIの期待利得の小さい方を選択するので，手順2より $p^* = (0, 1)^T$ である。つまり，買わない方が良い。□

7.6 ゼロ和2人ゲームの解き方

演 7-4 今回,本の出版を企画している出版社がある。定価2000円で,各売上げ(500冊単位と仮定する)に応じて,その利益と売上げ予想確率が表7.9のようであるとする。

表 7.9 売上げ利益と需要予想分布

売上げ冊数	利益	確率	売上げ冊数	利益	確率
3000冊	定価の20%	0.05	1500冊	定価の5%	0.2
2500冊	定価の15%	0.1	1000冊	定価の10%の損	0.3
2000冊	定価の10%	0.1	500冊	定価の30%の損	0.25

このとき,出版社をプレイヤーⅠ,購入者をプレイヤーⅡとして出版したほうがよいかどうか判断せよ。

演 7-5 あるパン屋さんでは,毎日その日に売る量だけ作り,売れ残れば廃棄処分している。1個の原価は80円で,売価は120円である。表7.10に示すような需要分布(売上げ割合)であるとき,1日に何個パンを作ればよいか。売れ残った場合には,その枚数に原価を掛けた金額が損となる。ただし20枚単位であり,パン屋をプレイヤーⅠ,お客さんをプレイヤーⅡにみる。

表 7.10 毎日の需要分布

1日の売上げ個数	40	60	80	100	120	140	160
割合	0.05	0.05	0.2	0.3	0.2	0.1	0.1

7.6 ゼロ和2人ゲームの解き方

表7.1の利得表において,P_1の2つの戦略iとjを比較するとき,P_2の各戦略$k(=1,\cdots,n)$に対し,i行の利得がj行の利得より良い,つまり$a_{ik} \geqq a_{jk}(k=1,\cdots,n)$であるとき,戦略$i$は戦略$j$に**優越する**(dominate)という。または,戦略iは戦略jを**支配する**という。このように他の戦略によって優越される戦略は採用されることはないので,利得表において対応する行または列を除いたゲームを考える。このようにゲームを小さくすることを,ゲームの**縮約**(contraction)という。そこで,ゲームの解を求めるにあたっては,縮約されたゲームの解を求めれば良い。

なお,3つの戦略i,j,kについて,$0<\alpha<1$に対し

(7.12) $\quad \alpha a_{i\ell} + (1-\alpha)a_{j\ell} \geq a_{k\ell} \quad (\ell = 1, \cdots, n)$

が成立するときには，戦略 i と戦略 j を確率 $\alpha, 1-\alpha$ でとる混合戦略は，戦略 k に優越するという。

一方，P_2 の2つの戦略 i と j を比較するときには，P_1 の各戦略 $k (= 1, \cdots, m)$ に対し，i 列の損失が j 列の損失より少ない，つまり $a_{ki} \leq a_{kj} (k = 1, \cdots, m)$ であるとき，戦略 i は戦略 j に**優越する** (dominate) という。

例 7-6 表 7.11 の利得表で与えられる2人ゼロ和ゲームが，縮約できればせよ。

表 7.11 利得表

P_1 \ P_2	1	2	3
1	1	-1	4
2	0	1	-4
3	5	2	-4

[**解**] P_1 に関して，戦略2と戦略3を比較すると，利得表の3行の各数値は2行の対応する数値より大きいか等しいので，戦略3は戦略2に優越している。そこで，戦略2 (2行) は除く。すると，表 7.12 となる。

表 7.12 利得表

P_1 \ P_2	1	2	3
1	1	-1	4
3	5	2	-4

更に，表 7.12 で P_2 に関して，戦略2 (2列) は戦略1 (1列) に優越しているので，戦略1 (1列) は取り除いて表 7.13 の利得表が得られる。表 7.13 の利得表は，これ以上縮約できない。

表 7.13 利得表

P_1 \ P_2	2	3
1	-1	4
3	2	-4

そして，もとのゲームの最適戦略は，縮約した表 7.13 の最適戦略に取り除いた戦略を，0として追加した戦略である。□

演 7-6 表 7.14(a),(b) で利得行列が与えられる 2 人ゼロ和ゲームが,縮約できればせよ。

表 7.14(a)　利得表①

P_1 \ P_2	1	2	3	4
1	1	4	-4	
2	0	1	-1	3
3	0	2	-3	1

表 7.14(b)　利得表②

P_1 \ P_2	1	2	3
1	1	0	3
2	-3	1	2
3	-2	2	1
4	0	1	3

7.6.1　グラフによる解法

一方のプレイヤーの純粋戦略の個数が 2 個である場合は,グラフによって解くことができる。そこで,$m = 2$ の場合を考えよう。まず,$\boldsymbol{p} = (p_1, p_2)^T$,$p_1 + p_2 = 1$ から $p_1 = x$,$p_2 = 1 - x \, (0 < x < 1)$ とおける。すると,期待利得は各 j に対し,

$$E(\boldsymbol{p}, j) = x a_{1j} + (1-x) a_{2j} = (a_{1j} - a_{2j})x + a_{2j} : x \text{ の一次関数}$$

となる。そこで

$$w_1 = \max_{\boldsymbol{p}} \min_{j} E(\boldsymbol{p}, j) = \max_{x} \min_{j} \{(a_{1j} - a_{2j})x + a_{2j}\}$$

となる。これは,いくつもの直線の一番下位の直線をつないだ,折れ線の最大値を与える点を x^* とする。そこで,P_1 の最適戦略は $\boldsymbol{p}^* = (x^*, 1-x^*)^T$ と求まる。また,P_2 の最適戦略 $\boldsymbol{q}^*$ は均衡解の判定条件から求めることができる。なお,$n = 2$ の場合も同様にして,以下のことが導かれる。

$\boldsymbol{q} = (y, 1-y)^T \, (0 < y < 1)$ とおくと

$$w_2 = \min_{\boldsymbol{q}} \max_{i} E(i, \boldsymbol{q}) = \min_{y} \max_{i} \{(a_{i1} - a_{i2})y + a_{i2}\}$$

となる。いくつもの直線の一番上位の直線をつないだ,折れ線の最小値を与える点を y^* とすればよい。そこで,P_2 の最適戦略は $\boldsymbol{q}^* = (y^*, 1-y^*)^T$ と求まる。また,P_1 の最適戦略 $\boldsymbol{p}^*$ は均衡解の判定条件から求めることができる。

例 7-7　表 7.15 で,利得表が与えられる 2 人ゼロ和ゲームを解け。

[解]　**手順 1**　利得表が,鞍点をもつかどうか調べる。

表 7.15 利得表

P_1 \ P_2	1	2	3
1	3	1	−1
2	1	2	4

$$w_1 = \max\min a_{ij} = \max(-1,1) = 1 < \min\max a_{ij} = \min(3,2,4) = 4 = w_2$$

より鞍点がない．

手順 2　優越関係のある戦略の組が存在するか調べる．

この場合は存在しない．

手順 3　最適混合戦略をさがす．

$m = 2$ だから，P_1 の混合戦略を $\boldsymbol{p} = (x, 1-x)^T (0 < x < 1)$ とおくと，P_2 の各純粋戦略 $j (= 1, 2, 3)$ に対し，P_1 の期待利得は

$$E(\boldsymbol{p},1) = 3x + 1(1-x) = 2x + 1 \quad \cdots\cdots ①$$
$$E(\boldsymbol{p},2) = -x + 2 \quad\quad\quad\quad\quad\cdots\cdots ②$$
$$E(\boldsymbol{p},3) = -5x + 4 \quad\quad\quad\quad\cdots\cdots ③$$

となる．したがって，$\min_{j=1,2,3} E(\boldsymbol{p}, j)$ のグラフは図 7.2 の太い実線部である．

更に，そのグラフの最大値 $\max_{0 \leq x \leq 1} \min_{j=1,2,3} E(\boldsymbol{p}, j)$ は，

①と②のグラフの交点 $(x^*, 1-x^*) = (1/3, 2/3)$

のときである．そこで，P_1 の最適戦略は

$$\boldsymbol{p}^* = \left(\frac{1}{3}, \frac{2}{3}\right)^T \text{で}, w_1^* = 2 \times \frac{1}{3} + 1 = \frac{5}{3}$$

である．また，P_2 の最適戦略を $\boldsymbol{q}^* = (y_1^*, y_2^*, y_3^*)^T$ とおけば

$$E(\boldsymbol{p}^*, 1) = \frac{5}{3} = w_1^*, E(\boldsymbol{p}^*, 2) = \frac{5}{3} = w_1, E(\boldsymbol{p}^*, 3) = \frac{7}{3} > w_1^*$$

だから，均衡解である必要十分条件から $y_3^* = 0$ である．

したがって，$\boldsymbol{q}^* = (y_1^*, y_2^*, 0)^T$ で

$$E(1, \boldsymbol{q}^*) = 3y_1^* + y_2^* = w_1^* = 5/3$$
$$E(2, \boldsymbol{q}^*) = y_1^* + 2y_2^* = w_1^* = 5/3$$

なる連立方程式を解いて $y_1^* = 1/3$, $y_2^* = 2/3$ より，$\boldsymbol{q}^* = (1/3, 2/3, 0)^T$ と求まり，

$$w_2^* = 3 \times 1/3 + 2/3 = 5/3 = w_1^* = w^*$$

7.6 ゼロ和2人ゲームの解き方

がゲームの値である。□

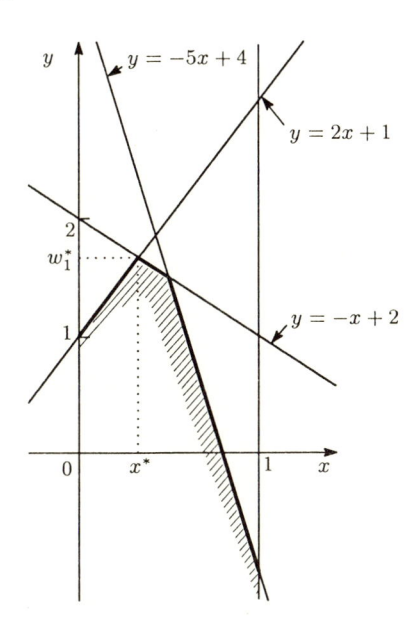

図 7.2 期待利得のグラフ

演 7-7 利得行列が表 7.16(a),(b) で与えられる 2 人ゼロ和ゲームを解け。

表 7.16(a) 利得表①

P_1 \ P_2	1	2	3	4
1	−1	2	−4	−1
2	0	1	−3	3

表 7.16(b) 利得表②

P_1 \ P_2	1	2
1	−1	3
2	2	1
3	−2	2
4	3/2	2

7.6.2 シンプレックス法の利用

ミニマックス定理で，プレイヤーIは，

$$w_1 = \max_{\boldsymbol{p}} \min_{\boldsymbol{q}} \sum_{i=1}^{m} a_{ij} p_i q_j = \max_{\boldsymbol{p}} \min_{j} \left\{ \sum_{i=1}^{m} a_{ij} p_i \right\}$$

を満足する $\boldsymbol{p}$ が，最適戦略である。そこで，各 $j\,(1 \leqq j \leqq n)$ に対し，

$$\left\{\sum_{i=1}^{m} a_{ij}p_i\right\} \geqq w \quad \text{かつ} \quad \sum_{i=1}^{m} p_i = 1, \quad p_i \geqq 0$$

なる制約条件のもとで，w を最大にする $\boldsymbol{p}$ を求める問題と同値である．

したがって，$w>0$ のとき，$x_i = p_i/w$ とおけば

$$\sum_{i=1}^{m} a_{ij}x_i \geqq 1$$

なる制約のもとで，$\max w$ を求めることになる．

$\sum x_i = \sum p_i/w = 1/w$ より，$\max w \iff \min 1/w = \min \sum x_i$ だから

$$(7.13) \quad \begin{cases} a_{11}x_1 + a_{21}x_2 + \cdots + a_{m1}x_m & \geqq 1 \\ a_{12}x_1 + a_{22}x_2 + \cdots + a_{m2}x_m & \geqq 1 \\ \quad \cdots\cdots \\ a_{1n}x_1 + a_{2n}x_2 + \cdots + a_{mn}x_m & \geqq 1 \\ x_1, x_2, \cdots, x_m & \geqq 0 \end{cases}$$

のもとで

$$\min \ x_1 + \cdots + x_m \quad \searrow (\text{最小化})$$

という最小化問題である．これは，双対定理 (p.113) から最適解が存在するときは最大化問題に変形できるので，シンプレックス法によって解くことができる．同様に，プレイヤーIIにとって最適な混合戦略は，次の線形計画法の問題と同じである．

$$(7.14) \quad \begin{cases} a_{11}y_1 + a_{12}y_2 + \cdots + a_{1n}y_n & \leqq 1 \\ a_{21}y_1 + a_{22}y_2 + \cdots + a_{2n}y_n & \leqq 1 \\ \quad \cdots\cdots \\ a_{m1}y_1 + a_{m2}y_2 + \cdots + a_{mn}y_n & \leqq 1 \\ y_1 + y_2 + \cdots + y_n & = 1/w \\ y_1, y_2, \cdots, y_n & \geqq 0 \end{cases}$$

のもとで

7.6 ゼロ和2人ゲームの解き方

$$\max \quad y_1 + \cdots + y_n \quad \nearrow (\text{最大化})$$

なお，プレイヤーIIでは，

$$w_2 = \min_{q} \max_{p} \sum_{i=1}^{m} a_{ij} p_i q_j = \min_{q} \max_{i} \left\{ \sum_{j=1}^{m} a_{ij} q_j \right\}$$

を求めることになる。ここで $y_j = q_j/w$ で，この最適解はマクシミン戦略で，そのときの値がマクシミン値である。そこで，シンプレックス法により解くことができる。また，双対性からこれは最小化問題を解くことに変形される。

例 7-8 表 7.17 の利得表で与えられるゼロ和2人ゲームを，シンプレックス法を利用して解け。

表 7.17　利得表

P_1 \ P_2	1	2	3
1	-3	-1	-2
2	-2	1	-3
3	-4	-3	-1

[解]　手順1　利得行列の成分を，全てゼロ以上になるように一定数を足す。

ここでは5を全てに足して，表 7.18 のような利得行列に変形する。

表 7.18　利得表

P_1 \ P_2	1	2	3
1	2	4	3
2	3	6	2
3	1	2	4

手順2　問題の定式化。

プレイヤーIIについては，以下の制約条件のもと $f = x_1 + x_2 + x_3$ の最大化問題となる。

$$\begin{cases} 2x_1 + 4x_2 + 3x_3 \leqq 1 \\ 3x_1 + 6x_2 + 2x_3 \leqq 1 \\ x_1 + 2x_2 + 4x_3 \leqq 1 \\ x_1 \geqq 0, x_2 \geqq 0, x_3 \geqq 0 \end{cases}$$

手順3　シンプレックス法により解く（表 7.19）。

第I段階では④の負の係数で，絶対値が最大の列（いずれも -1 で同じなので，x_1

の列として) の変数を取り入れる。そして，その列の係数で定数項を割って，最小の行②のスラック変数 λ_2 を捨てる。そして，$\boxed{3}$ を中心に掃き出す。

表 7.19 シンプレックス表

操作 \ 項	基底変数	f	↓ x_1	x_2	x_3	λ_1	λ_2	λ_3	定数 (b_i)	定/係 (b_i/a_{ij})
①	λ_1	0	2	4	3	1	0	0	1	1/2
②	λ_2	0	$\boxed{3}$	6	2	0	1	0	1	1/3 →
③	λ_3	0	1	2	4	0	0	1	1	1/1
④	f	1	$\underline{-1}$	-1	-1	0	0	0	0	

操作 \ 項	基底変数	f	x_1	x_2	↓ x_3	λ_1	λ_2	λ_3	定数 (b_i)	定/係 (b_i/a_{ij})
①′	λ_1	0	0	0	5/3	1	$-2/3$	0	1/3	1/5
②′	x_1	0	$\boxed{1}$	2	2/3	0	1/3	0	1/3	1/2
③′	λ_3	0	0	0	$\boxed{10/3}$	0	$-1/3$	1	2/3	1/5 →
④′	f	1	0	1	$\underline{-1/3}$	0	1/3	0	1/3	

操作 \ 項	基底変数	f	x_1	x_2	↓ x_3	λ_1	λ_2	λ_3	定数 (b_i)	定/係 (b_i/a_{ij})
①″	λ_1	0	0	0	0	1	$-2/3$	$-1/2$	0	
②″	x_1	0	1	2	0	0	4/15	$-1/5$	$\underline{1/5}$	
③″	x_3	0	0	0	$\boxed{1}$	0	$-1/10$	3/10	$\underline{1/5}$	
④″	f	1	0	1	0	0	3/10	1/10	$\underline{2/5}$	

第Ⅱ段階では，$\boxed{3}$ を $\boxed{1}$ と基準化した ②′ を中心に，次のような掃き出し計算をする。①′ = ① − 2 × ②′, ②′ = ②/3, ③′ = ③ − ②′, ④′ = ④ + ②′

第Ⅲ段階では，④′ の負の係数が x_3 の列の $-1/3$ であるので，x_3 変数を取り入れ，③′ の λ_3 変数を捨てる。そこで，$\boxed{10/3}$ をピボットとして，次のような掃き出し計算をする。

①″ = ①′ − 5/3 × ③″, ②″ = ②′ − 2/3 × ③″,
③″ = ③′ × 3/10, ④″ = ④′ + ③″/3

④″ の係数が，全てゼロ以上となったので，最適解が求まった。途中の段階でもわかるが，解は $x_1 \to x_2 \to x_3$ と循環させてもよい。以下は，その一つである。

そこで $x_1^* = 1/5$, $x_3^* = 1/5$, $x_2^* = 0$, $f^* = 2/5 = 1/w$ である。更に，
$x_i^* = q_i^*/w$ $(i = 1, 2, 3)$ より，$q_1^* = q_3^* = 1/2$, $q_2^* = 0$ である。□

7.7 非協力非ゼロ和2人ゲーム

演 7-8 利得行列が表 7.20(a),(b) で与えられる2人ゼロ和ゲームを解け。

表 7.20(a) 利得表①

P_1 \ P_2	1	2	3
1	4	5	1
2	3	4	6
3	7	2	4

表 7.20(b) 利得表②

P_1 \ P_2	1	2	3
1	1	−1	−1
2	−2	2	−1
3	−2	−1	2

7.7 * 非協力非ゼロ和2人ゲーム

これまでの2人ゲームは，1人のプレイヤーの利得が，もう1人のプレイヤーの損失となる，ゼロ和ゲームを扱っていた．ここでは，そうでない場合を考えてみよう．例えば，2人の人がある資格試験を受けて通れば，どちらも利益があるが，2人の間での利得のやりとりがすべてではない．

ここで，プレイヤー P_1, P_2 が，それぞれ純粋戦略を i, j と選択するとき，各プレイヤーはそれぞれ a_{ij}, b_{ij} を受け取るとする．つまり，利得行列をそれぞれ $A = (a_{ij}), B = (b_{ij})$ とする．2つをまとめて，$G = (A, B) = ((a_{ij}, b_{ij}))$ を**双行列**ともいう．更に，混合戦略を p, q とすれば，期待利得はそれぞれ

(7.15) $$\begin{cases} E_1(\boldsymbol{p}, \boldsymbol{q}) = \sum a_{ij} p_i q_j = \boldsymbol{p}^T A \boldsymbol{q} \\ E_2(\boldsymbol{p}, \boldsymbol{q}) = \sum b_{ij} p_i q_j = \boldsymbol{p}^T B \boldsymbol{q} \end{cases}$$

となる．また，先手・後手によって相手の手がわかり，その戦略に影響がある場合と，ない場合で状況が異なるため，以下では分けて考えよう．

7.7.1 先手・後手に関係がある場合

ここでは2人ゲームで，後手 (follower) の人は先手 (leader) の人の手はわかるが，その利得表についてはわからない場合を考えよう．ここでは，プレイヤー P_1 を先手とするとき，P_1 の手 i に対し，プレイヤー P_2 は利得 b_{ij} を最大にする手 j，つまり $b_{ij^*} = \max_j b_{ij}$ をみたすような j^* をとる．この手 j^* を，先手 P_1 の i に対する P_2 の**最適反応戦略**といい，この手の集まりを $R_2(i)$ で表すことにする．つまり，$R_2(i) = \{j^* | b_{ij^*} = \max_j b_{ij}\}$ とする．また，i と $R_2(i)$ の元 j の組 (i, j) からなる集合 $D_2 = \{(i, j) | j \in R_2(i)\}$ を，プレイヤー

P_2 の**最適反応集合**という。そこでプレイヤー P_1 が，$R_2(i)$ の要素 j をプレイヤー P_2 がとると予想される確率分布を，$\{p(\cdot|i)\} = \{p(1|i), \cdots, p(n|i)\}$ とするときの期待利得を

(7.16) $\qquad f_1(i) = \sum_{j \in R_2(i)} a_{ij} p(j|i)$

とするとき，これを最大とする手 i^*，つまり

(7.17) $\qquad f_1(i^*) = \max_i f_1(i)$

である i^* を，主観確率 $\{p(\cdot|i)\}$ のもとでのプレイヤー P_1 の**シュタッケルベルク戦略**といい，(i^*, j^*) を**シュタッケルベルク均衡点**とよぶ。単に

(7.18) $\qquad a_{i°j°} = \max_{(i,j) \in D_2} a_{ij}$

をみたす $(i°, j°)$ を**古典的シュタッケルベルク均衡点**という。また (i^*, j^*) がシュタッケルベルク均衡点のとき，$(a_{i^*j^*}, b_{i^*j^*})$ を**シュタッケルベルク均衡利得**という。このような予想確率を設定した場合の均衡を，**シュタッケルベルク均衡** (Stackelberg equilibrium) という。逆にプレイヤー P_2 を先手とする場合も，同様に定義がなされる。

公式

有限非協力2人ゲームでは，純粋戦略においてシュタッケルベルク均衡点が存在する。

例 7-9 利得表が (1) 表 7.21(a),(b) および (2) 表 7.22 でそれぞれ与えられる，非協力非ゼロ和2人ゲームのシュタッケルベルク均衡点を求めよ。

(1) 利得表

表 7.21(a)　P_1 の利得表

P_1 \ P_2	1	2	3
1	1	−1	4
2	0	1	−4
3	5	2	−4

表 7.21(b)　P_2 の利得表

P_1 \ P_2	1	2	3
1	1	−1	4
2	0	1	−4
3	5	2	−4

7.7 非協力非ゼロ和 2 人ゲーム

(2) 利得表 (双行列)

表 7.22　P_1, P_2 の双行列利得表

P_1＼P_2	1	2	3
1	$(1,-2)$	$(4,-1)$	$(4,-4)$
2	$(4,1)$	$(2,3)$	$(-4,3)$
3	$(3,6)$	$(7,4)$	$(-3,4)$

[解]　(1) プレイヤー P_1 を，先手とする場合を考えよう．P_2 は P_1 の手を見てから，最適な戦略を選択できる．そこで，P_2 の利得表から P_1 が 1 のとき，P_2 は 3 を選択する．P_1 が 2 のときには，P_2 は 2 を選択する．P_1 が 3 のときは，P_2 は 1 を選択するのが最適反応戦略である．つまり，$R_2(1) = \{3\}, R_2(2) = \{2\}, R_2(3) = \{1\}$ である．

そこで，手の組の集合 $D_2 = \{(1,3),(2,2),(3,1)\}$ から，P_1 は最大の利得になるような戦略 (手) をとる．そこで，$\max_{(i,j) \in D_2} a_{ij} = \max\{4, 1, 5\} = 5$ で，P_1 は $i = 3$ をとり，P_2 はその手に対し最適反応戦略 $j = 1$ をとる．つまり，$(i^*, j^*) = (3, 1)$ がシュタッケルベルク均衡点であり，$(a_{31} = 5, b_{31} = 5)$ がシュタッケルベルク均衡利得である．

(2) プレイヤー P_1 を先手とする．$R_2(1) = \{2\}, R_2(2) = \{2, 3\}, R_2(3) = \{1\}$ である．そこで，プレイヤー P_1 が手 2 をとるときには，プレイヤー P_2 が 2 と 3 のいずれをとるか，予測する必要がある．ここでは等確率であるとし，主観確率を

$$p(\cdot|2) = (p(1|2), p(2|2), p(3|2)) = (0, 1/2, 1/2)$$

とする．このとき，期待利得は

$$f_1(2) = \underbrace{a_{21}}_{=4} \times p(1|2) + \underbrace{a_{22}}_{=2} \times p(2|2) + \underbrace{a_{23}}_{=-4} \times p(3|2) = 1 - 2 = -1$$

である．そこで，

$$\max_{(i,j) \in D_2} f_1(i) = \max\{a_{12}, f_1(2), a_{31}\} = \max\{4, -1, 3\} = 4$$

である．そこで，プレイヤー P_1 は $i = 1$ という戦略 (手) をとり，$(1, 2)$ がシュタッケルベルク均衡点である．また，$(4, -1)$ がプレイヤー P_1 を先手とするシュタッケルベルク均衡利得である．□

演 7-9　(1) 例 7-9 で，P_2 を先手とする場合のシュタッケルベルク均衡点を求めよ．
(2) 表 7.23(a),(b) に示す利得表で与えられるゲームについて，プレイヤー P_1, P_2 をそれぞれ先手とする場合のシュタッケルベルク均衡点を求めよ．

表 7.23(a)　P_1 の利得表

P_1 \ P_2	1	2	3
1	5	-2	3
2	6	4	0
3	2	1	4

表 7.23(b)　P_2 の利得表

P_1 \ P_2	1	2	3
1	5	6	3
2	-2	4	5
3	3	-1	0

(3) 表 7.24 に示す双対行列で与えられる非協力非ゼロ和ゲームについて, シュタッケルベルク均衡点を求めよ. 先手を, P_1 とする場合と P_2 とする場合について考えよ.

表 7.24　P_1, P_2 の双対行列利得表

P_1 \ P_2	1	2	3
1	(6, 6)	(4, 7)	(4, 4)
2	(7, 4)	(2, 3)	(-3, 5)
3	(3, 6)	(6, 2)	(1, -3)

7.7.2　先手・後手に関係がない場合

例えば, 以下のような**囚人のジレンマ**(Prisoner's dilemma) 問題を考えよう.

ある事件で 2 人の容疑者 P_1, P_2 が逮捕され, 互いに交信できないように隔離されている. ただ物的証拠が乏しいため, 自白を待っている. 2 人とも自白しなければ懲役 2 年であり, 2 人とも自白すれば懲役 6 年である. 1 人が自白し, もう 1 人が自白しなければ, 自白した方は懲役 1 年, 自白しない方は懲役 8 年であるという. このとき, 各人の利得表は表 7.25(a),(b) のようである.

表 7.25(a)　P_1 の利得表

P_1 \ P_2	しない	する
自白しない	-2	-8
自白する	-1	-6

表 7.25(b)　P_2 の利得表

P_1 \ P_2	しない	する
自白しない	-2	-1
自白する	-8	-6

このとき, プレイヤー P_1 の利得を考えれば, P_2 が自白しない場合は自白する方が -1 で利得が良く, 自白する場合もやはり自白する方が利得が -6 で良い. 次に, このときプレイヤー P_2 の利得を考えれば, P_1 が自白しない場合は自白する方が -1 で利得が良く, 自白する場合もやはり自白する方が利得が

7.7 非協力非ゼロ和 2 人ゲーム

-6 で良い．以上から，P_1, P_2 とも自白するのが良い．つまり，$a_{22} = \max_i a_{i2}$，$b_{22} = \max_j b_{2j}$ が成立する．

このように純粋戦略で，$a_{i^* j^*} = \max_i a_{ij^*}$，$b_{i^* j^*} = \max_j b_{i^* j}$ が成立するとき，(i^*, j^*) を**ナッシュ均衡点**という．

一般に混合戦略では，ナッシュ (Nash) の均衡は以下で定義される．

$$(7.19) \quad \begin{cases} E_1(\bm{p}^*, \bm{q}^*) = \max_{\bm{p}} E_1(\bm{p}, \bm{q}^*) \\ E_2(\bm{p}^*, \bm{q}^*) = \max_{\bm{q}} E_2(\bm{p}^*, \bm{q}) \end{cases}$$

上式をみたす組 $(\bm{p}^*, \bm{q}^*)$ を，**ナッシュ均衡点**または**非協力均衡点**といい，このような点が常に存在することをナッシュ (Nash) は証明した．また，

$$(E_1(\bm{p}^*, \bm{q}^*), E_2(\bm{p}^*, \bm{q}^*))$$

を $(\bm{p}^*, \bm{q}^*)$ における**均衡利得**という．

ゼロ和ゲームの場合には，$E_1(\bm{p}, \bm{q}) = -E_2(\bm{p}, \bm{q})$ が成立するので，式 (7.19) は，以下の等式となる．

$$(7.20) \quad E_1(\bm{p}^*, \bm{q}^*) = \max_{\bm{p}} E_1(\bm{p}, \bm{q}^*) = \min_{\bm{q}} E_1(\bm{p}^*, \bm{q})$$

例 7-10 2 社が，新製品の規格を新たに取り入れるかどうか，検討することになった．どちらも採用すればよいが，どちらか一方だと余り効果が期待できない．実際に，表 7.26(a),(b) のような利得表が与えられるとする．なお，採用すると採用しないを，それぞれするとしないで表記している．このとき，ナッシュ均衡点を求めよ．

表 7.26(a)　P_1 の利得表

P_1 \ P_2	する	しない
する	2	-2
しない	-1	0

表 7.26(b)　P_2 の利得表

P_1 \ P_2	する	しない
する	1	-1
しない	-1	0

[解]　手順 1　準備 (記号等の設定)．

プレイヤー P_1, P_2 の混合戦略は，それぞれ $\bm{p} = (p_1, p_2)^T = (x, 1-x)^T$，$\bm{q} = (q_1, q_2)^T = (y, 1-y)^T (0 \leqq x, y \leqq 1)$ とおける．また，各プレイヤー P_1, P_2 の最適反応集合を D_1, D_2 とおく．

手順 2　最適反応集合を求める．

プレイヤー P_1 の期待利得 $E_1(x,y)$ は

$$E_1(x,y) = (x, 1-x) \begin{pmatrix} 2 & -2 \\ -1 & 0 \end{pmatrix} \begin{pmatrix} y \\ 1-y \end{pmatrix} = (3x-1, -2x) \begin{pmatrix} y \\ 1-y \end{pmatrix}$$
$$= 3xy - y - 2x + 2xy = 5xy - 2x - y$$

そこで,$(\boldsymbol{p}, \boldsymbol{q})$ が最適反応戦略である (D_1 に属す) には,以下の 2 式が成立すれば良い.

(7.21) $\qquad E_1(x,y) \geqq E_1(1,y) \qquad$ (手 1 を選択)

(7.22) $\qquad E_1(x,y) \geqq E_1(0,y) \qquad$ (手 2 を選択)

式 (7.21) から $5xy - 2x - y \geqq 4y - 2 \quad \rightleftarrows \quad (1-x)(5y-2) \leqq 0$

式 (7.22) から $5xy - 2x - y \geqq -y \quad \rightleftarrows \quad x(5y-2) \geqq 0$

つまり,$x = 1$ のとき $2/5 \leqq y \leqq 1$,$x = 0$ のとき $0 \leqq y \leqq 2/5$,$0 < x < 1$ のとき $y = 2/5$ である.そこで,求める領域は図 7.3(a) のようになる.

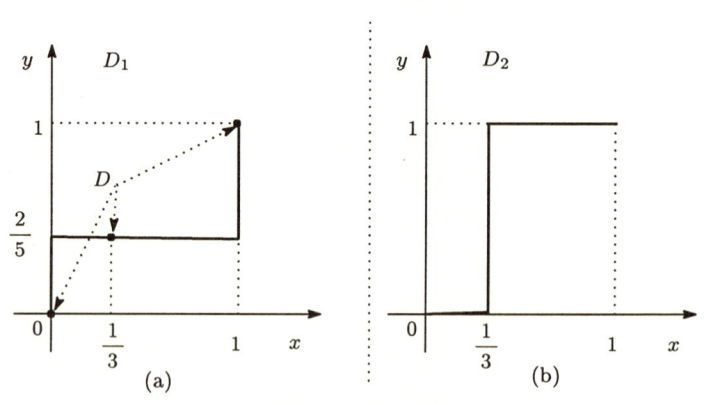

図 7.3 最適反応集合

同様に,プレイヤー P_2 の最適反応集合 D_2 を求める.P_2 の期待利得は

$$E_2(x,y) = (x, 1-x) \begin{pmatrix} 1 & -1 \\ -1 & 0 \end{pmatrix} \begin{pmatrix} y \\ 1-y \end{pmatrix} = (2x-1, -x) \begin{pmatrix} y \\ 1-y \end{pmatrix}$$
$$= 2xy - y - x + xy = 3xy - x - y$$

である.そこで,$(\boldsymbol{p}, \boldsymbol{q})$ が最適反応戦略である (D_2 に属す) には,次の 2 式が成立すれば良い.

(7.23) $\qquad E_2(x,y) \geqq E_2(x,1) \qquad$ (手 1 を選択)

7.7 非協力非ゼロ和 2 人ゲーム

(7.24) $E_2(x,y) \geqq E_2(x,0)$ (手 2 を選択)

式 (7.23) から $3xy - x - y \geqq 2x - 1$ ⇄ $(1-y)(3x-1) \leqq 0$

式 (7.24) から $3xy - x - y \geqq -x$ ⇄ $y(3x-1) \geqq 0$

つまり, $y = 0$ のとき $0 \leqq x \leqq 1/3$, $y = 1$ のとき $1/3 \leqq x \leqq 1$, $0 < y < 1$ のとき $x = 1/3$ である。そこで求める領域は, 図 7.3(b) のようになる。

手順 3 均衡点, 均衡利得を求める。

均衡点は $D = D_1 \cap D_2$ が求める集合で, 手順 2 から以下のようになる (図 7.3(a) 参照)。

$$D = \left\{ \left((0,1),(0,1)\right), \left(\left(\frac{1}{3},\frac{2}{3}\right),\left(\frac{2}{5},\frac{3}{5}\right)\right), \left((1,0),(1,0)\right) \right\}$$

次に, 均衡利得に関しては以下のように求まる。

$\left((0,1),(0,1)\right)$ では, $E_1(0,0) = 0, E_2(0,0) = 0$ である。

$\left(\left(\frac{1}{3},\frac{2}{3}\right),\left(\frac{2}{5},\frac{3}{5}\right)\right)$ では, $E_1(1/3, 2/5) = 5 \times \frac{1}{3} \times \frac{2}{5} - 2 \times \frac{1}{3} - \frac{2}{5} = -\frac{2}{5}$, $E_2(1/3, 2/5) = -\frac{1}{3}$ である。

$\left((1,0),(1,0)\right)$ では, $E_1(1,1) = 5 - 2 - 1 = 2, E_2(1,1) = 1$ であるので, 均衡利得は

$$\left\{ (0,0), \left(-\frac{2}{5}, -\frac{1}{3}\right), (2,1) \right\}$$

である。□

演 7-10 表 7.27(a),(b) に示す利得表で与えられるゲームについて, ナッシュ均衡を求めよ。

表 7.27(a) 双行列 P_1, P_2 の利得表 (1)

P_1 \ P_2	1	2
1	(2,2)	(0,6)
2	(6,0)	(−2,−2)

表 7.27(b) 双行列 P_1, P_2 の利得表 (2)

P_1 \ P_2	1	2
1	(3,4)	(1,0)
2	(0,−2)	(2,2)

8章　階層化意思決定法

例えば海外へ旅行しようとする場合，いくつかの候補先を考え，それらについて，費用，魅力度，期間などで総合的に評価して決めるだろう。また，電気製品を購入する場合も，値段，機能，概観などに基づいて決定するだろう。大学(企業)を評価する際，雰囲気，教育内容，環境などで評価するだろう。このような人の嗜好や感性に基づいた評価から，総合的に客観的な数を与える方法に階層化意思決定法 (Analytic Hierarchy Process, AHP) がある。これは，サーティ(Saaty)により1971年に考案された手法である。

8.1　階層化意思決定法とは

まず，選択の対象がn個あるとし，それらを評価する基準がp個あるとする。そして，選択の対象を**代替案**(レベル3)といい，評価する項目を**評価基準**(レベル2)という。更にそれらを総合的に評価して，課題となった**問題**(レベル1)の解決を行なう。これらを，図8.1のように階層化された図に表わしたものを**階層図**という。ただし，レベル2では，各評価基準ごとにみて階層構造になっている。

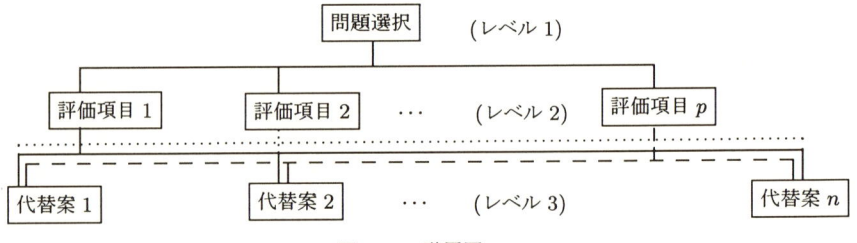

図 8.1　階層図

i番目の対象について，j番目の評価基準に関して，評価がx_{ij}であるとする。そして，各評価項目の重要度をw_j ($j=1,\cdots,p$) で表すとする。そこで，総合的な対象iの重要度は，

$$f_i = w_1 x_{i1} + \cdots + w_p x_{ip} \quad (ただし,\ w_j \geqq 0,\ w_1 + \cdots + w_p = 1)$$

となる。

8.2 重要度の評価方法

各レベルでの重要度の決め方として，直観的に決める方法がある．また，一対比較による決める方法がある．ここでは，一対比較による方法から決める方法について考えよう．それは2つの評価項目 j と k について，重要度の相対的な値を一対ずつ比較して決める方法である．そのレベル $h(=1,\cdots,m)$ での評価をし，比較した値を $a_{jk}^{(h)}$ $(j,k=1,\cdots,p)$ とする．項目 j が項目 k より，どの程度重要であるかを以下のような目安により，$a_{jk}^{(h)}$ で与える．そして，表8.1 と数値化するのが普通で，更にそれらの中間の値により細かく表わす．なお，以下で区別が必要ないと思われるとき，右肩の添え字 (h) は省略する．

表 8.1　評価点

前項目が後項目に較べての重要度	点
同程度重要	1
やや重要	3
重　要	5
非常に重要	7
絶対的に重要	9

一般に，$a_{jj}=1, a_{jk}=\dfrac{1}{a_{kj}}$ とする．

このような a_{jk} を要素とする以下の行列を，**一対比較行列**という．

$$(8.1) \quad A = \begin{pmatrix} 1 & a_{12} & \cdots & a_{1i} & \cdots & a_{1p} \\ a_{21} & 1 & \cdots & a_{2i} & \cdots & a_{2p} \\ \vdots & \vdots & \ddots & \vdots & \ddots & \vdots \\ a_{i1} & a_{i2} & \cdots & 1 & \cdots & a_{ip} \\ \vdots & \vdots & \ddots & \vdots & \ddots & \vdots \\ a_{p1} & a_{p2} & \cdots & a_{pi} & \cdots & 1 \end{pmatrix}_{p \times p}$$

また，各評価基準の重要度と一対比較での相対評価とが，完全に一致するわけではない．例えば，
- 性能はデザインより非常に重要で7点
- デザインは価格と同程度に重要で1点
- 性能は価格よりやや重要で3点

である場合，性能はデザインを介して絶対的に重要である，という推移的な

評価をされるわけではない．このような整合性がくずれていることを測る量として，次の**整合度** (Consistency Index : CI) が用いられる．

$$CI = \frac{\lambda_{\max} - p}{p - 1}$$

なお，$\lambda_{\max}$ は，一対比較行列の最大固有値であり，p は評価項目数である．$0 \leq CI \leq 1$ が成立し，整合性が成り立たないほど CI は大きくなる．そして，普通，次の判定方式が採用されている．

整合度　$CI \leq 0.1$ (場合によって 0.15)　$\Longrightarrow$　整合性あり

次に，行列 A から，各評価項目のウェイト w_i を決める方法として，主に**幾何平均法**と**固有ベクトル計算法**，等がある．

また，各評価項目ごとの評点 x_{ij} を決める場合も，一対比較による方法がとられている．ここで，$j(=1,\cdots,p)$ 項目に関する対象 $i(=1,\cdots,n)$ の得点が x_{ij} である．各評価項目 j に関して，対象 i が対象 i' よりどの程度重要であるかについて，一対比較により，$y_{ii'}^{(j)}$ $(i,i'=1,\cdots,n)$ なるデータが得られたとする．これから，x_{ij} を決める方法として，前述と同様に幾何平均法，固有ベクトル法などがある．

8.3　ウェイト計算法

8.3.1　固有ベクトル計算法

― 性質 ―

行列 $A_{p \times p}$ の要素が全て正であるとき，以下が成立する．

(1) 最大固有値 $\lambda_{\max} > 0$，かつ他の固有値の絶対値より大きい．
(2) 対応する固有ベクトルの要素は全て正である．
(Perron-Frobenius の定理)
さらに，$a_{ii} = 1$ $(i=1,\cdots,p)$, $a_{jk} = \dfrac{1}{a_{kj}}$ $(1 \leq j,k \leq p)$ のとき，

A の実固有値を $\lambda_{\max}$ とし，対応する固有ベクトルを $\boldsymbol{w}$ とすれば，

　$\lambda_{\max} \geq p$　（等号が成立するのは，$a_{jk} = \dfrac{w_j}{w_k}$ $(1 \leq j,k \leq p)$）

重要度を一対比較行列から求めるにあたって，前述の一対比較行列に関す

8.3 ウェイト計算法

る性質を利用する。

ここで,
$$a_{ij} = \frac{w_i}{w_j}$$
が成立するとき，次の一対比較行列が得られる。

$$A = \begin{pmatrix} 1 & \frac{w_1}{w_2} & \frac{w_1}{w_3} & \cdots & \frac{w_1}{w_j} & \cdots & \frac{w_1}{w_p} \\ \frac{w_2}{w_1} & 1 & \frac{w_2}{w_3} & \cdots & \frac{w_2}{w_j} & \cdots & \frac{w_2}{w_p} \\ \vdots & \vdots & \ddots & \ddots & \vdots & \ddots & \vdots \\ \frac{w_i}{w_1} & \frac{w_i}{w_2} & \ddots & \ddots & \frac{w_i}{w_j} & \cdots & \frac{w_i}{w_p} \\ \vdots & \vdots & \ddots & \ddots & \vdots & \ddots & \vdots \\ \frac{w_p}{w_1} & \frac{w_p}{w_2} & \frac{w_p}{w_3} & \cdots & \frac{w_p}{w_j} & \cdots & 1 \end{pmatrix}$$

例 8-1 電気製品 A 社，B 社，C 社のいずれかを 性能，価格，デザインから AHP 法により決めたい。固有ベクトル法により，重要度を一対比較行列から求め，各製品の総合評点を求め，順位を付けよ。

[解] **手順1** 階層構造の確認。

対象 (レベル 3) が電気製品 A,B,C である。また評価基準 (レベル 2) が性能，価格，デザインである。さらに，総合評価である製品決定がレベル 1 である。

手順2 ① 評価項目について，一対比較により評価の重要度を求める (一対比較行列を決める)(表 8.2)。

表 8.2 相対重要度 (評価項目)

	性 能	価 格	デザイン
性 能	1	3	2
価 格	1/3	1	2
デザイン	1/2	1/2	1

② 各評価基準のウェイトを求める (固有ベクトル法による)。

ここでは，表計算ソフト Excel を利用し，べき乗法により固有値，固有ベクトルを求めてみよう。9 章に，その実行方法を示しているので，参照されたい。以下の一対

比較行列についても，べき乗法で求める．実際には，この一対比較行列に関して，最大固有値 $\lambda_{\max} = 3.136$，その固有ベクトル，CI を求めると

$w_1 = 0.8602, w_2 = 0.4136, w_3 = 0.2982, CI = (3.1356 - 3)/2 = 0.0678$

である．

手順3 対象について，一対比較により対象の重要度を求める．

① 1つ目の評価項目である性能に関して，3つの商品(対象)の重要度を評価する(表8.3)．

表 8.3 対象の重要度 (性能)

	A	B	C
A	1	3	4
B	1/3	1	2
C	1/4	1/2	1

この一対比較行列(表8.3)に関して，最大固有値 $\lambda_{\max} = 3.018$，その固有ベクトル，CI を求めると

$x_{11} = 0.9154, x_{21} = 0.3493, x_{31} = 0.1999, CI = (3.018 - 3)/2 = 0.0090$

である．

② 2つ目の評価項目である価格に関して，3つの商品(対象)の重要度を評価する(表8.4)．

表 8.4 対象の重要度 (価格)

	A	B	C
A	1	0.5	1.5
B	2	1	4
C	1/1.5	0.25	1

この一対比較行列(表8.4)に関して，最大固有値 $\lambda_{\max} = 3.009$，その固有ベクトル，CI を求めると

$x_{12} = 0.4012, x_{22} = 0.8832, x_{32} = 0.2430, CI = (3.009 - 3)/2 = 0.0045$

である．

③ 3つ目の評価項目であるデザインに関して，3つの商品(対象)の重要度を評価する(表8.5)．

表 8.5 対象の重要度 (デザイン)

	A	B	C
A	1	0.4	3
B	1/0.4	1	5
C	1/3	1/5	1

8.3 ウェイト計算法

この一対比較行列 (表 8.5) に関して，最大固有値 $\lambda_{\max} = 3.018$, その固有ベクトル，CI を求めると

$$x_{13} = 0.4112, x_{23} = 0.8980, x_{33} = 0.1569, CI = (3.018 - 3)/2 = 0.0090$$

である。

手順 4 総合評価 (点) を求める。

$$f_i = w_i x_{i1} + w_i x_{i2} + w_i x_{i3}$$

により，総合点を計算すると，表 8.6 のようになる。

表 8.6 総合評価

項　目 重み (w)	性　能 0.8602	価　格 0.4136	デザイン 0.2982	総合点 f	順　位
A	0.9154	0.4012	0.4112	1.0760	1
B	0.3493	0.8832	0.8980	0.9353	2
C	0.1999	0.2430	0.1569	0.3193	3

□

演 8-1 ① 下宿を決定するにあたって，評価基準として家賃，大学への近さ，環境を採用した。そして，下宿の候補として A, B, C があるとする。各評価基準の相対重要度，各評価項目に関する対象の重要度が，以下の表 8.7 のように与えられるとする。

表 8.7(a) 相対重要度 (評価基準)

	家 賃	近 さ	環 境
家 賃	1	2	3
近 さ	1/2	1	2
環 境	1/3	1/2	1

表 8.7(b) 相対重要度 (家賃)

	A	B	C
A	1	2	5
B	1/2	1	2
C	1/5	1/2	1

表 8.7(c) 相対重要度 (近さ)

	A	B	C
A	1	1/3	1/2
B	3	1	1
C	2	1	1

表 8.7(d) 相対重要度 (環境)

	A	B	C
A	1	2	3
B	1/2	1	2
C	1/3	1/2	1

このとき，AHP 法により総合得点を求め，順位を付けよ。なお，固有ベクトル法を用いて，重要度を決めよ。

② 車を購入するにあたって，評価基準として外観，馬力，値段，燃費をとりあげた。対象としては，A, B, C 車のいずれかを選択したい。一対比較による重要度を，評価基準および各基準での対象の重要度について各自決め，AHP 法を用いて各車の総合評点を求め，順位を付けよ。なお，固有ベクトル法を用いて，重要度を決めよ。

8.3.2 幾何平均法

対象 i に関しての幾何平均 g_i は，

$$g_i = \sqrt[n]{a_{i1} \cdots a_{in}} = \sqrt[n]{\frac{w_i}{w_1} \cdots \frac{w_i}{w_n}} \frac{w_i}{\sqrt[n]{w_1 \cdots w_n}} \quad (i = 1, \cdots, n)$$

で与えられる。そこで，各重要度を，

$$w_i = \frac{g_i}{\sum_{i=1}^{n} g_i}$$

により決めればよい。

この求めた重要度 w から，一対比較行列 A について，

$$Aw = v$$

となるベクトルがある。w の固有値を λ とすれば，$v = \lambda w$ となる。そこで

$$\lambda = \frac{\sum_i v_i/w_i}{p}$$

と推定する。

> **例 8-2** 例 8-1 の電気製品に関して，幾何平均法により，重要度を一対比較行列から求め，各製品の総合評点を求め，順位を付けよ。

[解] 手順1 階層構造の確認。

対象 (レベル 3) が製品 A, B, C である。また評価基準 (レベル 2) が性能，価格，デザインである。さらに，総合評価である製品決定がレベル 1 である。

手順2 ① 評価項目ごとに，一対比較により評価の重要度を求める (一対比較行列を決める)(表 8.8)。

表 8.8　評価点

	性能	価格	デザイン
性能	1	3	2
価格	1/3	1	2
デザイン	1/2	1/2	1

② 評価基準のウェイトを求める (幾何平均法による)(表 8.9)。

8.3 ウェイト計算法

表 8.9 評価点

	性能	価格	デザイン	幾何平均	ウェイト
性能	1	3	2	$\sqrt[3]{1\cdot 3\cdot 2}=1.8171$	0.5472
価格	1/3	1	2	$\sqrt[3]{1/3\cdot 1\cdot 2}=0.8736$	0.2631
デザイン	0.5	0.5	1	$\sqrt[3]{0.5\cdot 0.5\cdot 1}=0.6300$	0.1897
			計	3.3207	1

手順 3 対象について,一対比較により対象の重要度を求める(一対比較行列を決める)。更に,幾何平均法により,各対象の重要度を求める。

① 評価基準の性能からみた相対評価を求める(表 8.10)。

表 8.10 対象の重要度(性能)

	A	B	C
A	1	3	4
B	1/3	1	2
C	1/4	1/2	1

・評価基準のウェイトを求める(幾何平均法による)(表 8.11)。

表 8.11 評価点

	A	B	C	幾何平均	ウェイト
A	1	3	4	$\sqrt[3]{1\cdot 3\cdot 4}=2.2894$	0.6250
B	1/3	1	2	$\sqrt[3]{1/3\cdot 1\cdot 2}=0.8736$	0.2385
C	0.25	0.5	1	$\sqrt[3]{0.25\cdot 0.5\cdot 1}=0.5$	0.1365
			計	3.6630	1

② 評価基準の性能からみた相対評価を求める(表 8.12)。

表 8.12 対象の重要度(性能)

	A	B	C
A	1	0.5	1.5
B	2	1	4
C	1/1.5	1/4	1

・評価基準のウェイトを求める(幾何平均法による)(表 8.13)。

表 8.13 評価点

	A	B	C	幾何平均	ウェイト
A	1	0.5	1.5	0.9086	0.2627
B	2	1	4	2	0.5782
C	1/1.5	0.25	1	0.5503	0.1591
			計	3.4589	1

③ 評価基準のデザインからみた相対評価を求める (表 8.14)。

表 8.14 対象の重要度 (デザイン)

	A	B	C
A	1	0.4	3
B	2.5	1	5
C	1/3	0.2	1

・評価基準のウェイトを求める (幾何平均法による)(表 8.15)。

表 8.15 評価点

	A	B	C	幾何平均	ウェイト
A	1	0.4	3	1.0627	0.2805
B	2.5	1	5	2.3208	0.6125
C	1/3	0.2	1	0.4055	0.1070
			計	3.7890	1

手順 4 総合評価 (点) を求める。

$$f_i = w_i x_{i1} + w_i x_{i2} + w_i x_{i3}$$

により, 総合点を計算すると, 表 8.16 のようになる。

表 8.16 総合評価

項目 重み (w)	性能 0.5472	価格 0.2631	デザイン 0.1897	総合点 f	順位
A	0.6250	0.2627	0.2805	0.4643	1
B	0.2385	0.5782	0.6125	0.3988	2
C	0.1365	0.1591	0.1070	0.1350	3

□

演 8-2 ① ツアーの候補先 A, B, C について, 宿泊設備, ツアー代金, 料理により決定したい。

表 8.17(a) 相対重要度 (評価基準)

	設備	代金	料理
設備	1	3	3/2
代金	1/3	1	1/2
料理	2/3	2	1

表 8.17(b) 相対重要度 (設備)

	A	B	C
A	1	3/2	2
B	2/3	1	2
C	1/2	1/2	1

表 8.17(c) 相対重要度 (代金)

	A	B	C
A	1	1/2	3/2
B	2	1	3
C	2/3	1/3	1

表 8.17(d) 相対重要度 (料理)

	A	B	C
A	1	1/2	1/4
B	2	1	1/3
C	4	3	1

8.3 ウェイト計算法

そして，表 8.17(a)〜(d) のような一対比較による相対重要度が得られたとする。このとき，AHP 法により総合得点を求め，順位を付けよ。なお，幾何平均法を用いて，重要度を決めよ。

② 就職先の A, B, C 社を場所，給与，内容で決めたい。各自相対重要度を決め，AHP 法により総合得点を求め，順位を付けよ。なお，幾何平均法を用いて，重要度を決めよ。

9章 表計算ソフトの利用

9.1 表計算ソフトによる実行例

ここでは計算，シミュレーション等で大変役立つ表計算ソフトであるExcel(エクセル)の利用例を述べよう．本文で取り上げている確率計算と，シミュレーションの例を中心に取り上げよう．シンプレックス法の計算等でも利用できる．なお，ここではExcel 2000に基づいて説明している．詳しくは，他の本を参照されたい．

例 3-5(p.47) 需要分布がポアソン分布であるときの累積確率と上側確率を計算している．表3.9の実際の計算結果と計算式を，以下に示そう．

	A	B	C
1		需要分布がポアソン分布の場合	
2	母欠点数	6	
3	とる値 x	累積確率	上側確率
4	0	0.0025	0.9975
5	1	0.0174	0.9826
6	2	0.0620	0.9380
7	3	0.1512	0.8488
8	4	0.2851	0.7149
9	5	0.4457	0.5543
10	6	0.6063	0.3937
11	7	0.7440	0.2560
12	8	0.8472	0.1528
13	9	0.9161	0.0839
14	10	0.9574	0.0426
15	11	0.9799	0.0201
16	12	0.9912	0.0088
17	13	0.9964	0.0036
18	14	0.9986	0.0014
19	15	0.9995	0.0005
20	16	0.9998	0.0002
21	17	0.9999	0.0001
22	18	1.0000	0.0000

	A	B	C
1		需要分布がポアソン分布の場合	
2	母欠点数	6	
3	とる値 x	累積確率	上側確率
4	0	=POISSON(A4,$B$2,1)	=1-B4
5	=A4+1	=POISSON(A5,$B$2,1)	=1-B5
6	=A5+1	=POISSON(A6,$B$2,1)	=1-B6
7	=A6+1	=POISSON(A7,$B$2,1)	=1-B7
8	=A7+1	=POISSON(A8,$B$2,1)	=1-B8
9	=A8+1	=POISSON(A9,$B$2,1)	=1-B9
10	=A9+1	=POISSON(A10,$B$2,1)	=1-B10
11	=A10+1	=POISSON(A11,$B$2,1)	=1-B11
12	=A11+1	=POISSON(A12,$B$2,1)	=1-B12
13	=A12+1	=POISSON(A13,$B$2,1)	=1-B13
14	=A13+1	=POISSON(A14,$B$2,1)	=1-B14
15	=A14+1	=POISSON(A15,$B$2,1)	=1-B15
16	=A15+1	=POISSON(A16,$B$2,1)	=1-B16
17	=A16+1	=POISSON(A17,$B$2,1)	=1-B17
18	=A17+1	=POISSON(A18,$B$2,1)	=1-B18
19	=A18+1	=POISSON(A19,$B$2,1)	=1-B19
20	=A19+1	=POISSON(A20,$B$2,1)	=1-B20
21	=A20+1	=POISSON(A21,$B$2,1)	=1-B21
22	=A21+1	=POISSON(A22,$B$2,1)	=1-B22

図 9.1　表 3.9 の Excel での計算例

図9.1の左側が実際計算した結果を表示したもので，右側が各セルに対応して入力されている式,文字,数値などである．

9.1 表計算ソフトによる実行例

例 4-6(p.79)　費用を計算するために利用する。表 4.2 と表 4.3 に対応した実際の計算結果と計算式を，以下に示そう。

	A	B	C	D	E	F	G	H	I	J
1	複数窓口の場合									
2		a=		2						
3	n	S	a^n/n!	s	a^s/(s-1)!/(s-a)	1/p0	E3*a/(s-a)	Lq	s-a	Lq+s-a
4	0	1	1							
5	1	3	2							
6	2	5	2	3	4	9	8	0.888889	1	1.888889
7	3	6.333333	1.333333	4	1.333333	7.666667	1.3333333	0.173913	2	2.173913
8	4	7	0.666667	5	0.444444	7.444444	0.2962963	0.039801	3	3.039801
9	5	7.266667	0.266667	6	0.133333	7.4	0.0666667	0.009009	4	4.009009
10	6	7.355556	0.088889	7	0.035556	7.391111	0.0142222	0.001924	5	5.001924
11	7	7.380952	0.025397	8	0.008466	7.389418	0.0028219	0.000382	6	6.000382
12	8	7.387302	0.006349	9	0.001814	7.389116	0.0005183	7.01E-05	7	7.00007
13	9	7.388713	0.001411	10	0.000353	7.389065	8.818E-05	1.19E-05	8	8.000012
14	10	7.388995	0.000282	11	6.27E-05	7.389057	1.394E-05	1.89E-06	9	9.000002

	A	B	C	D	E	F	G	H	I	J
1	複数窓口									
2		a=	2							
3	n	S	a^n/n!	s	a^s/(s-1)!/(s-a)	1/p0	E3*a/(s-a)	Lq	s-a	Lq+s-a
4	0	1	1							
5	1	=B4+C5	=C4*$C$2/A5							
6	=A5+1	=B5+C6	=C5*$C$2/A6	3	=2^D6/2/1	=B6+E6	=E6*$C$2/(D6-$C$2)	=G6/F6	=D6-$C$2	=H6+I6
7	=A6+1	=B6+C7	=C6*$C$2/A7	=D6+1	=E6*$C$2*(D7-1-$C$2)/(D7-1)/(D7-$C$2)	=B7+E7	=E7*$C$2/(D7-$C$2)	=G7/F7	=D7-$C$2	=H7+I7
8	=A7+1	=B7+C8	=C7*$C$2/A8	=D7+1	=E7*$C$2*(D8-1-$C$2)/(D8-1)/(D8-$C$2)	=B8+E8	=E8*$C$2/(D8-$C$2)	=G8/F8	=D8-$C$2	=H8+I8
9	=A8+1	=B8+C9	=C8*$C$2/A9	=D8+1	=E8*$C$2*(D9-1-$C$2)/(D9-1)/(D9-$C$2)	=B9+E9	=E9*$C$2/(D9-$C$2)	=G9/F9	=D9-$C$2	=H9+I9
10	=A9+1	=B9+C10	=C9*$C$2/A10	=D9+1	=E9*$C$2*(D10-1-$C$2)/(D10-1)/(D10-$C$2)	=B10+E10	=E10*$C$2/(D10-$C$2)	=G10/F10	=D10-$C$2	=H10+I10
11	=A10+1	=B10+C11	=C10*$C$2/A11	=D10+1	=E10*$C$2*(D11-1-$C$2)/(D11-1)/(D11-$C$2)	=B11+E11	=E11*$C$2/(D11-$C$2)	=G11/F11	=D11-$C$2	=H11+I11
12	=A11+1	=B11+C12	=C11*$C$2/A12	=D11+1	=E11*$C$2*(D12-1-$C$2)/(D12-1)/(D12-$C$2)	=B12+E12	=E12*$C$2/(D12-$C$2)	=G12/F12	=D12-$C$2	=H12+I12
13	=A12+1	=B12+C13	=C12*$C$2/A13	=D12+1	=E12*$C$2*(D13-1-$C$2)/(D13-1)/(D13-$C$2)	=B13+E13	=E13*$C$2/(D13-$C$2)	=G13/F13	=D13-$C$2	=H13+I13
14	=A13+1	=B13+C14	=C13*$C$2/A14	=D13+1	=E13*$C$2*(D14-1-$C$2)/(D14-1)/(D14-$C$2)	=B14+E14	=E14*$C$2/(D14-$C$2)	=G14/F14	=D14-$C$2	=H14+I14

図 9.2　表 4.2, 表 4.3 に対応した Excel での計算例

紙面の都合で，図 9.2 の下側の図は上側の結果に対応した G 列まででのもので，一部表示になっていることに注意して欲しい。

例 5-5(p.95)　一様乱数の生成から正規乱数を生成し，需要個数を計算し，在庫数を計算するために利用する．表 5.6 の実際の計算式を以下に示そう (図 9.3)．

	A	B	C	D	E	F	G	H	I
1						発注数			
2		U(0,1)	N(0,1)	N(30,5^2)	需要	20	25	30	35
3	日	一様乱数	正規乱数	正規乱数	個数	在庫数	在庫数	在庫数	在庫数
4	1	=RAND0	=SQRT(-2*LN(B4))*COS(2*3.14159*B5)	=5*C4+30	=INT(D4)	=$F$2-E4	=$G$2-E4	=$H$2-E4	=$I$2-E4
5	2	=RAND0	=SQRT(-2*LN(B4))*SIN(2*3.14159*B5)	=5*C5+30	=INT(D5)	=$F$2-E5	=$G$2-E5	=$H$2-E5	=$I$2-E5
6	3	=RAND0	=SQRT(-2*LN(B6))*COS(2*3.14159*B7)	=5*C6+30	=INT(D6)	=$F$2-E6	=$G$2-E6	=$H$2-E6	=$I$2-E6
7	4	=RAND0	=SQRT(-2*LN(B6))*SIN(2*3.14159*B7)	=5*C7+30	=INT(D7)	=$F$2-E7	=$G$2-E7	=$H$2-E7	=$I$2-E7
8	5	=RAND0	=SQRT(-2*LN(B8))*COS(2*3.14159*B9)	=5*C8+30	=INT(D8)	=$F$2-E8	=$G$2-E8	=$H$2-E8	=$I$2-E8
9	6	=RAND0	=SQRT(-2*LN(B8))*SIN(2*3.14159*B9)	=5*C9+30	=INT(D9)	=$F$2-E9	=$G$2-E9	=$H$2-E9	=$I$2-E9
10	7	=RAND0	=SQRT(-2*LN(B10))*COS(2*3.14159*B11)	=5*C10+30	=INT(D10)	=$F$2-E10	=$G$2-E10	=$H$2-E10	=$I$2-E10
11	8	=RAND0	=SQRT(-2*LN(B10))*SIN(2*3.14159*B11)	=5*C11+30	=INT(D11)	=$F$2-E11	=$G$2-E11	=$H$2-E11	=$I$2-E11
12	9	=RAND0	=SQRT(-2*LN(B12))*COS(2*3.14159*B13)	=5*C12+30	=INT(D12)	=$F$2-E12	=$G$2-E12	=$H$2-E12	=$I$2-E12
13	10	=RAND0	=SQRT(-2*LN(B12))*SIN(2*3.14159*B13)	=5*C13+30	=INT(D13)	=$F$2-E13	=$G$2-E13	=$H$2-E13	=$I$2-E13
14	11	=RAND0	=SQRT(-2*LN(B14))*COS(2*3.14159*B15)	=5*C14+30	=INT(D14)	=$F$2-E14	=$G$2-E14	=$H$2-E14	=$I$2-E14
15	12	=RAND0	=SQRT(-2*LN(B14))*SIN(2*3.14159*B15)	=5*C15+30	=INT(D15)	=$F$2-E15	=$G$2-E15	=$H$2-E15	=$I$2-E15
16	13	=RAND0	=SQRT(-2*LN(B16))*COS(2*3.14159*B17)	=5*C16+30	=INT(D16)	=$F$2-E16	=$G$2-E16	=$H$2-E16	=$I$2-E16
17	14	=RAND0	=SQRT(-2*LN(B16))*SIN(2*3.14159*B17)	=5*C17+30	=INT(D17)	=$F$2-E17	=$G$2-E17	=$H$2-E17	=$I$2-E17
18	15	=RAND0	=SQRT(-2*LN(B18))*COS(2*3.14159*B19)	=5*C18+30	=INT(D18)	=$F$2-E18	=$G$2-E18	=$H$2-E18	=$I$2-E18
19	16	=RAND0	=SQRT(-2*LN(B18))*SIN(2*3.14159*B19)	=5*C19+30	=INT(D19)	=$F$2-E19	=$G$2-E19	=$H$2-E19	=$I$2-E19
20	17	=RAND0	=SQRT(-2*LN(B20))*COS(2*3.14159*B21)	=5*C20+30	=INT(D20)	=$F$2-E20	=$G$2-E20	=$H$2-E20	=$I$2-E20
21	18	=RAND0	=SQRT(-2*LN(B20))*SIN(2*3.14159*B21)	=5*C21+30	=INT(D21)	=$F$2-E21	=$G$2-E21	=$H$2-E21	=$I$2-E21
22	19	=RAND0	=SQRT(-2*LN(B22))*COS(2*3.14159*B23)	=5*C22+30	=INT(D22)	=$F$2-E22	=$G$2-E22	=$H$2-E22	=$I$2-E22
23	20	=RAND0	=SQRT(-2*LN(B22))*SIN(2*3.14159*B23)	=5*C23+30	=INT(D23)	=$F$2-E23	=$G$2-E23	=$H$2-E23	=$I$2-E23
24	21	=RAND0	=SQRT(-2*LN(B24))*COS(2*3.14159*B25)	=5*C24+30	=INT(D24)	=$F$2-E24	=$G$2-E24	=$H$2-E24	=$I$2-E24
25	22	=RAND0	=SQRT(-2*LN(B24))*SIN(2*3.14159*B25)	=5*C25+30	=INT(D25)	=$F$2-E25	=$G$2-E25	=$H$2-E25	=$I$2-E25
26	23	=RAND0	=SQRT(-2*LN(B26))*COS(2*3.14159*B27)	=5*C26+30	=INT(D26)	=$F$2-E26	=$G$2-E26	=$H$2-E26	=$I$2-E26
27	24	=RAND0	=SQRT(-2*LN(B26))*SIN(2*3.14159*B27)	=5*C27+30	=INT(D27)	=$F$2-E27	=$G$2-E27	=$H$2-E27	=$I$2-E27
28	25	=RAND0	=SQRT(-2*LN(B28))*COS(2*3.14159*B29)	=5*C28+30	=INT(D28)	=$F$2-E28	=$G$2-E28	=$H$2-E28	=$I$2-E28
29	26	=RAND0	=SQRT(-2*LN(B28))*SIN(2*3.14159*B29)	=5*C29+30	=INT(D29)	=$F$2-E29	=$G$2-E29	=$H$2-E29	=$I$2-E29
30	27	=RAND0	=SQRT(-2*LN(B30))*COS(2*3.14159*B31)	=5*C30+30	=INT(D30)	=$F$2-E30	=$G$2-E30	=$H$2-E30	=$I$2-E30
31	28	=RAND0	=SQRT(-2*LN(B30))*SIN(2*3.14159*B31)	=5*C31+30	=INT(D31)	=$F$2-E31	=$G$2-E31	=$H$2-E31	=$I$2-E31
32	29	=RAND0	=SQRT(-2*LN(B32))*COS(2*3.14159*B33)	=5*C32+30	=INT(D32)	=$F$2-E32	=$G$2-E32	=$H$2-E32	=$I$2-E32
33	30	=RAND0	=SQRT(-2*LN(B32))*SIN(2*3.14159*B33)	=5*C33+30	=INT(D33)	=$F$2-E33	=$G$2-E33	=$H$2-E33	=$I$2-E33
34						=AVERAGE(F4:F33)	=AVERAGE(G4:G33)	=AVERAGE(H4:H33)	=AVERAGE(I4:I33)
35					在庫数				

図 9.3　表 5.6 の Excel での計算例

9.1 表計算ソフトによる実行例

例 5-6(p.96)　一様乱数を生成後，それから指数乱数を生成し，到着分布とサービス分布に適用し，待ち行列での時間と待ち行列の長さを計算するために利用する．表 5.7 の計算式を以下に示そう (図 9.4)．

	A	B	C	D	E	F	G	H	I	J	K	L	M
1	乱数			到着		サービス			窓口	系	系待ち	列	列待ち
2	到着	サービス	指数値1/λ(=2)		開始時刻	時間1/μ(=1.5)	終了時刻		待ち人数	人数	人数	人数	人数
3	一様乱数	一様乱数	指数乱数	到着時刻列				列待ち時間	返休時間		×時間		×時間
4	=RAND()	=RAND()	=-2*LN(A4)	-	0	=-1.5*LN(B4)	=E4+F4	=E4-D4	=E4-G4	0	=(J4-1)*H4+F4	0	=(J4-1)*H4
5	=RAND()	=RAND()	=-2*LN(A5)	=D4+C5	=MAX(G4,D5)	=-1.5*LN(B5)	=E5+F5	=E5-D5	=E5-G4	=FREQUENCY(D5,$D$33,G5)	=(J5-1)*H5+F5	=J5-1	=(J5-1)*H5
6	=RAND()	=RAND()	=-2*LN(A6)	=D5+C6	=MAX(G5,D6)	=-1.5*LN(B6)	=E6+F6	=E6-D6	=E6-G5	=FREQUENCY(D6,$D$33,G6)	=(J6-1)*H6+F6	=J6-1	=(J6-1)*H6
7	=RAND()	=RAND()	=-2*LN(A7)	=D6+C7	=MAX(G6,D7)	=-1.5*LN(B7)	=E7+F7	=E7-D7	=E7-G6	=FREQUENCY(D7,$D$33,G7)	=(J7-1)*H7+F7	=J7-1	=(J7-1)*H7
8	=RAND()	=RAND()	=-2*LN(A8)	=D7+C8	=MAX(G7,D8)	=-1.5*LN(B8)	=E8+F8	=E8-D8	=E8-G7	=FREQUENCY(D8,$D$33,G8)	=(J8-1)*H8+F8	=J8-1	=(J8-1)*H8
9	=RAND()	=RAND()	=-2*LN(A9)	=D8+C9	=MAX(G8,D9)	=-1.5*LN(B9)	=E9+F9	=E9-D9	=E9-G8	=FREQUENCY(D9,$D$33,G9)	=(J9-1)*H9+F9	=J9-1	=(J9-1)*H9
10	=RAND()	=RAND()	=-2*LN(A10)	=D9+C10	=MAX(G9,D10)	=-1.5*LN(B10)	=E10+F10	=E10-D10	=E10-G9	=FREQUENCY(D10,$D$33,G10)	=(J10-1)*H10+F10	=J10-1	=(J10-1)*H10
11	=RAND()	=RAND()	=-2*LN(A11)	=D10+C11	=MAX(G10,D11)	=-1.5*LN(B11)	=E11+F11	=E11-D11	=E11-G10	=FREQUENCY(D11,$D$33,G11)	=(J11-1)*H11+F11	=J11-1	=(J11-1)*H11
12	=RAND()	=RAND()	=-2*LN(A12)	=D11+C12	=MAX(G11,D12)	=-1.5*LN(B12)	=E12+F12	=E12-D12	=E12-G11	=FREQUENCY(D12,$D$33,G12)	=(J12-1)*H12+F12	=J12-1	=(J12-1)*H12
13	=RAND()	=RAND()	=-2*LN(A13)	=D12+C13	=MAX(G12,D13)	=-1.5*LN(B13)	=E13+F13	=E13-D13	=E13-G12	=FREQUENCY(D13,$D$33,G13)	=(J13-1)*H13+F13	=J13-1	=(J13-1)*H13
14	=RAND()	=RAND()	=-2*LN(A14)	=D13+C14	=MAX(G13,D14)	=-1.5*LN(B14)	=E14+F14	=E14-D14	=E14-G13	=FREQUENCY(D14,$D$33,G14)	=(J14-1)*H14+F14	=J14-1	=(J14-1)*H14
15	=RAND()	=RAND()	=-2*LN(A15)	=D14+C15	=MAX(G14,D15)	=-1.5*LN(B15)	=E15+F15	=E15-D15	=E15-G14	=FREQUENCY(D15,$D$33,G15)	=(J15-1)*H15+F15	=J15-1	=(J15-1)*H15
16	=RAND()	=RAND()	=-2*LN(A16)	=D15+C16	=MAX(G15,D16)	=-1.5*LN(B16)	=E16+F16	=E16-D16	=E16-G15	=FREQUENCY(D16,$D$33,G16)	=(J16-1)*H16+F16	=J16-1	=(J16-1)*H16
17	=RAND()	=RAND()	=-2*LN(A17)	=D16+C17	=MAX(G16,D17)	=-1.5*LN(B17)	=E17+F17	=E17-D17	=E17-G16	=FREQUENCY(D17,$D$33,G17)	=(J17-1)*H17+F17	=J17-1	=(J17-1)*H17
18	=RAND()	=RAND()	=-2*LN(A18)	=D17+C18	=MAX(G17,D18)	=-1.5*LN(B18)	=E18+F18	=E18-D18	=E18-G17	=FREQUENCY(D18,$D$33,G18)	=(J18-1)*H18+F18	=J18-1	=(J18-1)*H18
19	=RAND()	=RAND()	=-2*LN(A19)	=D18+C19	=MAX(G18,D19)	=-1.5*LN(B19)	=E19+F19	=E19-D19	=E19-G18	=FREQUENCY(D19,$D$33,G19)	=(J19-1)*H19+F19	=J19-1	=(J19-1)*H19
20	=RAND()	=RAND()	=-2*LN(A20)	=D19+C20	=MAX(G19,D20)	=-1.5*LN(B20)	=E20+F20	=E20-D20	=E20-G19	=FREQUENCY(D20,$D$33,G20)	=(J20-1)*H20+F20	=J20-1	=(J20-1)*H20
21	=RAND()	=RAND()	=-2*LN(A21)	=D20+C21	=MAX(G20,D21)	=-1.5*LN(B21)	=E21+F21	=E21-D21	=E21-G20	=FREQUENCY(D21,$D$33,G21)	=(J21-1)*H21+F21	=J21-1	=(J21-1)*H21
22	=RAND()	=RAND()	=-2*LN(A22)	=D21+C22	=MAX(G21,D22)	=-1.5*LN(B22)	=E22+F22	=E22-D22	=E22-G21	=FREQUENCY(D22,$D$33,G22)	=(J22-1)*H22+F22	=J22-1	=(J22-1)*H22
23	=RAND()	=RAND()	=-2*LN(A23)	=D22+C23	=MAX(G22,D23)	=-1.5*LN(B23)	=E23+F23	=E23-D23	=E23-G22	=FREQUENCY(D23,$D$33,G23)	=(J23-1)*H23+F23	=J23-1	=(J23-1)*H23
24	=RAND()	=RAND()	=-2*LN(A24)	=D23+C24	=MAX(G23,D24)	=-1.5*LN(B24)	=E24+F24	=E24-D24	=E24-G23	=FREQUENCY(D24,$D$33,G24)	=(J24-1)*H24+F24	=J24-1	=(J24-1)*H24
25	=RAND()	=RAND()	=-2*LN(A25)	=D24+C25	=MAX(G24,D25)	=-1.5*LN(B25)	=E25+F25	=E25-D25	=E25-G24	=FREQUENCY(D25,$D$33,G25)	=(J25-1)*H25+F25	=J25-1	=(J25-1)*H25
26	=RAND()	=RAND()	=-2*LN(A26)	=D25+C26	=MAX(G25,D26)	=-1.5*LN(B26)	=E26+F26	=E26-D26	=E26-G25	=FREQUENCY(D26,$D$33,G26)	=(J26-1)*H26+F26	=J26-1	=(J26-1)*H26
27	=RAND()	=RAND()	=-2*LN(A27)	=D26+C27	=MAX(G26,D27)	=-1.5*LN(B27)	=E27+F27	=E27-D27	=E27-G26	=FREQUENCY(D27,$D$33,G27)	=(J27-1)*H27+F27	=J27-1	=(J27-1)*H27
28	=RAND()	=RAND()	=-2*LN(A28)	=D27+C28	=MAX(G27,D28)	=-1.5*LN(B28)	=E28+F28	=E28-D28	=E28-G27	=FREQUENCY(D28,$D$33,G28)	=(J28-1)*H28+F28	=J28-1	=(J28-1)*H28
29	=RAND()	=RAND()	=-2*LN(A29)	=D28+C29	=MAX(G28,D29)	=-1.5*LN(B29)	=E29+F29	=E29-D29	=E29-G28	=FREQUENCY(D29,$D$33,G29)	=(J29-1)*H29+F29	=J29-1	=(J29-1)*H29
30	=RAND()	=RAND()	=-2*LN(A30)	=D29+C30	=MAX(G29,D30)	=-1.5*LN(B30)	=E30+F30	=E30-D30	=E30-G29	=FREQUENCY(D30,$D$33,G30)	=(J30-1)*H30+F30	=J30-1	=(J30-1)*H30
31	=RAND()	=RAND()	=-2*LN(A31)	=D30+C31	=MAX(G30,D31)	=-1.5*LN(B31)	=E31+F31	=E31-D31	=E31-G30	=FREQUENCY(D31,$D$33,G31)	=(J31-1)*H31+F31	=J31-1	=(J31-1)*H31
32	=RAND()	=RAND()	=-2*LN(A32)	=D31+C32	=MAX(G31,D32)	=-1.5*LN(B32)	=E32+F32	=E32-D32	=E32-G31	=FREQUENCY(D32,$D$33,G32)	=(J32-1)*H32+F32	=J32-1	=(J32-1)*H32
33	=RAND()	=RAND()	=-2*LN(A33)	=D32+C33	=MAX(G32,D33)	=-1.5*LN(B33)	=E33+F33	=E33-D33	=E33-G32	=FREQUENCY(D33,$D$33,G33)	=(J33-1)*H33+F33	=J33-1	=(J33-1)*H33
34		平均等	=AVERAGE(C4:C33)		合計等	=SUM(F4:F33) ①	=E34+F33 ②	=SUM(H4:H33) ③	=SUM(I4:I33) ④	=SUM(J4:J33) ⑤	=SUM(K4:K33) ⑥	=SUM(L4:L33) ⑦	=SUM(M4:M33) ⑧
35													
36													
37			シミュレーション結果		λ=	0.5		理論結果					
38			稼働率	=F34/G34	μ=	0.66666666666	稼働率	0.75	$\rho = \lambda/\mu$				
39			平均待ち時間	=H34/30	③/30		平均待ち時間	4.5	W_q				
40			系待ち時間	=(F34+H34)/30	(①+③)/30		系待ち時間	6	W				
41			待ち行列の長さ	=L34/30	⑦/30		待ち行列の長さ	2.25	L_q				
42			系待ち行列の長さ	=J34/30	⑤/30		系待ち行列の長さ	3	L				

図 9.4　表 5.7 の Excel での計算例

例 6-5(p.107)　Excel により各ステップを，シンプレックス法により計算するときの計算過程は，以下のようになる．図 9.5 の上側が表示される計算結果であり，下側が実際に入力する式である．

	A	B	C	D	E	F	G	H	I	J
1	変数	f	x↓	y	λ_1	λ_2	λ_3	b	b/a	
2	λ_1	0	50	40	1	0	0	3200	64	
3	λ_2	0	50	160	0	1	0	11600	232	
4	λ_3	0	60	20	0	0	1	3000	50	→
5	f	1	-180	-100	0	0	0	0		
6	y	0	0	23.33333	1	0	-0.833333	700	30	→
7	λ_2	0	0	143.3333	0	1	-0.833333	9100	63.48837	
8	x	0	1	0.333333	0	0	0.0166667	50	150	
9	f	1	0	-40	0	0	3	9000	-225	
10	y	0	0	1	0.04285714	0	-0.035714	30		
11	λ_2	0	0	0	-6.1428571	1	4.2857143	4800		
12	x	0	1	0	-0.0142857	0	0.0285714	40		
13	f	1	0	0	1.71428571	0	1.5714286	10200		

	A	B	C	D	E	F	G	H	I	J
1	変数	f	x↓	y	λ_1	λ_2	λ_3	b	b/a	
2	λ_1	0	50	40	1	0	0	3200	=H2/C2	
3	λ_2	0	50	160	0	1	0	11600	=H3/C3	
4	λ_3	0	60	20	0	0	1	3000	=H4/C4	→
5	f	1	-180	-100	0	0	0	0	=H5/C5	
6	y	=B2-$C$2*B8	=C2-$C$2*C8	=D2-$C$2*D8	=E2-$C$2*E8	=F2-$C$2*F8	=G2-$C$2*G8	=H2-$C$2*H8	=H6/D6	→
7	λ_2	=B3-$C$3*B8	=C3-$C$3*C8	=D3-$C$3*D8	=E3-$C$3*E8	=F3-$C$3*F8	=G3-$C$3*G8	=H3-$C$3*H8	=H7/D7	
8	x	=B4/$C$4	=C4/$C$4	=D4/$C$4	=E4/$C$4	=F4/$C$4	=G4/$C$4	=H4/$C$4	=H8/D8	
9	f	=B5-$C$5*B8	=C5-$C$5*C8	=D5-$C$5*D8	=E5-$C$5*E8	=F5-$C$5*F8	=G5-$C$5*G8	=H5-$C$5*H8	=H9/D9	
10	y	=B6/$D$6	=C6/$D$6	=D6/$D$6	=E6/$D$6	=F6/$D$6	=G6/$D$6	=H6/$D$6		
11	λ_2	=B7-$D$7*B10	=C7-$D$7*C10	=D7-$D$7*D10	=E7-$D$7*E10	=F7-$D$7*F10	=G7-$D$7*G10	=H7-$D$7*H10		
12	x	=B8-$D$8*B10	=C8-$D$8*C10	=D8-$D$8*D10	=E8-$D$8*E10	=F8-$D$8*F10	=G8-$D$8*G10	=H8-$D$8*H10		
13	f	=B9-$D$9*B10	=C9-$D$9*C10	=D9-$D$9*D10	=E9-$D$9*E10	=F9-$D$9*F10	=G9-$D$9*G10	=H9-$D$9*H10		

図 9.5　シンプレックス法の Excel での計算過程

ソルバーを利用するには，以下のように制約条件を表に入力後，最適化する関数を図 9.6 のように入力する．もし，ソルバーがツール (T) にないときにはインストールする必要がある．

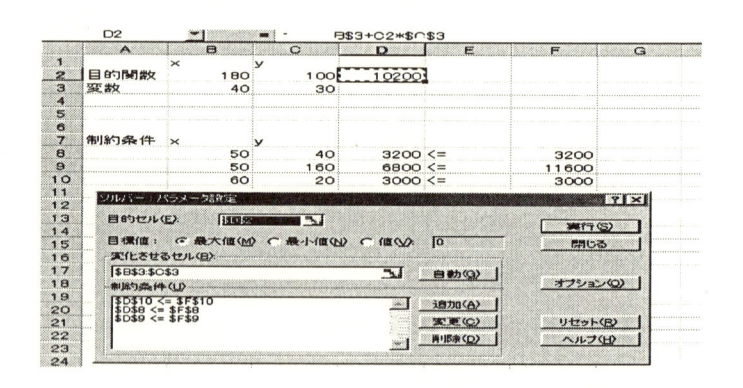

図 9.6　表 6.1 の Excel のソルバーによる計算例

9.1 表計算ソフトによる実行例

手順 1 B1 に x, C1 に y を記入する。

手順 2 B2 に目的関数の x の係数, C2 に y の係数を記入する。

手順 3 D2 に目的関数の f の関数形である =B2*$B$3+C2*$C$3 を入力する。

手順 4 D8 に制約条件の左辺を, セル変数を使って記録する。

つまり, D8 に =B8*B3+C8*C3 を入力する。

D9 に制約条件の左辺を, セル変数を使って記録する。

つまり, D8 に =B9*B3+C9*C3 を入力する。

D10 に制約条件の左辺を, セル変数を使って記録する。

つまり, D8 に =B10*B3+C10*C3 を入力する。

なお, 複写 (コピー) 機能を使って, 容易に入力できる。

手順 5 F8, F9, F10 に制約条件の右辺の値を入力する。

つまり, F8 に 3200, F9 に 11600, F10 に 3000 を入力する。

手順 6 ツール (T) からソルバーを選択する。

「パラメータ設定」画面に変わり, 図のように入力する。

目的セルのボックスに D2 を入力し,

変化させるセルのボックスは, B3 : C3

制約条件ボックスの右にある「追加」をクリックする。

手順 7 「制約条件の追加」画面に変わる。

セル参照には D8 として, 右の制約条件を F8 とする。

OK ボタンをクリックすると,「制約条件」追加画面に戻る。

セル参照には D9 として, 右の制約条件を F9 とする。

OK ボタンをクリックすると,「制約条件」追加画面に戻る。

セル参照には D10 として, 右の制約条件を F10 とする。

OK ボタンをクリックすると,「パラメータ設定」画面に戻る。

手順 8 実行 (S) ボタンをクリックする。

例 8-1(p.155)(階層化意思決定法) 一対比較行列から最大の固有値・固有ベクトルを求めるには, 以下のようにベキ乗法により反復して, 収束したときの固有値・固有ベクトルを利用する (図 9.7)。

	A	B	C	D	E	F	G	H	I	J	K
1	例8-1(一対比較行列からべき乗法による固有値・固有ベクトルの導出)										
2	性能	価格	デザイン	初期値	重み	1回反復		2回反復		3回反復	
3	1	3	2	1.817121	0.547216	1.715858	0.547216	1.715858	0.547216	1.715858	0.547216
4	0.3333333	1	2	0.87358	0.263074	0.824898	0.263074	0.824898	0.263074	0.824898	0.263074
5	0.5	0.5	1	0.629961	0.189709	0.594855	0.189709	0.594855	0.189709	0.594855	0.189709
6	最大固有値			3.320662		3.135611		3.135611		3.135611	
7											
8	整合度CI				0.160331		0.067805		0.067805		0.067805
9											
10											
11											

	A	B	C	D	E	F	G
1	例8-1(一対比						
2	性能	価格	デザイン	初期値	重み	1回反復	2回反復
3	1	3	2	=(A3*B3*C3)^(1/3)	=D3/D$6	=$A3*E$3+$B3*E$4+$C3*E$5	=F3/F$6	=$A3*C
4	=1/B3	1	2	=(A4*B4*C4)^(1/3)	=D4/D$6	=$A4*E$3+$B4*E$4+$C4*E$5	=F4/F$6	=$A4*C
5	=1/C3	=1/C4	1	=(A5*B5*C5)^(1/3)	=D5/D$6	=$A5*E$3+$B5*E$4+$C5*E$5	=F5/F$6	=$A5*C
6	最大固有値			=SUM(D3:D5)		=SUM(F3:F5)	=SUMH
7							
8	整合度CI				=(D6-3)/(3-1)		=(F6-3)/(3-1)
9							
10							
11							

図 9.7 例 8-1 の Excel による固有値・固有ベクトルの計算例

手順 1 A3〜C5 に一対比較行列を入力する。

なお,セル A4 には =1/B3,セル A5 には =1/C3,セル B5 には =1/C4 と,一対比較行列の性質を使って入力する。

手順 2 初期値入力。幾何平均法により,セル D3 に =(A3*B3*C3)^(1/3) と入力し,これを D4〜D5 にコピーする。D6 にはツールバーの Σ をクリックして,D3〜D5 の合計を入力する。

手順 3 重み計算。セル E3 に =D3/D$6 を入力後,これを E4, E5 にコピーする。

手順 4 整合度の計算。セル E8 に =(D6−3)/(3−1) により,CIを計算する。

手順 5 1回反復する。一対比較行列と重みベクトルの積の第1成分となる =$A3*E$3+$B3*E$4+$C3*E$5 を入力後,それを F4, F5 にコピーする。

手順 6 最大固有値を計算する。セル F6 に F3〜F5 の合計を求めるため,Σ をクリックして (=SUM(F3:F5) と入力して) 求める。

手順 7 収束するまで反復する。セル E3〜F8 をコピー元として,G3〜H8 に複写する。この操作を繰り返し,重みが変わらなくなればコピーを中止し,そのときの最大固有値と重み (固有ベクトル) を用いる。

参 考 文 献

　本書を著すにあたっては，多くの書籍・事典などを参考にさせていただきました。また，一部を引用させていただきました。ここに心から感謝いたします。以下に，その中のいくつかの文献をあげさせていただきます。

[1] 荒木 勉・荒木 裕子：経営科学, 実教出版 (1988)
[2] 石井 吾郎：数理計画法, サイエンス社 (1971)
[3] 小和田 正・加藤 豊：例解 OR －意思決定へのアプローチ, 実教出版 (1988)
[4] 小和田 正・沢木 勝茂・加藤 豊：OR 入門, 実教出版 (1984)
[5] 加藤 豊・小沢 正典：OR の基礎, 実教出版 (1998)
[6] 金田 数正：OR 入門, 内田老鶴圃 (1991)
[7] 河原 靖：オペレーションズ・リサーチ入門, 共立出版 (1987)
[8] 栗原 謙三・明石 吉三：経営情報処理のためのオペレーションズ・リサーチ, コロナ社 (2001)
[9] 小山 昭雄・森田 道也：オペレーションズ・リサーチ, 培風館 (1980)
[10] 坂口 実：数理計画法入門, 培風館 (1968)
[11] 佐藤 喜代蔵：OR の基礎, 東京教学社 (1977)
[12] 鈴木 光男：ゲーム理論入門, 共立出版 (1981)
[13] 刀根 薫：[増補] オペレーションズ・リサーチ読本, 日本評論社 (1991)
[14] 松尾 三郎監修：経営科学, 電子開発学園 (1986)
[15] 宮川 公男：経営数学入門 (改訂版), 実教出版 (1993)
[16] 宮武 修・脇本 和昌：乱数とモンテカルロ法, 森北出版 (1978)
[17] 守屋 栄一：詳解演習オペレーションズ・リサーチ, 日本理工出版会 (1971)
[18] 守屋 栄一・小宮 正好：経営科学の知識, 日本理工出版会 (1988)

演 略 解
2章

演 2-1

①

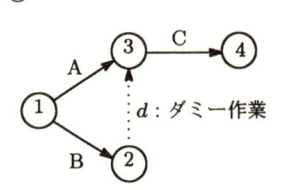

d：ダミー作業

②

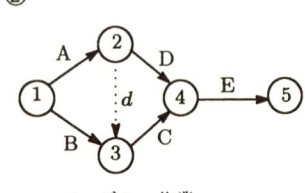

d：ダミー作業

③

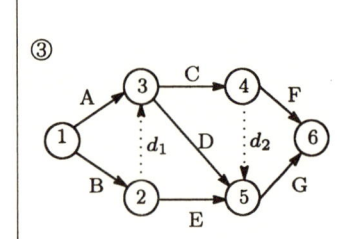

d_1, d_2：ダミー作業

⑤

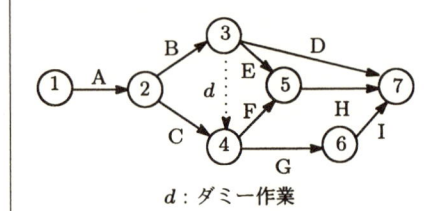

d：ダミー作業

④

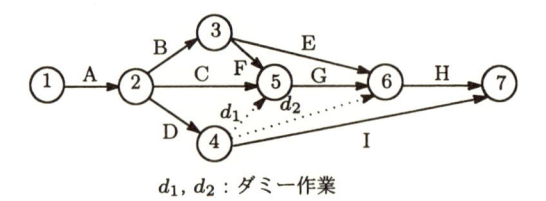

d_1, d_2：ダミー作業

⑥

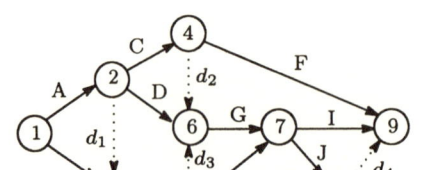

d_1, d_2, d_3, d_4：ダミー作業

演 2-2 省略。

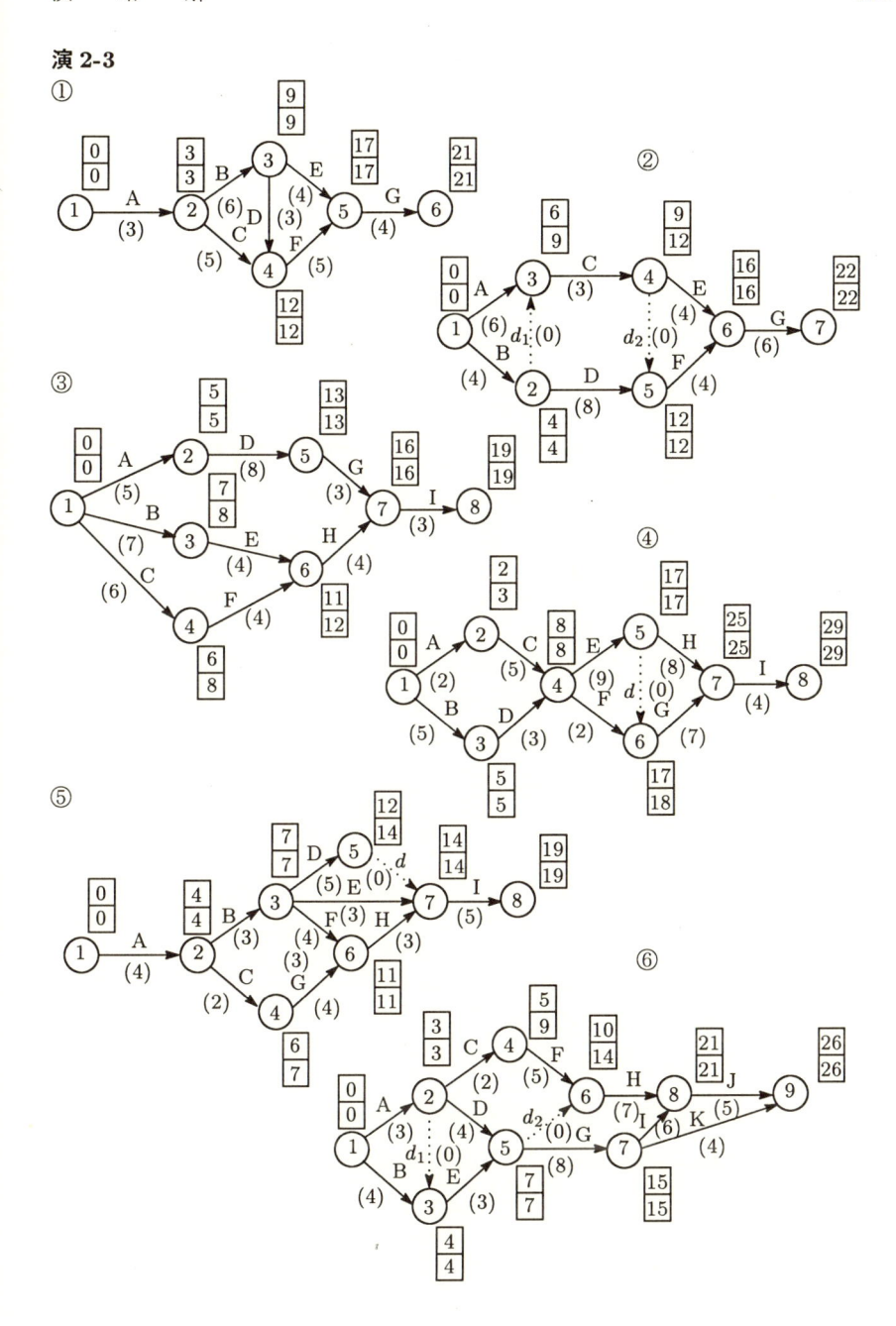

演　略　解

演 2-3

① ② ③ ④ ⑤ ⑥

演 2-4 ES には結合点番号 i の四角囲みの上，LF には結合点番号 j の四角囲みの下の数値を記入する。

上から①，②，③ のパート計算表

作業	(i,j)	所要期間 t_{ij}	最早 ES	EF	最遅 LS	LF	余裕 TF	FF	クリティカルパス CP
A	(1,2)	3	0	3	0	3	0	0	*
B	(2,3)	6	3	9	3	9	0	0	*
C	(2,4)	5	3	8	7	12	4	4	
D	(3,4)	3	9	12	9	12	0	0	*
E	(3,5)	4	9	13	13	17	4	4	
F	(4,5)	5	12	17	12	17	0	0	*
G	(5,6)	4	17	21	17	21	0	0	*
—	(6,6)	—	21	—	—	21	—	—	

作業	(i,j)	所要期間 t_{ij}	最早 ES	EF	最遅 LS	LF	余裕 TF	FF	クリティカルパス CP
B	(1,2)	4	0	4	0	4	0	0	*
A	(1,3)	6	0	6	3	9	3	0	
d_1	(2,3)	0	4	4	9	9	5	2	
D	(2,5)	8	4	12	4	12	0	0	*
C	(3,4)	3	6	9	9	12	3	0	
d_2	(4,5)	0	9	9	12	12	3	3	
E	(4,6)	4	9	13	12	16	3	3	
F	(5,6)	4	12	16	12	16	0	0	*
G	(6,7)	6	16	22	16	22	0	0	*
—	(7,7)	—	22	—	—	22	—	—	

作業	(i,j)	所要期間 t_{ij}	最早 ES	EF	最遅 LS	LF	余裕 TF	FF	クリティカルパス CP
A	(1,2)	5	0	5	0	5	0	0	*
B	(1,3)	7	0	7	1	8	1	0	
C	(1,4)	6	0	6	2	8	2	0	
D	(2,5)	8	5	13	5	13	0	0	*
E	(3,6)	4	7	11	8	12	1	0	
F	(4,6)	4	6	10	8	12	2	1	
G	(5,7)	3	13	16	13	16	0	0	*
H	(6,7)	4	11	15	12	16	1	1	
I	(7,8)	3	16	19	16	19	0	0	*
—	(8,8)	—	19	—	—	19	—	—	

演略解

上から ④, ⑤, ⑥ のパート計算表

作業	(i,j)	所要期間 t_{ij}	最早 ES	最早 EF	最遅 LS	最遅 LF	余裕 TF	余裕 FF	クリティカルパス CP
A	(1,2)	2	0	2	1	3	1	0	
B	(1,3)	5	0	5	0	5	0	0	*
C	(2,4)	5	2	7	3	8	1	1	
D	(3,4)	3	5	8	5	8	0	0	*
E	(4,5)	9	8	17	8	17	0	0	*
F	(4,6)	2	8	10	16	18	8	7	
d	(5,6)	0	17	17	18	18	1	0	
H	(5,7)	8	17	25	17	25	0	0	*
G	(6,7)	7	17	24	18	25	1	1	
I	(7,8)	4	25	29	25	29	0	0	*
—	(8,8)	—	29	—	—	29	—	—	

作業	(i,j)	所要期間 t_{ij}	最早 ES	最早 EF	最遅 LS	最遅 LF	余裕 TF	余裕 FF	クリティカルパス CP
A	(1,2)	4	0	4	0	4	0	0	*
B	(2,3)	3	4	7	4	7	0	0	*
C	(2,4)	2	4	6	5	7	1	0	
D	(3,5)	5	7	12	9	14	2	0	
F	(3,6)	4	7	11	7	11	0	0	*
E	(3,7)	3	7	10	11	14	4	4	
G	(4,6)	4	6	10	7	11	1	1	
d	(5,7)	0	12	12	14	14	2	2	
H	(6,7)	3	11	14	11	14	0	0	*
I	(7,8)	5	14	19	14	19	0	0	*
—	(8,8)	—	19	—	—	19	—	—	

作業	(i,j)	所要期間 t_{ij}	最早 ES	最早 EF	最遅 LS	最遅 LF	余裕 TF	余裕 FF	クリティカルパス CP
A	(1,2)	3	0	3	0	3	0	0	*
B	(1,3)	4	0	4	0	4	0	0	*
d_1	(2,3)	0	3	3	4	4	1	1	
C	(2,4)	2	3	5	7	9	4	0	
D	(2,5)	4	3	7	3	7	0	0	*
E	(3,5)	3	4	7	4	7	0	0	*
F	(4,6)	5	5	10	9	14	4	0	
d_2	(5,6)	0	7	7	14	14	7	3	
G	(5,7)	8	7	15	7	15	0	0	*
H	(6,8)	7	10	17	14	21	4	4	
I	(7,8)	6	15	21	15	21	0	0	*
K	(7,9)	4	15	19	22	26	7	7	
J	(8,9)	5	21	26	21	26	0	0	*
—	(9,9)	—	26	—	—	26	—	—	

演 2-5 Excel によって平均,分散を例 2-4 と同様に計算するとよい。(1) CP は A → B → G, また T を CP の所要時間とすると $T \sim N(20, 2/3)$ より, 20 分以内で完成する確率は $P(T \leq 20) = P((T-20)/\sqrt{2/3} \leq 0) = 0.5$, 21 分以上かかる確率は $P(T \geq 21) = P((T-20)/\sqrt{2/3} \geq (21-20)/\sqrt{2/3}) = P(U \geq 1.225) = 0.11$ (2) CP は $(1,2) \to (2,3) \to (3,4) \to (4,5) \to (5,7)$, また T を CP の所要時間とすると $T \sim N(33.5, 4.972)$ より, 35 日以内での実行可能度は $P(T \leq 35) = P((T-33.5)/\sqrt{4.972} \leq (35-33.5)/\sqrt{4.972}) = P(U \leq 0.6727) = 0.7494$ 演 2-6 (1) CP は A → B → d (ダミー作業) → E → G, また T を CP の所要時間とすると, 平均所要時間は 26 時間と推定される。さらに, $T \sim N(26, 16/9)$ より, 25 時間以上かかる確率は $P(T \geq 25) = P((T-26)/\sqrt{16/9} \geq (25-26) \times 3/4) = P(U \geq -0.75) = 0.7734$ (2) 省略。演 2-7 作業 $(2,3)$

3章

演 3-1 利益率 $k = 11/19 = 0.579$ より, 最適発注量 $x^* = 20$ 個。
演 3-2 利益率 $k = (120+100)/(120+30+100) = 0.88$ より, 付表:標準正規分布表 2 から, $\Phi^{-1}(0.88) = 1.175$ である。∴ $(x^* - 30)/5 = 1.175$ から $x^* = 36$ 個。
演 3-3 $\hat{\mu} = 148.3, \hat{\sigma} = R/d_2 = 13.81$, $u(0.05) = 1.96$ から, 発注点は $w = 175.37(t)$ 演 3-4 $\hat{\mu} = 47.5, \hat{\sigma} = R/d_2 = 12.2$, $u(0.20) = 1.282$ から, 発注点は $w = 35$ 個。
演 3-5 $Y \sim P_o(8)$ のとき, $P(Y \geq 14) = 0.0342 < 0.05 < 0.0638 = P(Y \geq 13)$ となるので, 発注点 w は 13 である。
演 3-6 $X \sim P_o(3)$ で, 発注間隔が 5 日で調達期間が 2 日より, $(T+\ell)\mu = (5+2)3 = 21$ だから, $Y \sim P_o(21)$。$P(Y \geq 29) = 0.0563 < 0.05 < 0.0374 = P(Y \geq 30)$ より, 発注点 $w = 30 - 2 - 0 = 28$ である。

4章

演 4-1 省略。演 4-2 ① $1-\rho = 1/5$ ② $4/15$ 時間 ③ $p_0 = 1/5$ ④ $1 - p_0 = \rho = 4/5$ ⑤ 4 ⑥ $\mu \geq 24$ 台/時間
演 4-3 $M/M/1(\infty)$ ① $\rho = 5/6$ ② $L_q = 25/6$ 人 ③ $L = 5$ 人 ④ $W = 1/6$ 時間 ⑤ 1 人 1.5 分以下
演 4-4 ① $\rho = 4/5$ ② $p_0 = 1/5$ 時間 ③ $1 - p_0 = 4/5$ ④ $L = 4$ 人 ⑤ $L_q = 16/5$ ⑥ $W = 1/3$ 時間 = 20 分 ⑦ $W_q = 4/15$ 時間 = 16 分
演 4-5 ① $p_N = 0.0774$ ② $1 - p_0 = 1 - (1-\rho)/(1-\rho^{6+1}) = 0.7688$ ③ $L = 2.29$ 人 ④ $L_q = 1.521$ 人 ⑤ $W = L/\lambda = 0.229$ 時間 ⑥ $W_q = L_q/\lambda = 0.152$ 時間
演 4-6 $\lambda = 4$ 人/時 (1) $\mu = 5$ 人/時, $\sigma^2 = 1/10$ 時間 ① $L = 6.4$ ② $L_q = 5.6$ ③ $W = 1.6$ ④ $W_q = 1.4$
(2) $\mu = 5$ 人/時 ① $L = 2.4$ ② $L_q = 1.6$ ③ $W = 0.6$ ④ $W_q = 0.4$
(3) $\mu = 5$ 人/時, $k = 2$ ① $L = 3.2$ ② $L_q = 2.4$ ③ $W = 0.8$ ④ $W_q = 0.6$
演 4-7 と演 4-8 は $g(\mu) = C_w \dfrac{\lambda^2}{\mu(\mu-\lambda)} + C_v \mu$ を μ についての最小化を考察する。
演 4-9 ① $1/24$ 時間 ② $5/8$ 時間短縮
演 4-10 ① $p_0 + p_1 = 0.9$ ② $L = 8/15$ 人 ③ 1 分で, $14/15$ 分短縮される。
演 4-11 $p_N = p_5 = 128/643 = 0.199$
演 4-12 $M/M/1(4)$ $p_4 = 81/781 = 0.104$, $M/M/2(4)$

演　略　解

$p_N = 81/4457 = 0.0182$
演 4-13 ① $M/M/2(4)$ $p_N = 32/341$
② $M/M/2(2)$ $p_N = 8/29$
演 4-14 省略。

5章

演 5-1 省略。演 5-2 $x_1 = \lambda \times x_0 = 243 \equiv 243 \pmod{10000}$ $R_1 = 0.0243$, $x_2 = 59049 \equiv 9049 \pmod{10000}$ $R_2 = 0.9049$, $x_3 = 243 \times 59049 = 14348907 \equiv 8907 \pmod{10000}$ $R_3 = 0.8907$
演 5-3 $1/\lambda = 2$ より, $X_1 = -2\ln(0.243) = 2.829, X_2 = -2\ln(0.049) = 6.032$, $X_3 = -2\ln(0.907) = 0.195$
演 5-4 Excel により, $Z_1 = \Phi^{-1}(0.243) = -0.69668 (= \text{NORMSINV}(0.243))$, $Z_2 = \Phi^{-1}(0.049) = -1.65463$ から, $X_1 = 5 \times Z_1 + 40 = 36.52, X_2 = 5 \times Z_2 + 40 = 31.73$
演 5-5 $1/12 = 0.0833 < R_1 = 0.243 < 1/12 + 2/6 = 0.417$ より $X_1 = 2$, $0 < R_2 = 0.049 < 1/12 = 0.083$ より $X_2 = 1$, $1/12+2/6+2/6 = 0.75 < R_3 = 0.907 < 1/12+2/6+2/6+1/6 = 0.917$ より $X_3 = 4$
演 5-6 ① $0 \leq x \leq 1$ の場合, 分布関数 $F(x) = P(U_1 - U_2 \leq x) =$
$$\iint_{u_1 - x \leq u_2} f(u_1, u_2) du_1 du_2 =$$
$$\iint_{u_1 - x \leq u_2} du_1 du_2 = 1 - (1-x)^2/2$$
より $f(x) = F'(x) = 1 - x$, 同様に $-1 \leq x \leq 0$ の場合, $F(x) = (1+x)^2/2$ より, $f(x) = 1 + x$, その他の場合, $f(x) = 0$
② $F(x) = P(\max(U_1, \cdots, U_n) \leq x) = P(U_1 \leq x) \times \cdots \times P(U_n \leq x) = x^n$ より, 密度関数 $f(x) = F'(x) = nx^{n-1}$
③ $F(x) = P(\min(U_1, \cdots, U_n) \leq x) = 1 - P(U_1 \geq x) \times \cdots \times P(U_n \geq x) = 1 - (1-x)^n$ より密度関数 $f(x) = F'(x) = n(1-x)^{n-1}$
演 5-7 一様乱数生成後, 例示を参考に①, ②,③の乱数を生成する。
演 5-8 12個の一様乱数 $U_1, \cdots, U_{12}$ から, 1個の標準正規の乱数 $Z_1 = U_1 + \cdots + U_{12} - 6$ というように繰り返し生成する。一様乱数 U から, $-3\ln U$ により平均3の指数乱数を生成する。
演 5-9 省略。

6章

演 6-1 製品1,2 をそれぞれ x, y 個製造するとすれば, $f(x, y) = 2x + 3y$ を制約条件 $4x + 3y \leq 30, 2x + 6y \leq 40$ のもとで最大化する。
演 6-2 A, B をそれぞれ x, y kg 購入するとすれば, $f(x, y) = 200x + 150y$ を制約条件 $3500x + 2000y \geq 10000, 150x + 250y \geq 1000$ のもとで最小化する。
演 6-3 $(x^*, y^*) = (10/3, 50/9), f^* = 70/3$
演 6-4 $(x^*, y^*) = (20/23, 80/23), f^* = 16000/23$
演 6-5 演 6-3 と同じ解。
演 6-6 ① $(x^*, y^*) = (8, 9), f^* = 76$
② $(x^*, y^*) = (2, 0), f^* = 20$
③ $(x^*, y^*) = (20, 30), f^* = 180$
④ $(x^*, y^*) = (30, 30), f^* = 150$
⑤ $(x^*, y^*, z^*) = (3, 0, 5), f^* = 18$
⑥ $(x^*, y^*, z^*) = (0, 20, 95), f^* = 860$
演 6-7 ① $(x^*, y^*) = (11/18, 5/18), f^* = 115$ ② $(x^*, y^*, z^*) = (1, 0.4, 0), f^* = 180$ ③ $(x^*, y^*, z^*) = (0, 0.8125, 0.46875) = (0, 13/16, 15/32), f^* = 20.75$ ④ $(x^*, y^*, z^*) = (6, 4, 3), f^* = 78$

演 6-8

北西隅法 (費用：1048)

地区 / 工場	1	2	3	生産
1	60	0	0	60
2	2	48	0	50
3	0	2	58	60
	62	50	58	

ハウタッカー法 (費用：628)

地区 / 工場	1	2	3	生産
1	2	50	8	60
2	0	0	50	50
3	60	0	0	60
	62	50	58	

演 6-9

初期解　ハウタッカー法 (費用：445)

	1	2	3
1	25 30	5 ⑩	24 21
2	4 ⑭	13 −1	12 ⑥
3	14 5	19 ⑥	17 ⑨

最適解 (費用：439)

	1	2	3
1		10	
2	14	6	
3			15

演 6-10

初期解＝最適解　ハウタッカー法 (費用：455)

	1	2	3
1	4 ⑤	2 ㉟	5 4
2	5 ㉚	8 5	6 4
3	7 ⑤	5 0	4 ㊺

演　略　解

演 6-11 最適配置は，$1 \to 4, 2 \to 3$, $3 \to 1, 4 \to 2$ で最大売上げ高は，$4+8+7+4=23$

演 6-12 最適配置は，A→ 横浜，B→ 中日，C→ ヤクルト，D→ 阪神，E→ 広島，F→ 巨人で，最大活躍度の総和は，$10+7+7+9+7+10=50$

演 6-13 省略．

7章

演 7-1 (1) ① $(1,3)$，マクシミン値 $v_1 = \max_i \min_j a_{ij} = \max\{2, -2, -3\} = 2$ ② $(1,1)$，マクシミン値 $v_1 = \max_i \min_j a_{ij} = \max\{7, 2, -1\} = 7$ (2) ① $(2,1)$，ミニマックス値 $= v_2 = \min_j \max_i a_{ij} = \min\{5,7,6\} = 5$ ② $(1,1)$ ミニマックス値 $= v_2 = \min_j \max_i a_{ij} = \min\{7,9,8\} = 7$ (3) ①ミニマックス値とマクシミン値が一致せず，鞍点がなくゲームの値はない．② $v_1 = v_2 = 7$ と一致し，$(1,1)$ が鞍点で，7 がゲームの値である．

演 7-2 ① $(1,2), v_1 = 3 < 4 = v_2, (1,1)$ より非安定的で，$(x_1^*, x_2^*, w^*) = (10/11, 1/11, 38/11)$ ② $v_1 = -1 = v_2, (2,2)$ より安定的．

演 7-3 プレイヤーIIの期待利得は $(-4.6, -5.7)^T$ より，$\boldsymbol{p}^* = (0,1)^T$

演 7-4 $A = \begin{pmatrix} 600 & 375 & 200 & 75 & -100 & -150 \\ 0 & 0 & 0 & 0 & 0 & 0 \end{pmatrix}$ で，$-A\boldsymbol{q} = (-35, 0)$ より，$\boldsymbol{p}^* = (1,0)^T$ だから，出版した方がよい．

演 7-5

売上げ確率	0.05	0.05	0.2	0.3	0.2	0.1	0.1
売上げ個数 \ 焼上げ個数	40	60	80	100	120	140	160
40	1600	—	—	—	—	—	—
60	0	2400	—	—	—	—	—
80	−1600	800	3200	—	—	—	—
100	−3200	−800	1600	4000	—	—	—
120	−4800	−2400	0	1600	4800	—	—
140	−5600	−4000	−1600	800	3200	5600	—
160	−8000	−5600	−3200	−800	1600	4000	6400

この利得表の個々の成分は，売上げ額−原料代 = 120円×売上げ個数−80円×焼き上げ個数 から計算される．$-A\boldsymbol{q} = (-1600, -2280, -2840, -2920, -2280, -1200, 200)$ より，最小となる焼き上げ個数は100個で，最適混合戦略は $\boldsymbol{p}^* = (0,0,0,1,0,0,0)^T$

演 7-6 ① $(3,3)$ の -3 のみとなる．

②

P_1 \ P_2	1	2
1	1	0
2	−2	2
3	0	1

演 7-7 ① 鞍点が存在し，$w_1 = \max_i \min_j a_{ij} = -3 = \min_j \max_i a_{ij}$ $(i^*, j^*) = (2,3)$，$\boldsymbol{p}^* = (0,1)^T$，$\boldsymbol{q}^* = (0,0,1,0)^T$ ② $\boldsymbol{p}^* = (0, 1/3, 0, 2/3)^T$，$\boldsymbol{q}^* = (2/3, 1/3)^T$ で，ゲームの値 $w_2^* = $

$w^* = 5/3$

演 7-8 (1) $x^* = (1/12, 1/8, 1/24)^T$, $f^* = 1/4 = 1/w$, $q^* = (1/3, 1/2, 1/6)^T$ (2) 各成分に 3 を足した利得行列の解は, $x^* = (1/8, 1/8, 1/8)^T$, $f^* = 3/8 = 1/w^*$ より, $q^* = (1/3, 1/3, 1/3)^T$

演 7-9 (1) プレイヤー P_2 を先手とするシュタッケルベルク均衡点は, $(i^*, j^*) = (3, 1)$ でシュタッケルベルク均衡利得は, $(a_{i^*j^*}, b_{i^*j^*}) = (5, 5)$ (2) P_1 が先手の場合:$(i^*, j^*) = (3, 1)$, $(a_{i^*j^*}, b_{i^*j^*}) = (2, 3)$, P_2 が先手の場合:$(i^*, j^*) = (2, 2)$, $(a_{i^*j^*}, b_{i^*j^*}) = (4, 4)$ (3) P_1 が先手の場合:$(i^*, j^*) = (1, 2)$, $(a_{i^*j^*}, b_{i^*j^*}) = (4, 7)$, P_2 が先手の場合:$(i^*, j^*) = (1, 2), (3, 1)$, $(a_{i^*j^*}, b_{i^*j^*}) = (7, 4), (4, 4)$

演 7-10 (1) 均衡点 $(1/3, 1/3)$, 均衡利得 $(2/3, 2/3)$ (2) 均衡点 $(1/2, 1/4)$, 均衡利得 $(3/2, 1)$

8 章

演 8-1 ①

総合評価

項目 重み (w)	家賃 0.5396	近さ 0.2970	環境 0.1634	総合点 f	順位
A	0.5954	0.1692	0.5396	0.4597	1
B	0.2764	0.4434	0.2970	0.3293	2
C	0.1283	0.3874	0.1634	0.2110	3

② 省略。

演 8-2 ①

総合評価

項目 重み (w)	設備 0.5	代金 1/6	料理 1/3	総合点 f	順位
A	0.4546	0.2727	0.1365	0.3182	3
B	0.3469	0.5455	0.2385	0.3439	1
C	0.1985	0.1818	0.6250	0.3379	2

② 省略。

付表：標準正規分布表 1

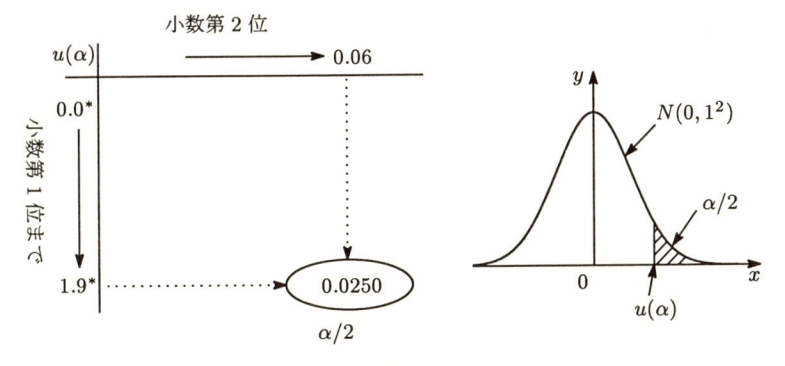

$$u(\alpha) \to \alpha/2$$

x 座標 $u(\alpha)$ に対して上側確率 (面積) $\alpha/2$ を与える

$u(\alpha)$	0.00	0.01	0.02	0.03	0.04	0.05	0.06	0.07	0.08	0.09
0.0	0.5000	0.4960	0.4920	0.4880	0.4840	0.4801	0.4761	0.4721	0.4681	0.4641
0.1	0.4602	0.4562	0.4522	0.4483	0.4443	0.4404	0.4364	0.4325	0.4286	0.4247
0.2	0.4207	0.4168	0.4129	0.4090	0.4052	0.4013	0.3974	0.3936	0.3897	0.3859
0.3	0.3821	0.3783	0.3745	0.3707	0.3669	0.3632	0.3594	0.3557	0.3520	0.3483
0.4	0.3446	0.3409	0.3372	0.3336	0.3300	0.3264	0.3228	0.3192	0.3156	0.3121
0.5	0.3085	0.3050	0.3015	0.2981	0.2946	0.2912	0.2877	0.2843	0.2810	0.2776
0.6	0.2743	0.2709	0.2676	0.2643	0.2611	0.2578	0.2546	0.2514	0.2483	0.2451
0.7	0.2420	0.2389	0.2358	0.2327	0.2296	0.2266	0.2236	0.2206	0.2177	0.2148
0.8	0.2119	0.2090	0.2061	0.2033	0.2005	0.1977	0.1949	0.1922	0.1894	0.1867
0.9	0.1841	0.1814	0.1788	0.1762	0.1736	0.1711	0.1685	0.1660	0.1635	0.1611
1.0	0.1587	0.1562	0.1539	0.1515	0.1492	0.1469	0.1446	0.1423	0.1401	0.1379
1.1	0.1357	0.1335	0.1314	0.1292	0.1271	0.1251	0.1230	0.1210	0.1190	0.1170
1.2	0.1151	0.1131	0.1112	0.1093	0.1075	0.1056	0.1038	0.1020	0.1003	0.0985
1.3	0.0968	0.0951	0.0934	0.0918	0.0901	0.0885	0.0869	0.0853	0.0838	0.0823
1.4	0.0808	0.0793	0.0778	0.0764	0.0749	0.0735	0.0721	0.0708	0.0694	0.0681
1.5	0.0668	0.0655	0.0643	0.0630	0.0618	0.0606	0.0594	0.0582	0.0571	0.0559
1.6	0.0548	0.0537	0.0526	0.0516	0.0505	0.0495	0.0485	0.0475	0.0465	0.0455
1.7	0.0446	0.0436	0.0427	0.0418	0.0409	0.0401	0.0392	0.0384	0.0375	0.0367
1.8	0.0359	0.0351	0.0344	0.0336	0.0329	0.0322	0.0314	0.0307	0.0301	0.0294
1.9	0.0287	0.0281	0.0274	0.0268	0.0262	0.0256	0.0250	0.0244	0.0239	0.0233
2.0	0.0228	0.0222	0.0217	0.0212	0.0207	0.0202	0.0197	0.0192	0.0188	0.0183
2.1	0.0179	0.0174	0.0170	0.0166	0.0162	0.0158	0.0154	0.0150	0.0146	0.0143
2.2	0.0139	0.0136	0.0132	0.0129	0.0125	0.0122	0.0119	0.0116	0.0113	0.0110
2.3	0.0107	0.0104	0.0102	0.0099	0.0096	0.0094	0.0091	0.0089	0.0087	0.0084
2.4	0.0082	0.0080	0.0078	0.0075	0.0073	0.0071	0.0069	0.0068	0.0066	0.0064
2.5	0.0062	0.0060	0.0059	0.0057	0.0055	0.0054	0.0052	0.0051	0.0049	0.0048
2.6	0.0047	0.0045	0.0044	0.0043	0.0041	0.0040	0.0039	0.0038	0.0037	0.0036
2.7	0.0035	0.0034	0.0033	0.0032	0.0031	0.0030	0.0029	0.0028	0.0027	0.0026
2.8	0.0026	0.0025	0.0024	0.0023	0.0023	0.0022	0.0021	0.0021	0.0020	0.0019
2.9	0.0019	0.0018	0.0018	0.0017	0.0016	0.0016	0.0015	0.0015	0.0014	0.0014
3.0	0.0013	0.0013	0.0013	0.0012	0.0012	0.0011	0.0011	0.0011	0.0010	0.0010
3.1	0.0010	0.0009	0.0009	0.0009	0.0008	0.0008	0.0008	0.0008	0.0007	0.0007
3.2	0.0007	0.0007	0.0006	0.0006	0.0006	0.0006	0.0006	0.0005	0.0005	0.0005
3.3	0.0005	0.0005	0.0005	0.0004	0.0004	0.0004	0.0004	0.0004	0.0004	0.0003
3.4	0.0003	0.0003	0.0003	0.0003	0.0003	0.0003	0.0003	0.0003	0.0003	0.0002
3.5	0.0002	0.0002	0.0002	0.0002	0.0002	0.0002	0.0002	0.0002	0.0002	0.0002

付表：標準正規分布表2

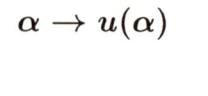

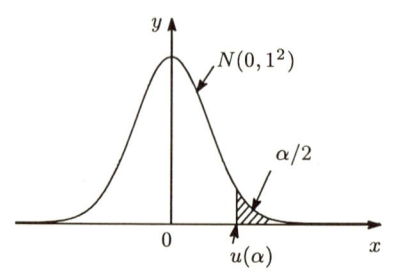

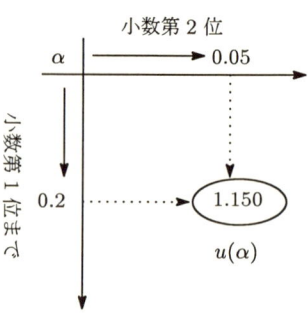

$$\alpha \to u(\alpha)$$

両側確率(面積)α に対して正の x 座標 $u(\alpha)$ を与える

α	0.00	0.01	0.02	0.03	0.04	0.05	0.06	0.07	0.08	0.09
0.0	∞	2.576	2.326	2.170	2.054	1.960	1.881	1.812	1.751	1.695
0.1	1.645	1.598	1.555	1.514	1.476	1.440	1.405	1.372	1.341	1.311
0.2	1.282	1.254	1.227	1.200	1.175	1.150	1.126	1.103	1.080	1.058
0.3	1.036	1.015	0.994	0.974	0.954	0.935	0.915	0.896	0.878	0.860
0.4	0.842	0.824	0.806	0.789	0.772	0.755	0.739	0.722	0.706	0.690
0.5	0.674	0.659	0.643	0.628	0.613	0.598	0.583	0.568	0.553	0.539
0.6	0.524	0.510	0.496	0.482	0.468	0.454	0.440	0.426	0.412	0.399
0.7	0.385	0.372	0.358	0.345	0.332	0.319	0.305	0.292	0.279	0.266
0.8	0.253	0.240	0.228	0.215	0.202	0.189	0.176	0.164	0.151	0.138
0.9	0.126	0.113	0.100	0.088	0.075	0.063	0.050	0.038	0.025	0.013

係 数 表

標準偏差, 範囲等に関する係数表

群の大きさ n	m_3	d_2	d_3	c_2^*	c_3^*
2	1.000	1.128	0.853	0.7979	0.6028
3	1.160	1.693	0.888	0.8862	0.4632
4	1.092	2.059	0.880	0.9213	0.3888
5	1.198	2.326	0.864	0.9400	0.3412
6	1.135	2.534	0.848	0.9515	0.3076
7	1.214	2.704	0.833	0.9594	0.2822
8	1.160	2.847	0.820	0.9650	0.2458
9	1.223	2.970	0.808	0.9693	0.2458
10	1.177	3.078	0.797	0.9727	0.2322
⋮					
20 以上				$1-\dfrac{1}{4n}$	$\dfrac{1}{\sqrt{2n}}$

索　引

ア行

アーラン
　── サービス 59
　── 到着 58
　── 分布 58
アローダイアグラム 4
安全在庫 29
安全余裕 52
鞍　点 129
一様性の検定 84
一様乱数 82
一対比較行列 153
一点見積もり 8
一般分布 59
イベント 4
ウィルソンのロット公式
　.................. 33
ウェイト計算法 154
売上げ収入 35
Excel 162
Ｏ　Ｒ 1

カ行

階層化意思決定法 ... 152
階層図 152
活　動 4
機会損失 36
幾何平均法 154,158
棄却法 85
季節在庫 29
期　待
　── 収入 35
　── 費用 35
　── 利得 131
基　底
　── 解 107
　── 変数 107
客 54
　── の到着 54
逆変換法 85
供　給

　── 時点 28
　── 量 28
均　衡
　── 解 129
　── 利得 149
偶然の手番 126
クリティカルパス 15
経済発注量公式 33
系の長さ 60
系待ち時間 61
経　路 15
結合点 4
　── 番号 4
ゲーム 126
　── の値 129
　── の解 129
　── の理論 126
ケンドールの記号 59
原問題 111
後続作業 5
コソンリツ
呼損率 61
固有ベクトル計算法 .. 154
混合戦略 128,131
混合問題 115

サ行

最可能値 18
在　庫 28
　── 管理 28
　── 量 43
最　早
　── 開始時刻 14
　── 結合点時刻 9
　── 終了時刻 14
最　遅
　── 開始時刻 14
　── 結合点時刻 9
　── 終了時刻 14
最　適
　── 解 104
　── 混合戦略 132

　── 戦略 129
　── 発注量 33
　── 反応集合 146
　── 反応戦略 145
作　業 4
サービス 54
　── 分布 54
算術乱数 82
三点見積もり 8
仕入れ費用 35
指　数
　── サービス 57
　── 到着 57
　── 分布 54
　── 乱数 97
事前分布 135
実行可能解 104
実行可能度 19
品切れ
　── 確率 43
　── 費用 30,35
支払行列 128
シミュレーション 81
囚人のジレンマ 148
自由余裕 15
縮　約 137
シュタッケルベルク
　── 均衡 146
　── 均衡点 146
　── 戦略 146
　── 利得 146
主問題 111
純粋戦略 128
処分収入 35
シンプレックス法 ... 110
新聞売り子問題 34
CPM 24
正　規
　── 分布 42,44
　── 乱数 87
整合度 154

索引

静態的 33
ゼロ和ゲーム 127
線形計画法 100
先行作業 5
戦術 127
全余裕 14
戦略 127
双対
　── 性 111
　── 定理 113
　── 問題 111
組織費用 30
ソルバー 110,166

タ行

代替案 152
ダミー作業 6
単位
　── サービス 58
　── 到着 58
　── 罰金法 116
　── 分布 57
単一窓口 61
端点 107
中心極限定理 88
調達
　── 期間 31,42
　── 費用 30
陳腐化費用 30
手 127
定期発注法 49
定常性 56
定数和ゲーム 127
定量発注システム 41
手番 126
動態的 33
到着分布 54
独立性 56
特急
　── 時間 24
　── 費用 24
飛び石法 118
トラフィック密度 60

ナ行

ナッシュ均衡点 149
日程計画表 15
ネットワーク 4

ハ行

配分問題 115
ハウタッカー法 116
掃き出し 108
パス 15
発注
　── 間隔 49,50
　── 残 52
　── 点法 41,42
　── 費用 31,32
　── 量 41,48
パート計算表 15
ハンガリア法 122
PERT 8
PERT 計算 8
悲観値 18
非基底変数 107
非協力非ゼロ和
　2人ゲーム 145
非線形計画法 100
非定数和ゲーム 127
人の手番 126
ピボット要素 108
評価
　── 基準 152
　── 項目 152
表計算ソフト 162
費用勾配 24
標準的最小化問題 .. 111
標準的最大化問題 .. 111
PDCA 2
フィボナッチ法 83
複数窓口 72
物理乱数 82
プレイ 126
プレイヤー 126
プロセス在庫 29
平均

── サービス時間 ... 54
── サービス率 54
── 到着間隔 54
── 到着率 54
ベイズ解 135
平方採中法 82
変動和ゲーム 127
Perron-Frobenius
　の定理 154
ポアソン
　── 到着 57
　── 分布 44,46
保管費用 30,31,32
北西隅法 116
ボックス
　・ミューラー法 .. 88,90

マ行

マクシミン
　── 戦略 129
　── 値 129
待ち行列 54
　── の長さ 60
窓口 54
ミニマックス
　── 戦略 129
　── 値 129
　── 定理 132
モンテカルロ法 81

ヤ行

優越する 137,138
輸送問題 115

ラ行

楽観値 18
乱数 81
　── サイ 82
　── 表 82
ランダム到着 .. 55,56
利益率 37
利得 126
　── 行列 128
列待ち時間 60
ロット在庫 29

著者紹介

長畑 秀和（ながはた ひでかず）

1979年　九州大学大学院理学研究科修士課程修了
現　在　岡山大学経済学部教授，理学博士
著　書　情報科学へのステップ（共著・共立出版）
　　　　統計学へのステップ（共立出版）
　　　　多変量解析へのステップ（共立出版）

ORへのステップ	著　者	長畑秀和 © 2002
	発行者	南條光章
2002年10月10日　初版1刷発行	発行所	共立出版株式会社
2024年2月20日　初版17刷発行		東京都文京区小日向4丁目6番19号
		電話　東京(03)3947-2511番（代表）
		郵便番号 112-0006
		振替口座 00110-2-57035番
		URL　www.kyoritsu-pub.co.jp
	印刷所	精興社
	製本所	協栄製本
検印廃止	NSPA	一般財団法人 自然科学書協会 会員
NDC 336.1.417		
ISBN 978-4-320-01706-1		Printed in Japan

JCOPY ＜出版者著作権管理機構委託出版物＞
本書の無断複製は著作権法上での例外を除き禁じられています．複製される場合は，そのつど事前に，出版者著作権管理機構（TEL：03-5244-5088，FAX：03-5244-5089，e-mail：info@jcopy.or.jp）の許諾を得てください．

◆ 色彩効果の図解と本文の簡潔な解説により数学の諸概念を一目瞭然化！

ドイツ Deutscher Taschenbuch Verlag 社の『dtv-Atlas事典シリーズ』は，見開き2ページで1つのテーマが完結するように構成されている。右ページに本文の簡潔で分り易い解説を記載し，かつ左ページにそのテーマの中心的な話題を図像化して表現し，本文と図解の相乗効果で理解をより深められるように工夫されている。これは，他の類書には見られない『dtv-Atlas 事典シリーズ』に共通する最大の特徴と言える。本書は，このシリーズの『dtv-Atlas Mathematik』と『dtv-Atlas Schulmathematik』の日本語翻訳版。

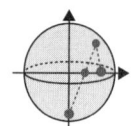

カラー図解 数学事典

Fritz Reinhardt・Heinrich Soeder [著]
Gerd Falk [図作]
浪川幸彦・成木勇夫・長岡昇勇・林　芳樹 [訳]

数学の最も重要な分野の諸概念を網羅的に収録し，その概観を分り易く提供。数学を理解するためには，繰り返し熟考し，計算し，図を書く必要があるが，本書のカラー図解ページはその助けとなる。

【主要目次】　まえがき／記号の索引／序章／数理論理学／集合論／関係と構造／数系の構成／代数学／数論／幾何学／解析幾何学／位相空間論／代数的位相幾何学／グラフ理論／実解析学の基礎／微分法／積分法／関数解析学／微分方程式論／微分幾何学／複素関数論／組合せ論／確率論と統計学／線形計画法／参考文献／索引／著者紹介／訳者あとがき／訳者紹介

■菊判・ソフト上製本・508頁・定価6,050円(税込)■

カラー図解 学校数学事典

Fritz Reinhardt [著]
Carsten Reinhardt・Ingo Reinhardt [図作]
長岡昇勇・長岡由美子 [訳]

『カラー図解 数学事典』の姉妹編として，日本の中学・高校・大学初年級に相当するドイツ・ギムナジウム第5学年から13学年で学ぶ学校数学の基礎概念を1冊に編纂。定義は青で印刷し，定理や重要な結果は緑色で網掛けし，幾何学では彩色がより効果を上げている。

【主要目次】　まえがき／記号一覧／図表頁凡例／短縮形一覧／学校数学の単元分野／集合論の表現／数集合／方程式と不等式／対応と関数／極限値概念／微分計算と積分計算／平面幾何学／空間幾何学／解析幾何学とベクトル計算／推測統計学／論理学／公式集／参考文献／索引／著者紹介／訳者あとがき／訳者紹介

■菊判・ソフト上製本・296頁・定価4,400円(税込)■

www.kyoritsu-pub.co.jp　　共立出版　　(価格は変更される場合がございます)